生产现场管理技术

黄成良　肖志坚　金小明　著

中国原子能出版社

图书在版编目（CIP）数据

生产现场管理技术 / 黄成良著 . —北京：
中国原子能出版社，2018.9（2023.1 重印）

ISBN 978-7-5022-9383-3

Ⅰ.①生… Ⅱ.①黄… Ⅲ.①企业管理-生产管理-教材
Ⅳ.①F273

中国版本图书馆 CIP 数据核字（2018）第 212800 号

生产现场管理技术

出版发行	中国原子能出版社（北京市海淀区阜成路 43 号　100048）	
责任编辑	王　青	
责任印制	赵　明	
印　　刷	河北宝昌佳彩印刷有限公司	
经　　销	全国新华书店	
开　　本	787 mm×1092 mm　1/16	
字　　数	210 千字	
印　　张	16	
版　　次	2018 年 12 月第 1 版	2023 年 1 月第 2 次印刷
书　　号	ISBN 978-7-5022-9383-3	
定　　价	78.00 元	

出版社网址：http：//www.aep.com.cn　　　　　　版权所有　侵权必究

作者简介

　　黄成良（1978年7月—），汉族，硕士，副研究员，浙江东方职业技术学院招生就业处处长。曾荣获浙江省优秀党务工作者，浙江省大学生暑期三下乡先进个人等称号；被中国教育在线聘请为浙江智库专家团专家，被浙江日报聘请为高考服务专家团特约专家。研究方向：大学生就业指导与管理。曾主持过浙江省教育厅、浙江省教育考试院等部门课题,在北大核心期刊发表过论文。

内容提要

　　本书吸取和借鉴了国内外生产运作管理方面的最新成果，融入了编著者多年从事生产管理实践的创新内容，概括了现代生产管理技术的实用内容与核心思想，以图表概括、案例示范、任务驱动等方式展示生产管理中最新理论和技术。全书分列 9 章，包括生产运作与能力核定、生产计划、生产流程管理、现场管理技术、JIT 精益生产、设备管理与 TPM、ISO9000 质量体系认证、计算机生产管理、面向生产线的一人监管自动运转技术。该书力图覆盖生产管理人员经常面临的重要问题，以成功实例推出企业规范化管理整体解决方案。

　　本书是浙江东方职业技术学院生产力科研教师团队鼎力打造的一项生产管理工程研究成果集，有助于培养和训练大学生的生产线管理技能。本书可供理工类和工商管理专业的学生参考，也可用作企业管理人员、经济管理专业学生扩展技术能力的培训资料。

前　言

　　企业是社会经济的细胞，生产运作管理技术是这个细胞正常有效运行的保障。实体经济危机来自资金链断裂，但有效的生产管理能够提高制造业、服务业和电力能源业的效益，减少其对资金的依赖程度；政府要克服经济危机困扰首先要解救企业困境，向其减免税费注入资金，最好的办法是采用现代生产管理技术激活制造业，使之能最先摆脱困境。中国改革开放的重大成就就是引进了西方与日本的新经营技术，同时做出了自身的管理创新。

　　管理自动化是这本书的思想基础，用一句话概括就是：整资源成"机器"，化任务为"零件"。管理者就是要将现有生产资源（包括人力资源）组装成一部"机器人"，然后坐观其加工"零件"。因而，管理者的工作就是组装"机器人"，实现消费者、企业主、劳动者三方利益一致。如果管理者整天忙于替代抑或帮助"机器人"的工作，则是个不合格的管理者。管理自动化无疑是高效的管理，其基本内容是：组织布局，安排任务，制定考规，激活关键棋子，为员工创收，为组织谋利。

　　生产管理属技术经济范畴，是技术人员的必修课。生产厂长和车间主任、线长、拉长或班组长，以及检修、操作人员都应是生产管理人员，大多出身理工科。因而"生产管理技术"不仅面向经济管理类学生，也适合理工科学生。本书可帮助文理学生走向工作岗位后，从单纯的经济、技术人员晋升到生产管理人员。技术人员每天接触生产工具、原材料、生产线和产品，管理各类生产要素，以最小成本取得最大收益就成了科技人员的职业重大课题。一个成功的科技人员终究会发展成企业骨干和中高层管理者，基于自身专业优势，结合信息技术和网络技术的突飞猛进，在管理领域更可能超越非专业人士。因此，生产与运作管理不仅是现代工商管理学科中最活跃的一个分支，更是工程技术人员晋转管理岗位的新课程。生产现场管理作为技术工程学，特别有助于理工科学生成才，因为科技人员的人生发展呈六大层次晋级机会：设备系统运行操作与维护岗位→检修设计工程岗位→技术支持售后服务岗位→生产管理指挥岗位→生产运作领导岗位→企业老板/国民经济监管岗位。生产管理作为技术经济与管理工程，同样适合文科生扩展知识面，与工科生共事业同进步，提升自己的管理技能。

本书的内容编排有利于培养符合现代企业发展需要的技术型、管理型双料人才。本书既是工程技术类更是管理类专业学生的课外用书，还可用于车间班组管理培训和供企业高中层管理人员参考。由于著者水平有限，书中成果必有不妥之处，敬请读者批评指正，以期修正。

著 者

目　录

第一章　生产运作与生产能力核定

第一节　生产本质与生产运作

一、企业基本活动及其市场的关键性

凡事都有一套最佳方案或程序，虽然我们难能做到最佳，却可尽力做好。图1-1归纳了企业的基本活动，从漫无边际的设想到目标达成要经历反复的酝酿运作，显而易见的却是生产管理环节。其实，作为一个企业老板，这些活动中最重要的就是市场，在国际上就是品牌，占有了市场或做成了品牌，就像有了好的项目，没钱会有人自动找上门来。有了市场，就可大胆引资，人、财、物、技术、信息就会蜂拥而至。这时，只要你把握得好，即生产运作途径接近最佳，赚钱就是小事，成就事业目标则是大事。所以，我们常听同学们说要创业，都在谈论创业，有的认为技术重要，有的认为资金重要，有的认为人才重要……说什么的都有。总之，由信用品牌支持的市场是最重要的，生产制造及其管理是重大环节，而寻找企业活动最佳组合的运作管理是企业家的追求。

市场的关键地位建立要依靠生产管理来创造品牌，因而市场开拓与生产运作是企业基本活动的重中之重。企业主多数是擅长开拓市场的公关高手，即使是凭借专利技术开拓经济事业的，如多次蝉联世界首富的比尔·盖茨，走到哪都离不开推介他的微软窗口。

二、生产与运作的区别

图1-1反映了企业活动的复杂性，一个好的管理方案就是要化繁为简，突出区别与本质。这里我们正确区分开生产与运作的概念。

生产：将资源转换成产品或服务的过程。输入的是各种资源，输出的是产品/服务。

运作：与产品或服务生产有关的所有活动的总和，如谋求企业基本活动的最佳组合。

国际上已将传统的"生产管理"转变为"生产与运作管理"，或干脆称作"运作管理"。这标志着生产管理领域在不断扩展，从传统物质产品制造活动管理，发展到包括非制造性的服务活动在内的所有业务的管理。在内容上，除充实服务系统管理外，侧重点

已转向企业高中层管理活动，加强了生产战略、产品开发、新工艺技术与自动化的应用、生产能力发展规划等的长 期决策问题，增加了 TQM（全面质量管理）、MRP（物料需求计划）、JIT（准时生产）等新概念新技术。

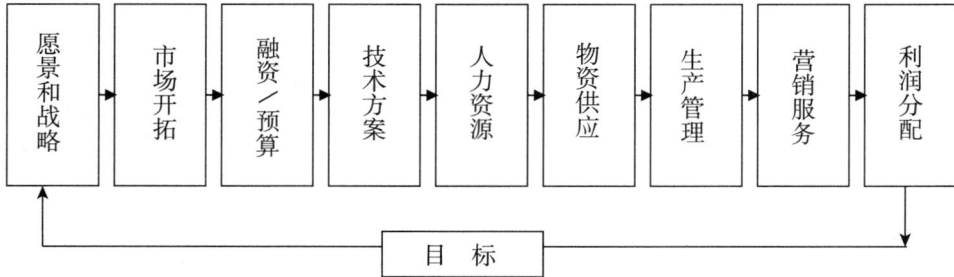

图 1-1　企业基本活动

三、生产的本质

按照马列主义观点，生产是由一定生产关系联系起来的，人们利用劳动资源，改造劳动对象，以满足人们需要的过程。从普通意义上讲，生产是任何社会组织或个人将对它所有可能的输入尽量转化、放大（增值）为输出的过程。

为了发挥运作管理的效率性，使我们在忙于应付生产的同时不会迷失利润目标和事业目标，我们必须搞清楚生产管理的本质，以便能围绕生产管理突出运作管理。图 1-2 从六大生产要素概括出了生产管理的本质，即生产管理是运用"5M1E"达成"Q、C、D"的活动。其中，5M 是指人（Man）、材料（Material）、机器设备（Machine）、作业方法（Method），相关检测手段（Measure）；1E 是指环境（Environment）。总之，管理者通过组织人、材料、设备和提供作业方法、规定检测手段，在适宜环境（Environment）下，达成符合规定的品质（Quality）、成本（Cost）、交期（Delivery），谓之生产。实际上，生产管理在对 5M1E 寻找最佳组合实现 QCD 的过程中也存在运作管理。

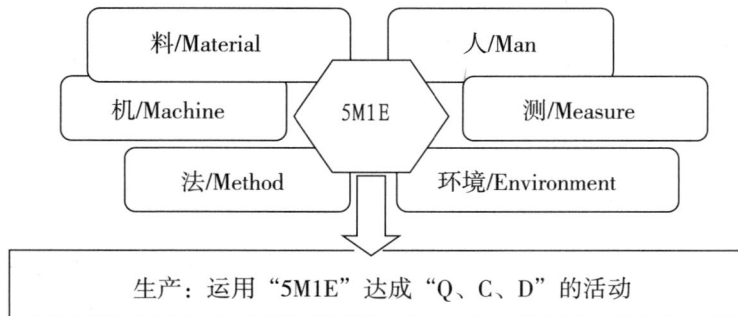

图 1-2　生产管理本质

生产与运作管理有两大任务：一是生产运作活动的计划、组织与控制；二是生产运作系统的设计、改造与升级。前者是生产车间内部小运作，而后者是市场经济中的大运作。

第二节　运作管理发展史与运作本质

一、运作管理发展史

无疑，运作管理经历制造管理，由生产管理扩展而来，将走向现代生产管理技术。我国以改革开放为契机，主要经历了规模经济、范围经济、速度经济、合作经济四个阶段，如表1-1所示。产品市场由物资贫乏发展到消费、服务种类丰富多彩；经营问题由生产效率发展到满足特殊需求；管理技术问题由批量生产发展到网络虚拟管理。

表1-1　中国运作管理发展四阶段

阶段划分	市场变化	解决的主要问题	管理技术	时间段
规模经济	供不应求	解决高效率生产问题	科学管理；大量生产	1970年前
范围经济	需求出现结构性饱和	追求多品种、低成本	电子化；自动化；柔性化	1970年初至1980年中期
速度经济	市场饱和,产品生命周期短	解决多元化生产、及时满足需求等问题	信息技术；准时生产（JIT）	1980年中期至1990年中前期
合作经济	市场需求多样化,供大于求,环境意识增强	解决个性化生产与信息共享问题	知识化、网络化；敏捷生产；电子商务；虚拟企业	1990年后期

这是因为，在生产力落后导致物资贫乏的紧缺经济时代，买东西找关系凭票证，无疑是卖方市场。中国改革开放之前直至旧中国都是这个样子的。所以，改革开放之初约十年间，只要敢投资办厂，放手做产品，没有卖不掉的，办厂发财根本谈不上什么管理，那时洗脚上岸的农民企业家居多。如今改革开放三十多年，生产力突飞猛进，产品设计日新月异，供过于求的局面在加速发展；随着2001年加入WTO，西方消费模式加快引入国内，消费者的需求越来越难满足，买方市场逐年强化。企业为了生存，必须不断创新产品，实行精细作业；引进先进的管理提高效益，努力以周到的服务、通过广告强调信誉能力等来开拓市场。

世界运作管理史经历了近一百年的发展，几乎都是围绕生产力取得突破性进展展开的。理论上起始于劳动动作和经济批量生产的研究，经质量管理、定量分析、计算机应用、精准生产到网络商务；技术上起步于动作技巧、流水线监控、抽样分析、仿真排队、CPM、库存控制、看板管理、ISO、价值工程发展到电子商务、网络物流、FMS等。创始人基本出现在20世纪经济强国：美国和日本。因而，本世纪管理科学的突破应在中国。

表1-2反映了有什么样的生产技术就有什么样的管理技术，其中概括了诸多管理技术及其创造者，希望使用本教材者从网上多参考表中资料，结合一人监管自运转术的思想，整理出完整的最佳的现代生产管理技术。

表 1-2　世界运作管理发展史

年代划分	管理理论	管理技术	创始人/组织
1910—1920年	科学管理原理； 工业心理学（研究疲劳对工作效率的影响）； 大量生产原理（提高生产率）； 经济批量模型	时间研究与工作研究； 动作研究； 流水线生产（运作管理的里程碑）； 订货管理的经济订货点（EOQ）、订货时间隔期和订货量	泰勒（美国）； 吉尔布雷斯夫妇； 亨利·福特； F·W·哈里斯
1930年	质量管理（针对质量的事后控制，产品合格率检查等）； 霍桑实验	抽样检查和统计表； 工作活动的抽样分析	罗米格； 梅奥
1940年	运筹学（起源发展于美国，用于解决军事问题）	线性规划的单纯型法	运筹学研究小组和Danzig
1950—1960年	运筹学进一步发展（定量分析）； 自动化	仿真排队理论； 决策理论； 计划评审技术（PERT）； 关键路径法（CPM）	
1970年	计算机应用； 服务的数量和质量	库存控制、预测、车间计划、项目管理、MRP； 服务部门的大规模生产	美国生产零库存协会； 麦当劳
1980年	制造战略； JIT； CIMS； 约束理论	作为竞争武器的创造； 看板管理； 计算机集成制造； 瓶颈分析和约束优化技术	哈佛商学院的威廉·哈伯耐西、吉姆·克拉克等； 日本丰田的大野耐一； 美国的工程师组织； 高德拉特
1990年	全面质量管理（20世纪90年代被认同）； 企业流程再造（BPR）； 电子企业； 供应链管理	ISO9000，价值工程； 基本变化图； 因特网，局域网； 开发出多种软件	日本先推行，后是美国的质量协会及国际标准化组织； 哈默与钱皮； 美国政府及微软公司； SAP（德国），Oracle（美国）

续表

年代划分	管理理论	管理技术	创始人/组织
21世纪	电子商务； 整合； 柔性（进一步）	因特网； 柔性制造单元（FMS）	亚马逊、e-bay、Yahoo； 奔驰和克莱斯特； Hayes、Wheelwright、Collins、Schemenner

二、运作本质

[案例 1-1]

在农民工进城支持中国经济发展的今天，有许多家庭都是兄弟分散外出打工求学的。兄弟们各显神通，不少人成为企业老板，或成了老板争夺的技能高手，还有的成了政府公务员。其中就有这样一户人家，老汉中年丧妻，屎一把尿一把拉扯大了五个孩子。其中一个在国外做大使，一个在著名大学任教，一个在南方办厂做老板，一个远嫁美国，唯有小儿子在家帮助父亲种田。大使儿子见多识广，建议父亲让小弟像他们一样，去外面闯一闯。父亲不同意，认为有四个子女在外面已足矣，自己身边需要人照顾，又不缺钱花。兄弟姐妹却认为这样会害了小弟。老板儿子有企业运作经验，教授儿子有生产运作管理的理论知识，都建议父亲让小弟去美国发展。

有一年春节，美国的女儿回家看望父亲，要求带小弟去美国，父亲依然反对。当兄弟姐妹四个提出运作小弟的方案时，父亲半信半疑地点了头。这是个什么方案呢？女儿回到美国，令夫君去找美国有名的富翁做媒，说："您的女儿像希尔顿那样美丽，我给您找位女婿如何？"富翁摇头说："罢了，罢了！"表示出极大的怀疑。这位中国女婿继续说："您不要小瞧咱，我介绍的不是一般人，是世界银行副行长。"富翁表示可以试试。这位中国女婿又跑去找世界银行行长，说"您应该增加一位副行长。"世行行长说："副手太多了，不妥。"中国女婿说："您还是考虑一下吧，这位副行长人选可是美国首屈一指的富豪女婿啊！"世行行长表示可以见见……就这样，通过兄弟姐妹们的设想运作，将人们想也不敢想的事情办成了：小弟娶了美国富翁的女儿成了世行副行长。如今，小弟已是兄弟姐妹中的一号人物了。

其实，小弟就是一位回家务农的80后大学生，这件事的成功与小弟这人没关系，关键在于运作：首先要小弟配合，其次要父亲、富翁、世行行长三人同意。

在人们看来，世行副行长不是一般人可以胜任的。这户人家却无意中打破了这一传统误区。这说明，运作本质是指按照设想去编制虚拟事实，通过对关键人物各种关系的疏通处理，使当事人默认或支持这种设想而不知不觉地演变成客观事实。前提是，要有将人们没认识到的可能性或世俗偏见难以接受的可能性变成事实的睿智和勇气。

[案例扩展]

温州地区有一职业技术院校，属上市公司经营的教育培训事业。因规模限制，难以实现专升本的战略目标。

要实现专升本的战略目标，首先要分析该校特点，譬如坐落于经济开发区，区内经济发展已近饱和，土地价值很高；另外，学校系上市公司下属单位；而且，政府规划建设大学城新区，那里比较偏远但土地便宜等。有了值钱的土地，可以考虑土地置换，从而解决占地面积问题；有了上市公司就可通过增发股票筹集资金；有政府政策，就可借助政府支持实现合法合理的迁移。这根本就是一项运作工程。

运作：主要运作对象是：地方政府、证监局、国土资源监管部门、教育行政部门、银行。首先，学校设在工业发达区，教学环境离教育部规定有距离；发展教育事业对本地经济发展、人才培养的意义十分重大，因此应努力运作将学校迁移工程纳入政府工作计划中；其次，在政府支持下，以 200 亩土地（评估为 5 亿）为本，向证监会申请股票增发（50 亿）；第三，将融资的部分资金（如 30 亿）用于购地建设新校区；第四，近年工厂向内地迁移和向郊区边远地区迁移正在进行，有迁移经验可借鉴；最后，通过办好教育，用好筹集到的资金，回报股民。

第三节 生产运作管理涵义与目标要素管理

一、生产运作管理的经济涵义

狭义的生产运作管理（Production management）：主要是有形产品生产制造过程的计划、组织、监管、控制。

广义的生产运作管理（Production and Operations management）：输入（投入阴流子即币符，通常称作资金，牵引生产要素加入到生产过程中去）；转换（在图 1-1 基础上的加工运作）；输出（以赚取利润为目标产出产品或提供服务）。

现代生产管理技术：基于消费者、生产者、劳动者三方利益一致，引入一人监管自运转术加以改进生产运作系统。

阴流子是集能力欲望和信誉需求为一身的币符抽象物。换言之，金钱是阴流子载体。投资是投入人类的欲望与能力即阴流子不是投实物，消费是劳动力变换品参与人的生理反应，满足人类生活全部。产品消费后改善人体机理，提升人类欲望与能力，进而提升投资水平。因而，投资与消费是二段并不矛盾的同环虚、实线。由于边际消费倾向和谨慎动机、投机动机的作用，凯恩斯有关国民收入（National income）用于投资和消费的理论会使投资越来越多而消费越来越少，导致人为降低生产服务消费率，是导致生产过剩进而为生经济危机的一个反经济机制。由凯恩斯这一理论导出的经管控制模型以收入为目标，不符合抓消费促生产的自动控制原理。

二、目标要素管理与类型

（一）生产运作管理目标

设计、形成并维持一种生产运作体系，用尽可能少的投入（包括人力、物力、财力等），实现组织既定的目标。如图 1-2 所示的生产管理的本质表明，在一定环境条件下，从人本出发，对组织或个人所拥有的资源和环境中一切可利用的资源进行有效的计划、组织、监管、控制，以达到既定组织/个人目标。这个目标来自权力个人，通过组织扩散到相关个人，这个目标要求围绕人从生产内外环境进行高明运作。

一般而言，生产与运作管理目标就是：在适当的时候，以适当的价格，向顾客提供适当数量与质量的产品和服务。这就是由消费者需要引发生产者利润，产生劳动者收益，进而准进消费需求。这符合消费者、生产者、劳动者三方利益链闭环滚动发展式的现代生产管理技术目标。

（二）要素管理

从图 1-2 中，我们已清楚生产管理要素为 5M1E。由此可理解生产运作管理的关键点如下。

1.产品要素管理

（1）质量（Quality）：保证和提高质量。

（2）时间（Delivery time）：适时适量生产。

（3）成本（Cost）：使产品价格既为顾客接受，又为企业带来一定利润。

（4）服务（Service）：提供附加服务。

2.资源要素管理

（1）设施设备管理：保持足够、完好和灵活的生产运作能力。

（2）人力资源管理：有效、高效地招聘、培养、配置和使用人力资源。

（3）物料管理：以最经济的方法保证及时充足的物料供应。

（4）信息管理：及时准确地收集、传递和处理必要的信息。

3.环境要素管理

环境（Environment）：考虑对环境的影响问题（政治、经济、市场、地理等方面）。

从生产管理本质中我们可得到要素管理的另一种理解：

主体：从事管理活动的人员。

客体：管理的对象（人财物技术）。

方向：管理的目标。

职能：计划、组织、监管、控制。

企业是上述要素管理的集中体。

（三）生产运作管理类型

按生产工艺特点划分为，采掘提取型、合成型、分解型、调制型、装配型。

按接受生产任务的方式划分为，订货生产方式、存货生产方式、物流调拨方式、品牌公司派单加工方式。

按生产连续程度划分为，连续生产、间断生产。

按工作地的专业化程度划分为，大量生产、成批量生产、单件生产。

三、企业/公司：生产运作管理的指挥系统

企业/公司是生产管理发生的场所或指挥中心，是社会经济细胞，其一切活动要接受政府监管，为社会服务。但通常所说的企业，是指从事生产、流通或服务等活动，以盈利为目标，从而满足社会需要进行自主经营、自负盈亏、承担风险、实行独立核算，具有法人资格的基本经济单位。

企业不仅是生产基地，过去还是运作管理总部。而今，运作地通常以公司名义进行，多数远离企业生产地，搬到了城市经济中心的写字楼或商业街铺。如北京、上海、广州、深圳等国际都市成了公司总部或分部驻地，所有运作管理指挥系统都已面向全球市场进行生产运作、资金运作、品牌运作、项目运作和战略运作。

企业管理：按照生产技术、人性规律和经济规律，对企业的经营活动进行计划、组织、指挥、协调、控制和创新，以获取经济效益的一系列行为的总称。企业管理的核心是生产运作管理，除了生产还有服务活动。

服务活动：与生产相关的技术活动和单纯的服务业。管理服务活动的服务公司绝大多数驻扎在城镇展开活动，服务业通常包括六个方面：

（1）代理中介业务——如代理、咨询、财务、金融、银行、房地产、中介等；

（2）贸易服务——面向全球的零售批发、进出口、担保结算等；

（3）基础设施服务——交通运输、网络通讯、物流邮递等；

（4）社会服务——餐馆、旅店、保健、维修等；

（5）公共服务——科教研发、公用事业、政府监管、法律等；

（6）私人服务——如家政、理发、美容、按摩、干洗、园艺等。

服务业管理：服务业伴随生产力发展而兴起、繁荣，服务业管理同生产管理原理相通，技能互补相互渗透，是社会生产力发展水平的一个重要标志。

第四节　生产运作战略

一、企业经营战略与生产运作战略

生产运作系统是企业管理的核心内容，而生产运作战略是指在企业或其他组织经营战略的总体框架下，酝酿如何通过运作活动去实现企业的整体经营目标。通过对企业各种资源要素和内外环境的分析，研究、判断与运作管理以及运作系统有关的基本问题，建立总的指导思想以及一系列决策原则。如图 1-3 所示，企业战略分为三层结构。第一层是公司级经营战略，第二层是事业部级经营战略（独立核算单位），第三层是职能级战略，如生产运作战略。

由此我们可概括出生产运作战略的定义为：企业设计的一套适用自身资源的政策、计划，用以支持企业长期竞争发展的战略。关键点为：目标市场→建立生产运作的指导思想→决策规划、程序和内容→生产系统支持企业竞争发展。

生产运作战略主要包括三个方面：生产运作的总体战略；产品/服务的选择、开发与设计策略；生产运作系统的设计策略。生产与运作战略作为职能战略，主要与运营系统的产品、工艺、方法、资源、质量、成本、提前期及进度安排密切相关。

目的——支持并完成企业总体战略；

性质——企业生存发展的根本性谋划；

对象——生产运作系统。

二、生产运作战略的内容

（一）生产运作的总体策略

生产运作的总体策略常见方式如表 1-3 所示。

（二）产品/服务的选择、开发与设计策略

生产运作首先要通过选择和决策确定向市场提供什么样的产品/服务；其次对产品或服务进行设计，确定其功能原理、规格型号、结构模型；接着，要选择制造产品或提供服务的工艺，对工艺过程进行设计。

表1-3　常见生产运作战略

序号	战略方式	内容
1	自制或外购	如果决定制造某种产品或本企业提供某种服务,则需要建造相应的设施,采购所需要的设备,配备相应的工人、技术人员和管理人员。但外购是免不了的,只是采购原材料还是半成品的问题和采购多少的问题
2	低成本、大批量	早期福特汽车公司就是采用这种策略。这种策略需要标准化的产品或服务,而不是顾客化的产品和服务,如麦当劳、肯德基模式
3	多品种、小批量	如果生产顾客化产品,通常采取多品种和小批量生产策略
4	高档次、高质量	随着贫富分化加大,高档次与高质量战略是针对特定群体的高利润战略,也是引领消费水平向高端发展的社会需要
5	混合策略	上述四种策略的综合运用,实现多品种、低成本、高质量,可取得竞争优势

1.产品/服务的选择策略

研判抉择：市场需求的不确定性；市场需求与生产能力的关系；原材料、外购件的供应保障问题；部门差异与协调问题。

2.产品/服务的开发与设计策略

研判确定：做新产品/服务的跟随者还是领先者；自行设计开发还是委托外单位；引进技术设备还是外购专利。

（三）生产运作系统的设计

设计关系生产运作系统的先天品质,是企业战略决策的一个重要内容,也是实施企业战略的重要步骤。生产运作系统的设计主要考虑四方面战略问题：一是选址,通常要考虑三通一平情况,政策环境、经济环境（经贸区、工业区、高新技术区等）、天然交通环境等；二是设施布置,设备运转路线、物件传送路线、操作是否省时省力等；三是工作设计,重点考虑员工、设备与生产活动的结合方式；四是考核与报酬,指标层次考核与计酬,按时计薪或按贡献计薪。

三、战略策略

（一）战略管理过程

环境分析→设定目标→战略策划→战略实施→战略控制,如图1-4所示。

（二）战略与策略的关系

企业使命是一个公司组织的总体方向,同时也为该组织确定了目标。

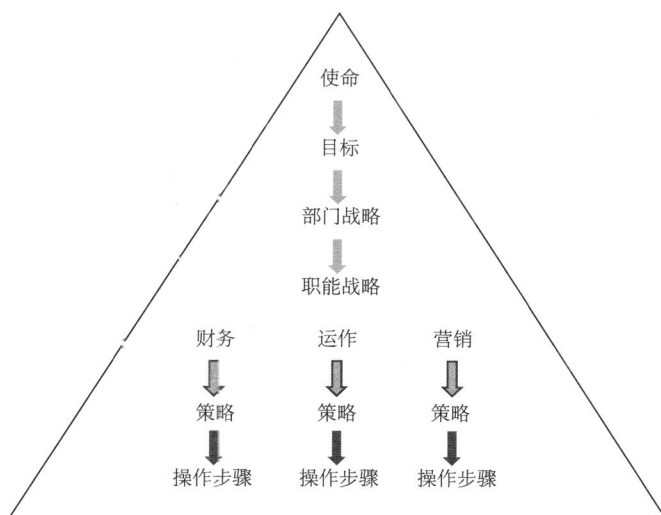

图 1-4   战略策略层级关系

（1）战略——为实现目标而制订的计划，是决策的核心。

（2）策略——用来完成战略的方法和措施；策略与战略相比更具体。

（3）关系——计划和决策在公司组织中的层级结构如图 1-4 所示。

第五节   运作管理与企业竞争力

运作是企业创造价值的主要环节，因而是企业竞争力的关键要素。企业运作职能占用组织的财力、设备和人力资源越来越多，企业和企业之间的竞争最终体现在企业所能提供的产品和服务上。缺乏运作管理的企业，不可能有强大的竞争力，广义企业竞争力要素管理如图 1-5 所示。

一、生产运作管理的作用和意义

生产和运作管理是企业管理的主体职能，生产与运作管理绩效的好坏对于企业的意义在于：其一，在企业内的各项活动中，生产与运作活动是其创造价值、服务社会、获取利润的主体。其二，随着科技进步、管理科学的发展，在企业或经济组织中，生产与运作职能占用组织的人、财、物、信息等资源越来越多，对其经济效益具有决定性影响。其三，消费者或用户只关心企业所提供的产品和服务的效用，其关键是价格、质量和时间性等。因而，企业和企业之间的竞争最终体现在企业所提供的产品和服务上。

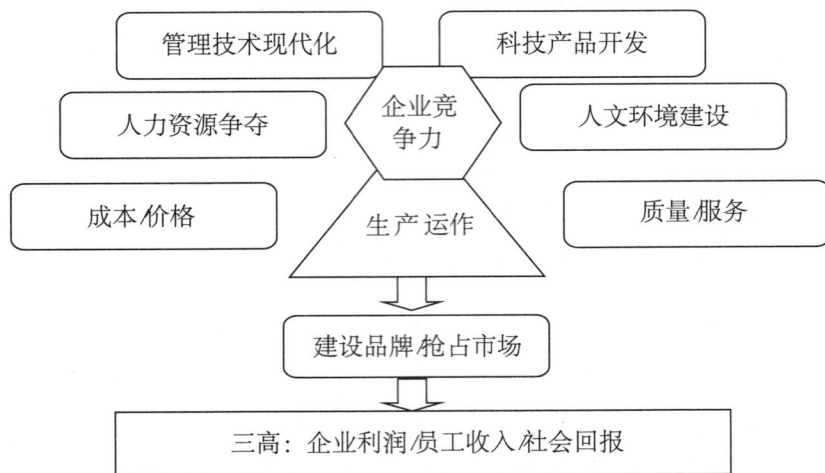

图 1-5　广义企业竞争力要素管理

　　企业产品和服务的竞争力很大程度上取决于生产与运作管理的绩效，即降低成本、控制质量、保证时间和提供个性化服务，但企业文化、组织结构、营销策略、资本运作都是提高生产运作管理水平使企业成功的关键要素。

　　改革开放四十年来，随着科技生产力引进发展，现代企业的生产经营规模不断扩大，产品制造技术和知识密集度不断提高，生产过程和服务运作过程越发复杂，同时市场需求日益多样化，在全球的竞争日益激烈。随着计算机信息技术、网络通讯和物流技术突飞猛进，企业为了升级、发展，必须基于管理创新引进国外管理技术，强化生产与运作职能。

二、把握生产与运作管理的三大基本问题

　　从图 1-2 可知，搞好生产运作管理，应掌握生产与运作管理的三大基本问题。一，产出要素管理：质量、交货时间、成本和服务；二，资源要素管理：设备系统管理、物料管理、人力管理、信息管理；三，环境要素管理。

　　探究企业特点，挖掘资源要素潜力，从生产运作的产出要素及环境要素两大方面提升生产与运作管理水平，以提高企业竞争力。

[案例 1-2]

（一）企业状况分析

　　维美天力塑胶颜料公司 2005 年重组，是以生产色母和色粉为主业的企业，可归属流程式生产企业，同时又属于多品种小批量生产类型企业。企业特点：①用户多为塑胶工程产品、塑胶家电产品、塑胶电子产品之类企业，产品品种多，据用户要求按国标生产产品；②营销要素是产品的价格、质量与交货期，以及销后技术服务；③扩充能力周期短，根据市场需求扩充生产能力；④设备自动化程度、可靠性要求一般，设备布置的柔

性较高且维修时不一定停运检修；⑤原材料品种数不少，但能源消耗不低；⑥有良好的人文和工资福利环境。生产管理特点：生产设施地理位置集中，生产过程自动化程度有待提高，只要设备体系运行正常，配方参数得到控制，就能生产合格产品，生产过程中的协作与协调较少，但由于高温、易燃、粉尘性、腐蚀性和产品的多样性的特点，灰生产系统的劳动保护、产品防污染要求较高。色粉和色母的本质区别是：色母是色粉经过预分散后的制品。色母的优点在于事先做好了预分散，所以使用起来非常方便，直接添加，不需要再做分散了。但色母的缺点是综合成本比较高，而色粉的优点是综合成本比较低，但要求使用色粉的技术人员对色粉的分散要有很好的技术知识，另外还有粉尘污染。如果客户的资金雄厚，有技术团队，可以直接用色粉，这样成本可以降低很多；如果客户规模相对比较小，用色母比较方便，分散和配色技术都让塑胶颜料厂做了，自己只要做个最后的成型加工就可以。

（二）长期思考少批量多品和的生产效率提高途径

用户类型较少、产品品种多，且多数时候产品是根据用户临时要求生产的，这种产品品种多样化给企业的生产和管理带来了一系列问题。根据订单频繁转换配方安排生产，增加了生产管理工作的繁杂性，引起配方工作、投料试样、工艺生产、库存量、采购活动、调度管理以及人工需求的较大波动，其结果是生产耗时增加，应急能力要求高（如交货期、跟踪调试）、成本上涨、质量和生产率下降，利润减少。因此，解决生产效率和利润问题，对企业竞争力甚为重要。

产品多样化来自市场，生产运作只能去适应它。对企业来说，提高效率及早适应它的办法是增加配方数据储存，提高生产加工应变能力，组织好现场调试跟踪速度，即提高生产系统的柔性。一般办法如下：

（1）组建技术开发服务部，长期招聘色母色粉师傅、技术人员，应用计算机信息功能建立配方数据库，由专人管理。要求随时调换配方，安排生产任务，24小时应付客户呼叫，跟踪现场产品调试服务，解决客户生产问题。

（2）按照ISO标准建立治厂制度，按机器规格划分生产线或生产区，按工艺专业化原则将色粉安排在楼上生产，色母安排在一楼生产；购置多台设备组装多条生产线，将配方与生产线进行排列组合，将相同或相近的颜色配方放到一条生产线生产，并使机器设备与操作工人间形成比较固定的搭配。

（3）确保生产过程的连续性、准时性，以缩短产品的生产周期、降低在制品库存、加快资金流转提高资金利用率。准时性除有连续性所具备的优点外，还是确保顾客满意的先决条件，只有各道工序都准时生产，才能准时向顾客提供所需数量的产品。因此，引入空压吸粒机，进行上料自动化与出料包装自动化改造就显得尤为重要。这样做首先是减轻了劳动强度，减少了原料灰尘与操作工人的接触机会，更可减少用工、实行计件考核，提高职工工资水平、降低招工难的压力。

4.分析年销售量预测和生产计划，结合各生产线特点以及产品的销售计划，坚持既满足交货期又满足缩短加工转换时间的原则；除将相同或相近的颜色产品尽量排在同一生产线上生产外，更要严格执行工艺控制和日常生产管理制度，确保生产每一环节都不发生停歇，这样便可大幅度提高生产系统的柔性。

（三）占领市场的几种生产运作手段

随着科技生产力发展，人们消费水平日益提高，企业应对的市场竞争越来越激烈。企业要想赢得顾客，尤其是经营生产出口产品的企业和外资、合资企业，必须满足顾客对产品高效高质、物美价廉、配套服务完善等的要求。无疑，市场对企业的要求始终体现在：时间、质量、成本和服务等四方面。为此，企业应该围绕这四方面加强生产运作管理。

1.加强产品市场的时效性管理

经验表明，时效性在公司出口（外贸）业务上相当突出，能够迅速地满足顾客的需求，就能赢得订单；否之，就会失去客户损失企业信誉，严重地影响正常贸易往来。建厂之初，由于企业实力与知名度不够，市场占有率低，一些小客户和低利润客户使得企业应对的工作量特大，麻烦不断。一年后，企业实施低利润与客户准联营的营销策略，客户数量和规模不断上等次，由于资金紧缺和前期市场预测（属企业经营战略）不足，曾直接影响生产能力的设置（属生产与运作战略），致企业扩充能力差。由于短期内很难解决生产能力不足和技术服务跟不上的瓶颈问题，放弃了很多客户（多数客户开始坚持要等该企业生产，但时间久了就不得不协商撤单了）。为应付生产能力不足的问题，公司从生产运营角度采取了以下两种补救措施：①适当融资借贷购置机器扩建生产线。这种措施能大规模提升企业生产力但耗资较大，招聘操作工困难。②开始网络招聘，扩大技术队伍，提高跟踪客户现场产品调试的服务水平和时效性。这一措施收效快，但招聘难，熟练技工训练需要时间。

2.引入 ISO 9001 质量管理体系，提高产品质量

日本 NKK 的电解电容器纸的质量名列前茅，与维美天力有合作关系的我国一家电解电容器纸公司的价格比它便宜，却一直竞争不过日本 NKK。为什么，因为这家公司的质量稳定性差，硬件又拼不过 NKK。然而电解电容器纸市场需求量比较有限，要想做大做强，就必须挤走竞争对手，抢占市场。根据质量不分离准则（质量与数量统一于产品价值中，统一于管理控制指标中），产品的价值相当于质量与数量相乘，即量多价低且质量上乘，就可超越 NKK。这就是说，单纯提高质量可以战胜 NKK，但难度大；在保持质量水平一定的条件下，降低单价提供更多数量也可以战胜 NKK。

近年来该公司加大了质量管理力度，推行 ISO9001 质量管理体系、5S 全面质量管理，把产品质量与管理人员的考核直接挂钩等。但 NKK 的生产线先进得多，其产品质量也在不断提高。这家电解电容器纸公司一方面进一步强化内部质量管理和着意提升制造质量，另一方面，降低生产成本，特别是依靠生产运作管理出效率。

3.加强成本控制，解决利润与成本的矛盾

质量提高、价格降低是企业具备竞争力的基本途径。而这要依靠科技进步，更依赖运作管理水平的提高。有人说质量和成本是两个矛盾体，根据质量不分离准则，两者更是统一的，统一于产品价值提高中。所以说质量和成本其实是对立与统一的。我们做成本预算就是要把投入与产出比值设计好，找到质量与成本的最佳结合点，即性价比更高。要做到产品价格既为顾客接受，又为企业带来尽可能多的利润。这似乎是矛盾的，运作管理就是要解决这对矛盾。

成本管理实际上是成本控制问题。产品厂营销环节开支很大，应酬客户做好售后技术服务，其技巧与潜规则的把握十分重要；流程性生产企业要做到丰田公司那样的精益生产，就要学习它的管理方法，持续地消除浪费的管理精神，更要做到创造性地学习西方先进管理知识。除了制定每一个环节严格控制，每个岗位的员工做好本职工作，让节约深入人心的制度外，更要培植企业管理文化，开展专项活动促使精细生产、5S管理等的习惯成自然，最为关键的是要形成一支少花钱多办事的团队。

合理调度和计划维修对成本控制也很重要。设备维修无论是停产检修还带负荷进行，都直接关系到生产的安全和效率。旦做好准备，磨好刀，做好整个生产的调度，更能省时省力、降低检修成本。

（四）扩展环境管理视野，创建持续发展环境

企业竞争力反映在成本价格与质量服务上，但作为现代科技企业，环境保护已成为人类面临的一个重大课题。企业赖以生存的环境资源包括自然环境资源和人文环境资源，比如资源能耗、污染排放、全球经济气候、国内经济政策、科技发展趋势。作为高污染化工单位，更应在节能减排上做足文章。心动不如行动，维美天力公司开业前几年就意识到这一点，并于2007年开始推行ISO14001环境管理体系认证，为节能降耗打下了坚实的基础。同时公司专门成立了节能降耗考核小组，负责节能降耗工作。

作为经济组织细胞，其发展离不开人文环境。在应对世界经济形势、适应国家政策和联谊社会各界的努力下，维美天力公司已从年产值百万级快速挤入了千万级。企业要勇于承担社会责任和义务，做到自身发展与利益员工、贡献社会一体化，经常参与政府公益活动和开展各种爱心助学扶弱的捐助活动。这实际是名利双收的最佳企业广告形式，要想打出品牌，质量服务、成本价格、融合政府、爱心捐助等方面都要兼顾。

第六节　生产能力核定

生产计划的基础是生产能力，对企业自身生产能力没有摸清楚的情况下进行生产计划是可笑的。所以在进行生产计划之前要先了解企业生产能力。

一、生产能力概念

进行工作设计与研究的目的是提高劳动生产率，进而持续地壮大企业生产能力。对生产能力进行核定也能一定程度地反映出工作设计与研究的作用效果。

（一）生产能力定义

企业生产能力是指，在一定时期内（通常为一年），全部固定资产（硬件）在一定的技术组织条件下，所能生产的一定种类、要求的或标准质量（软件）的产品最大数值（可能性）。这个定义有三点关键：硬件资源、软件辅助资源、可能性；技术组织条件包括：产品要求、厂房设备、工具材料、人力资源、生产劳动组织结构等；生产能力是全部生产环节的生产能力总和，属综合生产能力；一年最多产品数量只是一种可能性。

（二）生产能力种类

生产能力随着科技发展和和社会进步而不断提高，按照核定所依据的条件不同，生产能力分为三个种类，如表1-4所示。

表1-4　生产能力种类

种类名称	含　义
设计能力	企业筹建时,设计任务书或者技术文件中所规定的生产能力,是改建、扩建、新建后的企业应达到的最大年度产量。投产运行相当一段时间后才能达到
查定能力	产品方案、协作关系、技术组织等的变化会导致生产运作系统的实际出力变化。因而,查定能力是指企业生产了一段时期后,重新调查核实的生产能力
现有能力	即计划能力,指计划年度内,依据现有生产技术条件,实际存在的生产能力

现有能力应小于设计能力和查定能力，在确定企业规模和生产指标、编制企业年度、季度生产计划时，应以现有能力（计划能力）为依据。

二、生产能力核定程序

(一) 生产能力的统计因素

从生产力核定看，生产力统计因素为如下三个。

1.固定资产的数量

全部能够用于生产的机器设备、厂房、其他生产性建筑物面积。正在运转、修理、安装或等待修理的机器设备，以及因生产任务不足或某些正常原因而暂时停用的机器或设备都包括在内。对于损坏严重且判定不能修复的报废设备，留作备用、封存待转让的机器设备等不计算在内。

2.固定资产的工作时间

总括机器设备的全部有效工作时间和生产面积的全部利用时间，又分为制度工作时间、有效工作时间。在国家规定的工作制度下，固定可利用天数为365天－104双休日－10天节假日＝241天，时间为241天×每天工作班次×每班工作小时。有效工作时间则在制度工作时间内再扣除设备停歇时间。对于间歇性生产企业，在有效时间中还要再扣除计划修理时间；生产面积的利用时间，按制度工作时间计算，一般没有停修时间；连续性生产企业的机器设备有效工作时间为，日历时间（365天）减去计划修理时间。具体由企业自己定。

3.固定资产的生产效率

固定资产的生产效率包括机器设备的生产效率和生产面积的生产效率。

(二) 核定程序

生产能力核定通常分两阶段进行，先是班组、工段、车间的各环节的生产能力；后是在综合平衡各个生产环节能力的基础上，核定全厂的生产能力。

1.车间内部生产能力核算

(1) 在单一品种生产条件下，设备组的生产能力按以下公式计算：

设备生产能力＝设备数量×单位设备有效工时×单位时间产量定额　　　　（1-1）

设备生产能力＝设备数量×单位设备有效工时÷单位产品台时定额　　　　（1-2）

在生产能力主要取决于生产面积情况下，生产能力计算公式为：

生产面积生产能力＝面积数量×面积利用延时×单位时间单位面积的生产定额

（1-3）

流水线生产能力＝流水线有效工作时间÷节拍　　　　（1-4）

[任务1-1]

某校办机加工车间的产品加工过程按顺序移动方式设置，顺次通过车、铣、磨三个工艺步骤，三个工组的数据列于表1-5中，全年工作日按241天计，每天两班按16 h计。

试计算各组设备的生产能力。

表 1-5　机加工生产能力计算

设备组	设备台数	班组数	计划检修时间 /h	全年有效台时 /h	产品台时定额 /h	设备组生产能力 /件
车工组	16	2	1146	60550	200	303
铣工组	18	2	1382	68026	260	261
磨工组	10	2	689	37871	130	291
数据代号	①	②	③	④=①×241×16—③	⑤	⑥=④÷⑤

本计算任务套用式（1-2）进行，所得结果列于表 1-5 中。计算结果表明，车工组生产能力最高，铣工组生产能力最低，有必要采取技术组织措施提高铣工组的生产能力。

（2）在多品种生产条件下，设备组的生产能力按各种产品分别计算生产能力是困难的。这时，企业可根据具体情况采用标准产品法、假定产品法、代表产品法来核算生产能力。

①标准产品法。

在生产的品种中选择一种产品作为标准产品，根据一定的标准（如千瓦、马力等）将不同的品种、规格的同类产品换算成标准产品，最后以单一品种生产条件下核算生产能力的方法来确定设备组的生产能力。

②代表产品法。

计算步骤为：如表 1-6 所示，确定代表产品（C）→计算出有关生产效率的换算系数（③）→计算出以代表产品 C 为计算单位表示的设备组计划产量（④）→计算产量比重（⑤）→计算出以代表产品表示的生产能力（⑥）→按比重分别折合成代表产品的产量（⑦）。

换算时，一般以台时定额或产量定额作为换算标准，换算系数公式：

$$换算系数 = 某产品台时定额 \div 代表产品台时定额 \tag{1-5}$$

$$换算系数 = 代表产品单位时间产量定额 \div 某表产品单位时间产量定额 \tag{1-6}$$

[任务 1-2]

某校办机加工车间车床组有车床 10 台，每台车床全年有效工作时间为 4 600 h，车床组加工 A、B、C、D 四种结构和工艺相似的产品，计划产量和单位产品台时定额列于表 1-6 中，如果选定产品 C 为代表产品，试计算车床组的生产能力。

以代表产品 C 的产量表示的生产能力及将代表产品换算为具体产品的计算过程和结果列于表 1-6 中。换算系数套用了式（1-5）。

表1-6 代表产品换算成具体产品的生产能力计算

产品名称	生产计划/台	台时定额/h	换算系数	换算成代表产品产量/台	换算后产量比重	以代表产品表示的生产能力/台	换算成集团产品表示的生产能力/台
A	80	80	0.8	64	0.185		85
B	50	60	0.6	30	0.087		40
C	180	100	1.0	180	0.520	$4\,600 \times 10 \div 100$ $= 460$	239
D	60	120	1.2	72	0.208		96
合计	370			346	1.00		460
数据代号	①	②	③=②÷100	④=○×③	⑤=④÷∑④	⑥	⑦=⑥×⑤

③假定产品法

在企业产品品种复杂，结构工艺和劳动量差别较大，且不易确定代表产品时，可用假定产品法。计算步骤如表1-5所示。

第一步，计算假定产品的台时定额：

假定产品的台时定额=∑（该产品台时定额×该产品占计划产量总数的百分比）

$$(1-7)$$

第二步，计算设备组生产假定产品的生产能力：

假定产品为单位的生产能力=单位设备有效工时×设备台数÷假定产品台时定额

$$(1-8)$$

第三步，根据设备组假定产品生产能力，计算设备组各种计划产品的生产能力：

计划产品生产能力=假定产品的生产能力×该产品占计划产量总数的百分比   （1-9）

[任务1-3]

某校办机加工车间铣床组有12台铣床，每台铣床全年有效时间为4 600 h，铣床组加工A、B、C、D四种结构、工艺不同的产品，其计划产量和单位产品台时定额列于表1-7中，试用假定产品法计算铣床组的生产能力。

2.企业生产能力的确定

确定企业生产能力先要综合平衡各生产环节的生产能力，这有两方面的工作：一是基本生产车间之间的能力平衡；二是辅助车间生产能力与基本车间生产能力的平衡。

当各基本生产环节的能力不一致时，按主导环节（如劳动量、投资比重大的环节）来确定企业的生产能力。若主导环节有多个，综合生产能力依据市场需求量的多少确定。若产品需求量大，则按较高能力的主导环节确定，同时组织外协或技术改造解决其他能力不足的环节；否则，按薄弱环节的生产能力确定，同时调出多余设备或长期外协订货。

表 1–7　以假定产品为计量单位的生产能力计算

产品名称	计划产量/台	各产品占产量总数比	各产品铣床组台时定额/h	假定产品台时定额/h	以假定产品为单位的生产能力/台	铣床组各种计划产品的生产能力/台
A	200	0.33	100	33	$4\,600 \times 12 \div 98 = 563$	186
B	100	0.17	60	10		96
C	140	0.23	100	23		130
D	160	0.27	120	32		152
合计	600	1.00		98		564
数据代号	①	②=①÷600	③	④=②×③	⑤	⑥=⑤×②

　　当基本生产单位的生产能力与辅助单位的生产能力不一致时，按基本生产单位的生产能力确定企业生产能力，同时考虑二者的平衡问题。若基本生产单位的生产能力高于辅助单位的生产能力时，要采取措施提高供应、服务能力；反之，要使富裕的辅助单位的生产能力得以充分利用。

　　要经常进行核定的是企业计划生产能力（现实能力），在编制短期生产计划及生产作业计划时，都要核定现实能力，以同计划的生产任务进行比较、平衡，使生产任务落到实处，生产能力得到充分利用。

第二章　生产计划管理

做好了生产设计、研究和生产能力核定等基础工作后，就要开始做好生产计划与控制工作。

第一节　生产计划的编制

一、生产计划定义

生产计划是指为满足客户要求的三要素："交期、品质、成本"，使企业获取应有利益，而对生产三要素："材料、人员、机器设备"进行适宜准备、分配及使用的体系计划。因而生产计划定义为：企业在计划期（譬如一年）内，应实现的产品品种、质量、数量和产值、利润等方面的指标，并在时间上作出进度安排。

一项优化后的生产计划应具备三个基本特征：

（1）充分考虑顾客要求，满足市场需求；

（2）充分挖掘盈利机会，实现生产成本最低化；

（3）充分利用生产资源，最大限度地减少生产资源的闲置与浪费。

二、生产计划的划分

计划分为长期、年度和短期三种类型，如表2-1所示。根据产品和服务性质的不同还有其他划分法。

（一）长期生产计划（1—5 年）

根据企业发展战略，针对产品和设备的升级换代、生产能力的提高、厂区布置调整或迁移等具有规划性质的问题，一般制订长期计划。

表2-1 划分种类

计划种类		产品规模	期间	期别
大日程（长期）	长期生产计划	产品群	2～3年	季
	年度生产计划	产品群、产品别	1年	月
中日程（中期）	3～6月生产计划	产品别	季、半年	周、月
	月份生产计划	产品别、零件别	月	日
小日程（短期）	周生产计划	产品别、零件别	周	日
	日生产计划	产品别、零件别	日	小时

（二）年度生产计划（1年）

根据年度经营目标（利润、订单、市场、人员、资金等情况），确定年度内生产计划指标，如品种、产量、质量等，同时安排产品的生产进度。

（三）短期生产计划

这是生产作业计划，包括月度生产计划、旬生产计划、周生产计划和日程生产计划等，直至落实到班组的小时计划。

三、生产计划内容

生产计划的基本内容围绕以下展开：

（1）生产什么东西：比如产品名称、零件名称等。当赋予质量、规格等要求时，名称才有意义。

（2）生产多少：通常是数量或重量。

（3）在哪儿生产：诸如部门、单位。

（4）什么工艺：指加工方法、设备/系统、流程/质保等。

（5）要求什么时候完成：阶段期间约定、交货期。

四、计划任务及应考虑的条件

（一）计划任务

（1）保证交货日期与数量；

（2）为物料采购、产能需求计划和其他相关计划提供基准数据；

（3）发挥与企业生产能力相应的工作负荷及相当的开工率；

（4）使重要产品或物料的库存量维持在适当（最低）水平；

（5）预期增产计划，预备人员、机械设备的补充。

（二）计划条件

（1）计划应是综合考虑各有关因素的结果；

（2）生产计划必须在有能力的基础上制定；

（3）计划的粗细必须符合活动的内容；

（4）计划的下达应在必要的时期；

（5）计划的实现要有环境许可条件。

五、生产计划的编制步骤

生产计划的编制要考虑全局性、效益性、平衡性、群众性和应变性。通常，编制生产计划应遵循四个步骤：

（1）收集资料、分类分项研究：整理编制生产计划所需的资源信息和生产信息。

（2）统筹安排，拟定优化计划方案：提出初步的生产计划指标体系，优选确定产量指标、质量指标、产品品种搭配指标、产品出厂进度指标等。

（3）在编制计划草案的基础上调整、平衡生产计划：生产指标与生产能力的平衡；测算主要设备和车间面积对生产任务的保证程度；生产任务与劳动力、物资供应、能源与技术准备能力间的平衡；生产指标与资金、成本、利润等指标间的平衡。

（4）修正、定稿、报批，完成综合平衡：对初步计划做适当和必要的调整，制定合乎实际的各项生产指标。报主管批准。

六、生产指标体系的计划编制

（一）品种计划（收入利润顺序法）

这是一种将生产的多种产品按销售收入和利润排序并将其绘在收入—利润图上，分析筛选产品的方法。

[例2-1]

某公司有十种饲料产品，会计策划部门对其在2009年的销售收入、利润分别进行了分析排序，设置出表2-2：利润按从多到少编号排队，观察销售收入的排序。

表 2-2　销售收入和利润表

产品代号	F1	F2	F3	F4	F5	F6	F7	F8	F9	F10
利润	1	2	3	4	5	6	7	8	9	10
销售收入	2	3	1	6	5	7	8	10	9	4

解：

表2-2中F5、F9销售收入与利润排序相同，位于收入—利润图的对角线上；F1、F2、F4、F6、F7、F8都在对角线下方，其中销售收入高、利润大的品种，按照利润优先

法，是应优先安排生产的品种；F3、F10 在对角线上方，其中销售收入低、利润小的品种应是排在最后才考虑是否生产的品种。

（二）质量计划

质量计划（Quality plan）：GB/T6583 的定义是：针对特定的产品、项目或合同规定专门的质量措施、资源和活动顺序的文件。显然，质量计划可提供一种将某个产品、项目或合同的特定要求与通用质量体系程序相结合的途径。质量计划也是监评落实质量规定的指南，但不是简单用作符合质量要求的清单。如果质量计划没有文件化的质量保证体系，则要编制操作程序来支持质量计划的实施。产品质量计划的基础是产品质量标准、指标，产品质量分为内在质量（如技术性能、寿命）和工作质量（损失率、废品、返修率等），要遵守的标准有：国际、国家和部颁标准，还有企业标准。

实践证明，当合格品率水平太高时，质量保证成本会骤升。只有造成不合格品的损失与质量保证成本之和最小的合格品率才是经济的质量水平点。

（三）产量计划

产量计划是指在一定时期内符合一定质量要求的实物数量的生产安排。

1. 保本产量——盈亏平衡分析法

公式：$Q_O = C_F / (P - C_V)$　　　　　　　　　　　　　　　　（2-1）

Q_O：保本产量

C_F：固定成本

C_V：单位产品变动成本

P：单价

盈亏平衡点法推导如下：

（盈利）G＝（总收益）Y－（总成本）C＝（单价）P×（产量）Q－（固定成本）C_F－（产量）Q×（单位变动成本）$C_V = Q(P - C_V) - C_F$　　　　（2-2）

整理得　$Q = (G + C_F)/(P - C_V)$　　　　　　　　　　　　　　（2-3）

当 $G=0$ 时：$Q_O = C_F/(P - C_V)$

这时的 Q_O 是不亏也不盈的产量。

作出盈利与产量、价格、成本决策的基本公式：

$Q = (G + C_F)/(P - C_V)$

$G = Q(P - C_V) - C_F$

$P = (G + C_F)/Q + C_V$　　　　　　　　　　　　　　　　　　（2-4）

$C_F = Q(P - C_V) - G$　　　　　　　　　　　　　　　　　　　（2-5）

$C_V = P - (G + C_F)/Q$　　　　　　　　　　　　　　　　　　（2-6）

2.评估企业经营安全状况

经营安全率是从企业利润相对大小的角度评价企业当前经营状况，即指企业经营规模（如以销售量来表示）超过盈亏平衡点的程度，反映发生亏损可能性大小。企业经营状况可用企业经营安全率指标进行大体上的判断。

通常情况下，经营安全率在30%以上的属于安全，而在10%以下属于危险，应发出警告信号。

经营安全率公式如下：

$$经营安全率\ S=[(Q-Q_0)/Q]\times100\% \tag{2-7}$$

或

$$S=[(Y-Y_0)/Y]\times100\%=[R-R_0)/R]\times100\% \tag{2-8}$$

式中：S——经营安全率；

Y_0——盈亏平衡的业务量；

R_0——盈亏平衡的销售收入；

Y——计划或实现的业务量；

R——计划或实现的销售收入。

3.经营安全率的应用

当产量或销售量/销售收入越大时，经营安全率S就越接近于1，企业经营越安全，亏损风险越小；反之，S越接近于0时，亏损风险就会越大。表2-3按5级进行分析判断。

表2-3　经营安全率5级指标五种状态

经营安全率S	<10%	10%～15%	15%～25%	25%～30%	>30%
安全状态	危险	警惕	不好	较安全	安全

[例2-2]

饲料公司2009年生产F1种产品的固定成本为100万元，单位可变成本为1 300元，单位产品售价1 800元一件。

试用盈亏平衡点法确定其产量或计算该产品产量至少达到多少企业才不会亏损？

若该企业要实现目标利润50万元，生产规模至少要维持多大？请判断此时该企业的经营安全状况。

解：

根据盈亏平衡点产量公式（2-1）：$Q_0=C_F/(P-C_V)$

F1产品的盈亏平衡点产量为

$$Q_0=1\ 000\ 000/(1\ 800-1\ 300)=2\ 000（件）$$

故达到盈亏平衡时的产量为2 000件。

根据式（2-3）：$Q=(G+C_F)/(P-C_V)$

当目标利润为50万元时

$$Q_0 = (1\,000\,000 + 500\,000) / (1\,800 - 1\,300)$$
$$= 3\,000（件）$$

经营安全率 $S = [(Q - Q_0) / Q] \times 100\%$

$$= (3\,000 - 2\,000) / 3\,000 \times 100\% = 33.33\%$$

所以，该企业若要实现目标利润 50 万元，至少要维持 3 000 件的生产规模。从表 2-3 可知，企业这时处于安全经营状况。

七、滚动式计划的编制方法

滚动式计划将整个计划分为几个时段，第一阶段是执行计划，后面几个阶段为预订计划。执行计划应比较细致，具可操作性；预订计划比较粗糙，应容易修正。第一阶段计划执行完后，接着执行第二阶段计划，如图 2-1 所示，并修正第三、第四季度计划。这样计划的执行、修正具有连续性、实时性。

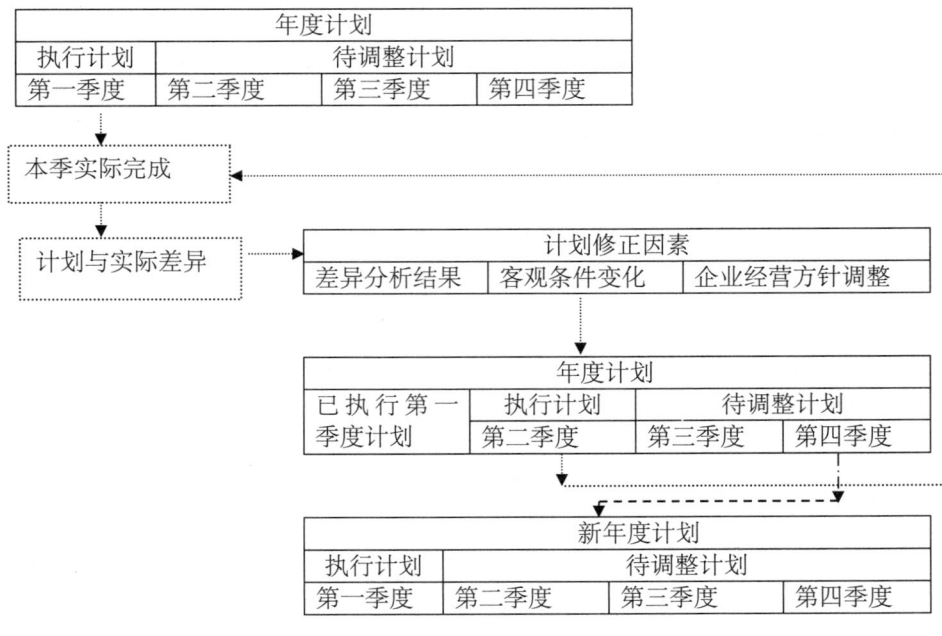

图 2-1　滚动式年度计划编制示意图

滚动式计划按照执行→修正→编制顺序滚动发展，一般运行年度计划→月度计划→短期计划等，也适用于编制大周期计划使用。图 2-1 为年度计划案例，按季度分为四个阶段，每隔一个季度（即滚动期）修订一次计划，向前推进一个季度。当第一年度计划第四季度执行完毕，则转入新年度计划中运行第一季度计划。

第二节　生产运作计划的制订

一、三种主要的生产计划

生产计划的形式多得很，但主要形式如下：

（1）综合计划；

（2）主生产计划；

（3）物料需求计划。

如图 2-2 给出计划编制程序，先综合计划，再 MPS 方案和主生产计划，最后进行物料需求计划。当资源约束条件满足时，才能从 MPS 方案到物料需求计划；否则，重新编制综合计划或 MPS 方案。

生产运作计划的制订程序如图 2-3 所示，显然图 2-3 是个往复循环的程序，其中包含着反馈环节。

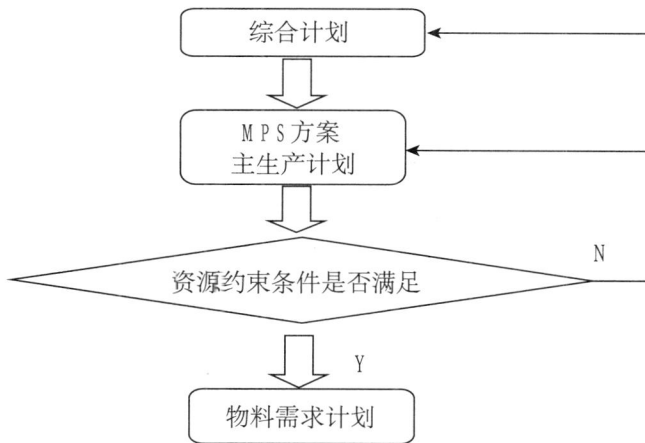

图 2-2　三大计划的制定顺序

图 2-3　生产运作计划制订程序

二、生产作业计划

(一) 概念与特点

1. 生产作业计划的概念

将企业的年度、季度计划任务分解成月度计划任务，具体再分配到车间、工段、班组乃至员工个人，规定他们在月、旬、周、日、轮班以至小时内的具体任务，并按日历顺序安排生产进度。

生产作业计划的基本任务是：落实生产计划；整理和组织生产过程，合理整合出物质流、资金流、信息流最佳效用；确保节拍、节奏，均衡生产；从质量和成本出发，提高经济效益。

2. 生产作业计划特点

（1）计划期比较短，规定月、旬、周、日、轮班、小时的生产计划；

（2）计划任务的内容具体、明确，可操作性强；

（3）产品制造的产出、投入和进度做在一张时间表上，看板作用效果好。

(二) 编制依据与工作内容

1. 生产作业计划的编制依据

（1）长期、年度、季度生产计划，订单要求或各项订货合约；

（2）前期生产数据；

（3）有关各项标准；

（4）工艺、技术和设计文件等。

2. 生产作业计划的工作内容

（1）生产作业计划的期量标准；

（2）编制各级各种生产作业计划；

（3）检查作业准备、生产作业控制等。

三、成批生产作业的周期与提前期

生产作业计划的编制按产量看，有大批量生产作业计划和单件小批生产作业计划。这里仅介绍成批生产作业计划的周期与提前期。

批量：花一次准备与结束时间投入生产的同种产品的数量。

间隔期：即生产重复期，指前后两批产品/零件投入或产出的时间间隔。

批量＝年生产间隔期长度 × 平均日产量　　　　　　　　　　　　　　　（2-9）

平均日产量＝计划期产量 ÷ 计划期工作天数　　　　　　　　　　　　　（2-10）

如图 2-4 所示，各工艺阶段生产间隔期相等时的生产提前期与生产周期的关系可由下列计算公式计算：

$$某车间投入提前期＝该车间出产提前期＋该车间生产周期 \qquad （2-11）$$

$$某车间出产提前期＝后车间投入提前期＋车间之间保险期 \qquad （2-12）$$

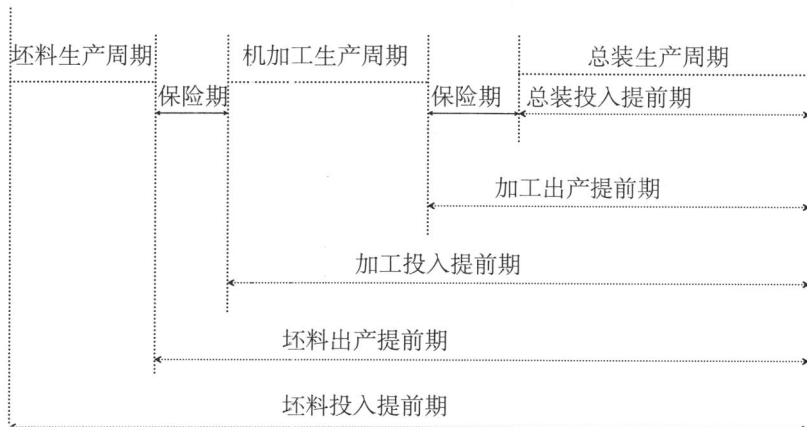

图 2-4　生产提前期与生产周期、保险期的时间关系

四、库存与产量关系式及计算

库存与产量关系由三个基本变量：库存量，生产量，需求量来反映，公式为：

$$本期末库存量＝上期末库存量＋本期生产量－本期需求量 \qquad （2-13）$$

[例 2-3]

设起初库存量为 120，各月生产量和需求量如表 2-4 所示，求各月末库存量，并将结果填入表 2-4 中。

解：

因起初库存量为 120，根据式（2-13）计算，得 1 月份：本期末库存量=120（上期末库存量）+130（本期生产量）-120（本期需求量）=130

表 2-4　库存与产量关系运算表　　　　　　　　　　（计量单位：任意）

	1 月	2 月	3 月	4 月
需求量	120	120	140	140
生产量	130	130	140	140
库存量	130	140	140	140

同理，1 月份库存量为 130，则 2 月份：本期末库存量=130（上期末库存量）+130（本期生产量）-120（本期需求量）=140

表 2-4 中，3 月、4 月库存量由同学们自己运算。

第三节 案例操作：制订油漆厂综合计划

[案例2-1]

某名牌公司生产各种装饰油漆，油漆的需求具有季节波动特性，考虑到中国人过春节的特点，第三季度是油漆产品需求高峰期，第四季、第一季是淡季。需求预测和有关的成本数据如表2-5和表2-6所示。公司现有库存量为250千加仑，希望期末库存不超过300千加仑。按照公司上峰的经营方针，既不允许任务积压也不允许库存缺货。请根据表2-5所示的生产能力计划来制订综合生产计划。

进行综合计划前作如下假设：

（1）各单位计划期内的正常生产能力、加班生产能力以及外协（指派单生产、拆借现货、市场购进等）量均有一定的限制；

（2）各单位计划期的需求量已知；

（3）全部成本与产量呈线性关系。

表2-5 需求预测 （单位：千加仑）

季度	1	2	3	4	合计
需求	300	850	1 500	350	3 000

表2-6 生产能力计划 （单位：千加仑）

季度	1	2	3	4
正常生产	450	450	750	450
加班生产	90	90	150	90
外协	200	200	200	200

在不允许生产任务积压和库存缺货的基础上，一般而言，首先考虑正常生产，正常生产不能满足需求时，再考虑加班生产，加班生产仍解决不了问题，才考虑外协解决。下面根据表2-5和表2-6推出表2-7。

如表2-7所示，第一季：需求300（本节数据单位均为千加仑），原有库存250，正常生产能力450，则有需求缺口=300-250-450=-400。虽然供过于求，但生产具有连续性，停产成本和问题，考虑到设备和人力资源的充分利用和外部资源的储备，应按表2-7安排生产和加班（生产450，加班90），并适度安排外协（20）。这样一来，第一季库存=90+20-（-400）=510。

第二季：需求 850，原有库存 510，正常生产能力 450，则有需求缺口=850−510−450=−110。考虑到二季度需求量是生产能力的近二倍，第三季度需求量是生产能力的二倍，即将迎来需求与生产双高峰，外协资源有必要全部调动，则第二季库存=90+200−（−110）=400。

第三季：需求 1 500，原有库存 400，正常生产能力 750，则有需求缺口=1 500−400−750=350。考虑到第三季度需求量是生产能力的二倍，外协资源需要全部调动，则第三季库存=150+200−350=0

第四季：需求 350，零库存，正常生产能力 450，则有需求缺口=350−0−450=−100。考虑到四季度需求量下降到生产能力以下，外协资源的调动根据最终库存量要求（300）计算安排，即第四季库存（300）=90+110−（−100），其中 110 是个调节量。

注意：需求淡季时，正常生产要满负荷进行，以储备应急产品需求量的突然增大；需求旺季时，要调动全部资源，首先是清理库存，其次是发挥最大的生产能力，包括加班；最后是外协。因而，这时的库存应是最少的，见表 2−7 中的第三季度。由于年末有库存限制，因而做计划时，通常用倒推法，即从第四季度演算到第一季度。

表 2−7　公司最优综合计划　　　　　　　　（单位：千加仑）

季度	正常生产	加班生产	外协	库存
1	450	90	20	510
2	450	90	200	400
3	750	150	200	0
4	450	90	110	300

表 2−8　成本数据

库存成本	0.3 元 / 季度·千加仑
正常生产成本	1.0 元 / 千加仑
加班生产成本	1.5 元 / 千加仑
外协成本	1.9 元 / 千加仑

表 2−7 结果的运作过程具体参照表 2−9。按季度作计划，属中长期计划类。表 2−5 参数移入表 2−9 最底行（需求），表 2−6 参数移入表 2−9 表中季度列中左列，表 2−8 参数移入表 2−9 表中季度列中右列。从行看，生产成本数据、加班成本数据和外协成本数据不变，从左至右，库存成本每季加 0.3 元。叠加到生产成本则有：1.0、1.3、1.5、1.9；叠加到加班成本则有：1.5、1.8、2.1、2.4；叠加到外协成本则有：1.9、2.2、2.5、2.8。从列看，每季都要保证完成交货任务，即库存+生产+加班+外协=需求。

供货能力是指通过调用库存、生产、加班和外协应对需求的可用总能力，分未用能力和可用总能力两种情况。最优计划安排的未用能力应是最小的，如表 2-9 中尚有 270 可用能力未启用，可用总能力 3 570，则实际产出 =3 570-270=3 300，其中 3 000 已交货，300 是要求的库存。

填表操作：第一，计划安排即填写表 2-9 时，考虑到成本数据，应优先启用成本低的供货能力，如正常生产方式；第二，依据需求下达的生产任务应优先安排当月当季进行，努力降低库存成本；第三，应保证及时交货，在最近时间内安排必要的储备。填写表 2-9 时，少填或不填成本数据大的栏目，如第六行的 2.8 和 2.5（即不全部启用外协能力）。最后，要调整计划应对情况变化，满足要求的年终库存量（300）。

表 2-9　计划优化综合运作程序

分类		季度（计划期）								供货能力	
		1		2		3		4		未用能力	可用总能力
季度	期初库存	250	0.0		0.3		0.6		0.9	0	250
1	生产	50	1.0	400	1.3		1.6		1.9	0	450
	加班		1.5		1.8	90	2.1		2.4	0	90
	外协		1.9		2.2	20	2.5		2.8	180	200
2	生产			450	1.0		1.3		1.6	0	450
	加班				1.5	90	1.8		2.1	0	90
	外协				1.9	200	2.2		2.5	0	200
3	生产					750	1.0		1.3	0	750
	加班					150	1.5		1.8	0	150
	外协					200	1.9		2.2	0	200
4	生产							450	1.0	0	450
	加班							90	1.5	0	90
	外协							110	1.9	90	200
需求		300		850		1 500		650		270	3 570

第四节　主生产计划（MPS）的制订

主生产计划，英译为Master Production Schedule，缩写为MPS。其定义是，确定每一具体的最终产品在每一具体的时间段内的生产数量。

最终产品：本企业最终完成、要出厂的完成品。

计划时间单位：周（旬、日、月）。

一、MPS的对象

MPS的计划对象主要是最终项目，即生产规划中的产品系列具体化后的出厂产品。最终项目是指独立需求件，对它的需求不依赖于对其他物料的需求而独立存在。由于计划范围和销售环境不同，作为计划对象的最终项目的含义也不完全相同。

二、MPS编制原则

MPS乃根据企业能力确定要做的事情，均衡地安排生产实现生产规划的目标，使企业在跟踪客户服务质量、库存周转率和生产效率等方面都能保持高水平。计划要及时更新，切实可行且有效。MPS不能超越可用物料和现有能力。在编制MPS时，要遵循如下基本原则。

（一）项目最少原则

用最少的项目进行主生产计划安排，如果MPS中项目数过多，就会使预测和管理都变得困难。因此，要根据不同的产品制造环境，选取产品结构不同的级进行编制。通过分解产品结构使得在制造和装配过程中，产品/部件选型的数目最少，以改进管理评审与控制。

（二）独立具体原则

列出实际的具体的可构造项目，而不是一些项目组或计划清单项目。这些产品可分解成可识别的零件或组件。MPS应该列出实际要采购或制造的项目，而不是计划清单项目。

（三）项目关键原则

生产能力、财务指标或关键材料是有重大影响的项目。就生产能力而言，有重大影响的项目是指那些对生产和装配过程起重大影响的项目，如大批量项目、造成生产能力的瓶颈环节的项目或通过关键工作中心的项目等。就财务指标而言，是指与公司利润效益最为关键的项目，如制造费用高、含有贵重部件、昂贵原材料、高费用的生产工艺或有特殊要求的部件项目，也包括那些作为公司主要利润来源的，相对不贵的项目。就关键材料而言，是指那些提前准备期很长或供应厂商难找的项目。

（四）裕量适当原则

计划均留有适当余地，考虑预防性维修设备的时间。一则，把预防性维修作为一个项目安排在MPS中；二则，按预防性维修的时间长短，评估减少工作中心的能力。

（五）适当稳定原则

MPS制订后，在有效的期限内应保持适当稳定，如果按照主观愿望随意改动的话，会引起系统原有合理的正常优先级计划变坏，从而削弱系统的计划能力。

（六）全面代表原则

计划项目所代表的企业产品更具广泛性，MPS应覆盖由MPS驱动的MRP（物料需求计划）程序中尽可能多的组件，反映有关制造设施，特别是瓶颈资源或关键工作中心尽可能多的信息。

三、产品MPS量的计算

[案例2-2]

设期初库存：45；生产批量：80，其余数据见表2-10，求现库存量。

表2-10　由需求、库存确定MPS

月份	4				5			
周次	1	2	3	4	5	6	7	8
预计需求	20	20	20	20	40	40	40	40
订货量	23	15	8	4	0	0	0	0
现库存量	22	2	62	42	2	42	2	42
MPS量	0	0	80	0	0	80	0	80

根据式（2-13）可推出产品MPS量的计算公式为：

期末库存=期初库存-需求量+MPS量　　　　　　　　　　　　　（2-14）

其中需求量选择预计需求量与订货量中的大数，MPS量是指安排生产的最终量。什么时候安排生产，由库存量与需求量推算决定。

在表2-10中，4月的第1周，期末库存=期初库存45-需求量23+MPS量0=22，即现库存。计算结果中若有期末库存，表示这时不缺货。具体计算见表2-11。

4月的第2周，见表2-11，期末库存=期初库存22-需求量（20）+MPS量0=2，不缺货。

第 3 周至第 8 周的计算由学生自己完成，计算结果对照表 2-11。

表 2-11　产品 MPS 量的计算表

周期	初库存		需求量	是否缺货		MPS 量		期末库存
1	45	–	23	否	+	0	=	22
2	22	–	20	否	+	0	=	2
3	2	–	20	是	+	0	=	
4	62	–	20	否	+	80	=	
5	42	–	40	否	+	0	=	
6	2	–	40	是	+	80	=	
7	42	–	40	否	+	0	=	
8	2	–	40	是	+	80	=	

第五节　物料需求计划（MRP）的制定

物料需求计划，英译为 Material Requirements Planning，缩写为 MRP。它是在订货点法（Order point system）计划基础上发展起来的一种新的库存计划与控制方法，是基于计算机数据库的生产计划与库存控制系统。

一、MRP 基本原理与机制

MRP 的基本思想是，围绕物料转化成可消费品的资源制造活动，按制造组织需要准时提供物料。围绕所要生产的产品，应当在正确的时间、正确的地点，按照规定的数量得到真正需要的物料；按照各种物料真正需要的时间来确定订货与生产日期，以避免造成库存积压。这正是 MRP 系统的目标。

如果按交货时间提供不同数量的产品，就要提前一定时间加工所需数量的各种零配件，进而要超前一定时间准备所需数量的各种毛坯、原材料。这种生产方式反映了产品、零配件、毛坯、原材料等围绕生产工艺这条线索相互间存在着一定的逻辑关系。按照这一逻辑关系，就要按订单/任务确定产出数量和出货时间，就要逆工艺顺序倒推，确定零部件、毛坯等的产出数量和出品时间，直至确定原材料的准备数量和时间。另一条超前或并行于生产的线索是，根据不同物料转化与其将用到的制造资源（设备、场地、工艺、人力、资金）之间的关系，盘点库存现状、确定制造资源的需要数量和准备时间。

可见，MRP 的基本原理是，为满足客户需要，沿着物料转化过程，以物料转化成产品为中心，确保物料正确、经济、合理转化为要来组织制造资源，实现高效的生产运作。

由MRP的基本原理可导出MRP的运作机制，即主生产计划导出零部件、原材料等相关需求的数量、时间，基于库存和能力需求再导出对各种制造资源的需求数量和时间，如图2-5所示。

二、MRP系统的组成与流程

（一）MRP系统核心结构

MRP系统运行平台是计算机自动控制，情况类似本书第九章的计算机应用。从这个角度看，MRP系统核心结构是：输入、微机处理、输出。输入包括主生产计划、物料清单文件、库存状况文件，微机处理是指基于MRP原理和机制预制的计算机程序，输出包括物料采购指令、各种生产准备报告等。有关输入、输出成分详见表2-12和表3-13。

表2-12　MRP系统输入成分表

成分	定义与概念
主生产计划	描述企业最终产品的生产运作安排,指令何时出哪种产品、出多少。这是通过最终产出计划驱动MRP运行的基本信息和动力
物料清单文件	对一个最终产品的零部件和原材料的构成,以及在数量和先后次序上相互间关系的完整描述。实际工作中,常用树状数据结构表示,见图2-6和图2-7
库存状况文件	记录MRP系统的所有物料库存情况,从而导出企业还需增订什么物料、订多少、何时成交等许多信息

表2-13　MRP系统输出成分表

成分		定义与概念
主报告	计划订货	给出所有物料的投入和产出计划,显示周、月预订货信息,下达订货工作蓝本或指令
	订单发布	头条显示第一周预计订货指令,发布详细的物料需求名称、数量
	修改通知	取消或暂停某些订单,改变订单的种类、数量和交货期等
	库存状况	统计零部件完工情况、外购物料到货情况,供随时查询各种物料库存数据
辅助报告(分析、控制和支持MRP系统运行)	仿真报告	基于企业资源状况和条件限制,模拟未来各种需求方案,检查其效果、评价其可行性
	财务信息	编制采购和生产运作预算,制订销售收入和利润计划,分析预算、计划在实际执行时发生的偏差等情况
	例外报告	分析并报告所存在的严重偏差与问题

（二）MRP系统组成

除了MRP系统核心结构外，其主要组成从常规角度还可分解成客户需求管理、产品生产计划、原材料计划以及库存纪录等。

1.客户需求管理

将实际客户订单数与客户需求预测相结合所得出的客户需要什么，以及需求多少，包括客户订单管理及销售预测。

2.产品生产计划

产品生产计划指最终产品出厂的时间和数量。这企业需要多少劳动力多少设备，以及需要多少原材料和资金的依据。如案例2-2所述，产品生产计划应是客户需求与现有库存量比较的结果。产品生产计划要求非常精确，因为不准确的产品生产计划有可能导致资源浪费或是不能满足客户的需求。

3.原材料计划

原材料计划指在产品生产计划约基础上制订的原材料需求计划，表示为生产所需要的产品而要准备的原材料的具体情况。而在确定购买原材料之前，需要检查现有库存纪录，并通过比较得实际的购买量，因此，保证库存数据的准确性尤为重要。

（三）MRP系统流程

由客户订单结合市场预测制定出来的各产品的排产计划（主生产计划完成）的条件下，根据产品结构即产品物料清单（BOM）、制造工艺流程、产品交货期，以及库存状态等信息，由计算机编制出各个时间段各种物料的生产计划与采购计划。基于此，MRP系统运行流程（见图2-2和图2-3）为：综合计划（企业经营、生产运作计划）→主生产计划（用户订单、需求预测及其时间与数量）→计算机处理（运行物料清单文件、库存文件，显示零件、原材料等的需求时间、数量或生产、采购安排）→确认打印有关报告→下达计划指令。

三、MRP系统闭环控制

（一）开环MRP

早期MRP建立在三个假设上，即生产能力不需要考虑，采购能力不需要考虑，生产执行可以胜任。同订货点法相比，虽有质的进步，但还是一种订货方法，它只说明需求的数量和优先顺序，没有说明实现的可能性，所以也叫基本MRP，如图2-5所示。

（二）闭环MRP

在开环MRP的基础上，引入能力需求计划（CRP），并进行运作反馈，如图2-5所示，从而克服开环 MRP 的不足。所以它是一个结构完整的生产资源计划及执行控制系统。系统特点是：以整体生产计划为系统流程的基础，主生产计划及生产执行计划的产生过程中均包括能力需求计划，这样使物料需求计划成为可行的计划；具有生产执行和采购执行等功能，各部分的相关执行结果，均可立即取得和更新，并反馈回系统中调整计划。闭环 MRP 是一个集计划、执行、反馈为一体的综合性系统，它能对生产中的人力、机器和材料各项资源进行计划与控制，使生产管理的快速应变能力增强，但它仅局限于生产中物料管理方面。

四、能力需求计划（CRP）

因为 MRP 是在基于能力无限的基础上，以倒排方法来确定物料需求计划的，未考虑能力占用问题，故基本的 MRP 并未获得真正的按需准时生产。为解决这个问题，在物料需求计划之后需要增加能力需求计划，使能力与负荷达到平衡，然后调整物料需求计划，使物料需求计划建立在生产能力基础上，如图 2-5 所示。

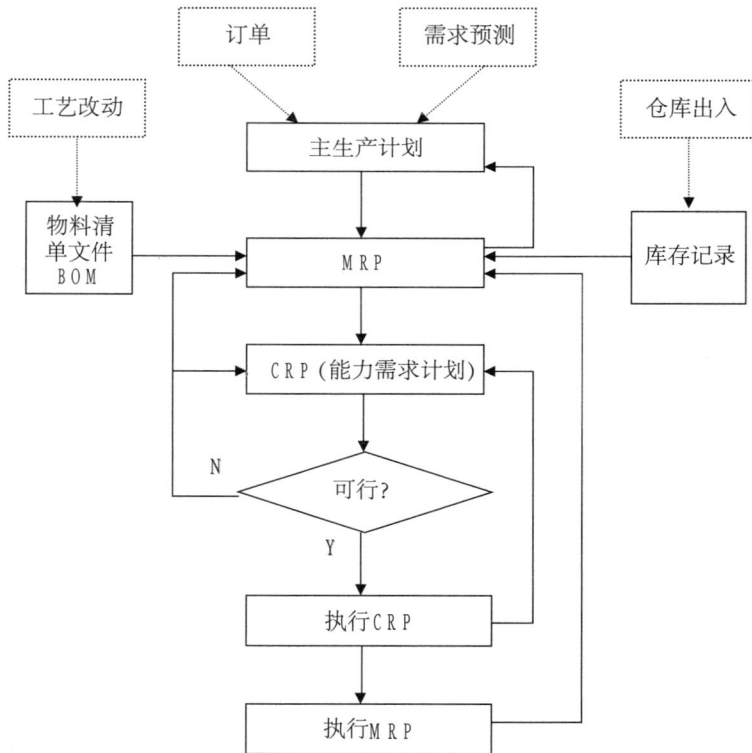

图 2-5　从升环 MRP 到闭环 MRP

CRP 操作步骤：

第一步，将物料需求计划转变为对车间设备、人力等资源的能力需求（如工时）；

第二步，分时段、设备组或工作中心对所需要的能力进行汇总；

第三步，用能力需求报告或负荷图检查能力与负荷之间的差异；

第四步，提出解决能力与负荷之间差异的措施。

五、MRP管理模式

在MRP管理模式中，凡企业生产中所涉及的产品、零部件、原材料、中间件等，在逻辑上统一视为物料。企业生产中需要的各种物料又分为独立需求和相关需求。独立需求是指对最终产品的需求，包括需求量和需求时间。比如客户订单、市场预测、促销展示等决定的那部分物料需求，一般是成品生产所需，如图2-6所示的产品A。最终产品结构对应各种构成件，相关需求是指生产各种构件所需物料，由独立需求物料产生的需求，如半成品、零部件、原材料等，如图2-6所示。

MRP管理模式中，实现准时生产、减少库存的基本方法是：将企业产品中的各种物料分为独立物料和相关物料，并按时间段确定不同时期的物料需求；基于产品结构的物料需求组织生产，根据产品完工日期和产品结构制订生产计划，从而解决库存物料订货与组织生产问题。

六、如何制定物料需求计划（MRP）

[案例2-3]

某车间按照客户订单要制作产品A，假设产品A由两层次零部件组成，每个层次有2～3种规格的零件。请画图说明在制作产品A的计划中，独立需求是什么？相关需求的物料有哪些？

相关需求物料：生产最终产品A时所必需的原材料和零部件设为B、D和a、b、c，如图2-6所示。

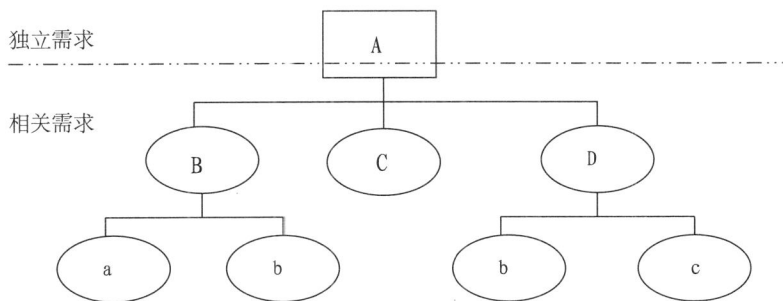

图2-6　相关需求物料的概念

（一）制订物料需求计划（MRP）步骤

制订物料需求计划（MRP）步骤是倒推法，即从相关需求安排到独立需求：

第一步，将独立需求对象分解成合理的相关需求件；

第二步，从最终产品的生产计划（MPS）导出对相关物料的需求量和需求时间；

第三步，根据物料的需求时间和生产（订货）周期来确定其开始生产（订货）的时间。

图 2-7 所示为时间坐标上的物料清单（BOM）。先安排相关需求计划，再安排独立需求计划，字母由小到大，顺序由 Z 到 A 编排生产计划。

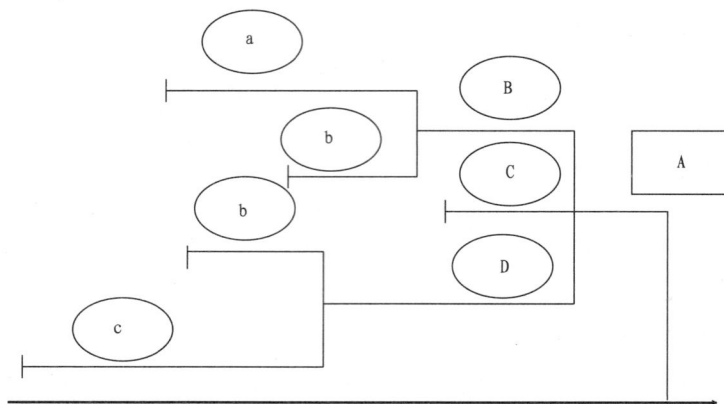

图 2-7　从相关需求到独立需求

（二）制订 MRP 关键信息要素和运行步骤

1. 制订 MRP 的三个关键信息要素

（1）主生产计划（MPS）；

（2）物料清单（Bill Of Materials，BOM）；

（3）库存记录。

2. MRP 系统的运行步骤

（1）基于现有生产能力，根据市场预测和客户订单编制可靠的生产计划和作业计划，计划中至少应规定产品的品种、规格、数量和交货日期。

（2）根据生产作业计划编制产品结构图和各种物料、零配件的用料明细表。

（3）查证各种物料和零件的实际库存量。

（4）明确规定各种物料和零件的采购交货日期，以及订货周期和订购批量。

（5）通过 MRP 逻辑运算确定各种物料和零件的总需求量以及实际需要量。

（6）发出采购通知单到采购部门，发出生产指令到生产车间。

第六节　网络计划技术

一、网络计划技术的原理

网络计划技术是 1950 年末发展起来的，适合工程项目、产品试制、设备大修、大件或小批大规模生产制造的进度安排与控制的网络编排手法。其基本原理是，运用系统论观点与运筹学方法将要计划的项目、工程看作一个系统，通过网络绘制、时间计算分析、确定关键路线和关键活动，再通过合理优化有效利用资源、降低成本，以期完成整个系统的预定目标。

二、网络计划技术的应用

[案例 2-4]

某企业有一工程项目，按照工艺上的要求可划分为七个阶段进行，现以工学结合方式委托东旺学院工程技术系自动化专业的师生完成。试应用网络计划技术对该生产系统作出规划、部署，确定关键路线并进行优化。

图 2-8 是根据表 2-14 绘制出来的七个节点九道工序的项目，下面结合本案例介绍网络图的编制方法，并计算节点最早开始时间（符号 ES 表示）和节点最迟开始时间（符号 LS 表示）。ES 指从该点开始的各工序最早开始工作的可能时间，计算时由左至右顺推，取大值并填写在□内；LS 指以该结点为结束的各工序最迟开始工作的可能时间，计算时由右至左倒推，取小值并填写在△内。

表 2-14　活动时间及其相互关系

活动代号	活动支持时间	紧后工作
A	4	C
B	6	D、E
C	6	G、F
D	7	G、F
E	5	H
F	9	H
G	7	I
H	4	—
I	8	—

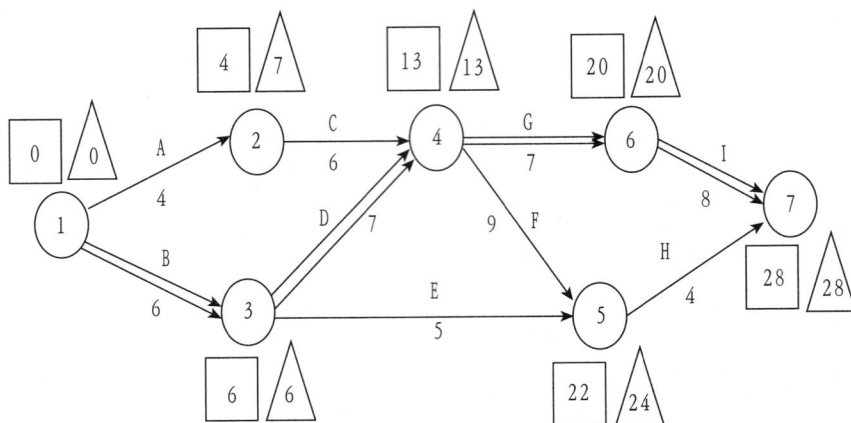

图 2-8　网络图及时间计算

（一）网络图的构成和绘制方法

1.网络图的构成要素

如图 2-9 所示，网络图由活动、事件、线路三个部分组成。

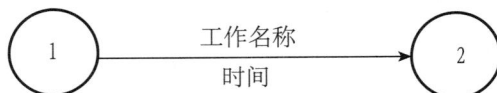

图 2-9　网络构素图

（1）活动：一般用箭线、活动名称、时间三部分表示，箭线的上部标明工作的名称，箭线的下部标明所需的时间（以小时、日、周等表示），箭头表示活动前进的方向。

（2）事件：用图圈表示，并编以号码，任何活动可以用前后两个事件的编码来表示。前后工序网络图如图 2-10 所示。

（3）线路：指从起点事件开始，顺着箭头方向，连续不断地到达终点事件为止的一条通道，如图 2-10 所示。

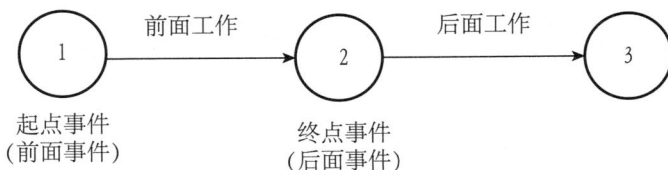

图 2-10　前后工序网络图

2.网络图的绘制方法

（1）划分作业项目；分析和确定作业之间的相互关系；开列作业明细表，如表 2-14 所示。

（2）绘制网络图。

绘制网络图的规则如下：

① 不允许出现循环线路：网络图是有向图，从左到右排列，不应有回路。

② 事件号不能重复：网络图中的每一项活动都应有自己的节点编号，号码不能重复使用。

③ 箭头必须从一个节点开始，到另一个节点结束：前一箭线的活动（工序）必须完成，后一箭线的活动（工序）才能开始；箭线中间不能列出箭线。工序必须在工序 A、B 完成之后才能开始，A、B 为紧前工序，C 为紧后工序。

④ 遇到有几道工序平行作业和交叉作业时，必须引进虚工序：虚工序是指作业时间为零的一项虚任务。

⑤ 两个节点之间只能画出一条线，但进入某一节点的线可以有很多线。

⑥ 每个网络图至少有一个网络始点事件，不能出现没有先行作业或没有后续作业的中间事件。如在实际工作中发生了这种情况，应将没有先行（或后续）作业的节点同网络始点（或终点）事件连接起来。

（二）网络计划的时间计算

网络计划时间的计算，包括工作最早开始的可能和最迟开始的时间计算、时差计算，以及关键线路时间的计算。

1. 节点最早开始时间计算

设图 2-8 网络图的起点时间为 0，填入节点 1（□、△）中，然后加上活动时间，其他节点计算如下：

$ES2 = 0 + 4 = 4$，填入节点 2 的 □ 中；

$ES3 = 0 + 6 = 6$，填入节点 3 的 □ 中；

$ES4 = \max[(4+6),(6+7)] = \max(10,13) = 13$，填入节点 4 的 □ 中；

$ES5 = \max[(6+5),(13+9)] = \max(11,22) = 22$，填入节点 5 的 □ 中；

$ES6 = 13 + 7 = 20$，填入节点 6 的 □ 中；

$ES7 = \max[(22+4),(20+8)] = \max(26,28) = 28$，填入节点 7 的 □ 中。

2. 节点最迟开始时间计算

从左向右沿着图 2-8 网络图中的最大时间路径计算出 $LS7 = ES7 = 28$，填入节点 7（□、△）中，然后减去活动时间，其他节点计算如下：

$LS6 = LS7 - 8 = 28 - 8 = 20$，填入节点 6 的 △ 中；

$LS5 = LS7 - 4 = 28 - 4 = 24$，填入节点 5 的 △ 中；

$LS4 = \min[(20-7),(24-9)] = \min(13,15) = 13$，填入节点 4 的 △ 中；

$LS3 = \min[(24-5),(13-7)] = \min(19,6) = 6$，填入节点 3 的 △ 中；

$LS2 = LS7 - 6 = 13 - 6 = 7$，填入节点 2 的 △ 中；

$LS1 = \min[(7-4),(6-7)] = \min(3,0) = 0$，填入节点 1 的 △ 中。

3.时差计算

时差就是每项活动（工序）的最迟开始时间与最早开始时间之差数，也叫做机动时间或松动时间。时差计算公式为：

$$TF = LS - ES \qquad\qquad (2-14)$$

4.网络图的关键路线计算分析

确定关键路线的方法有两种：一是最长路线方法；二是时差法。

最长路线方法：从开始点顺箭头方向到终点，有许多可行路线，其中需要时间最长的路线为关键路线。图2-8所示网络图及时间计算中有四条路线，其中第三条（双线）路线为6+7+7+8=28，这条路线为关键路线。

时差法：计算每个作业的总时差，在图2-8所示网络图及时间计算中，总时差等于零的作为关键作业，这些关键作业连接起来的可行路线，就是关键路线。图2-8中①—③—④—⑥—⑦为关键路线。

第三章　生产流程管理

第一节　生产流程概念

一、生产流程与分类

（一）什么是生产流程

生产流程有许多形式，如工艺流程或加工流程，是指产品从原材料输入到成品制作输出过程中要素的组合。在实际生产工艺中，从原料投入到成品产出，通过一组设备、环节按顺序连续地进行加工的过程。作为一个完整的流程，生产流程应具备的要素有：客户、过程、输入、输出和供应商，参见图3-5。

（二）生产流程分类

根据生产类型的不同，生产流程有三种基本类型：按产品进行的生产流程、按加工路线进行的生产流程和按项目组织的生产流程。

1.三种生产流程

（1）基于产品对象的流水线生产：

以产品为对象，按照产品生产要求，组织专业人员、设备设施，形成流水线般的连续生产。这种生产就是表3-1中的对象专业化形式，适用于大批量生产。

（2）基于工艺多品种的加工生产：

面对市场和客户的多样化需求，多品种生产往往需要设置多种工艺路线。按照工艺内容组织人力、设备系统形成生产单位，每个生产单位只能完成相同或近似工艺内容的加工任务。这种生产就是表3-1中的工艺专业化形式，适用于多品种小批量甚至单件生产。

（3）基于项目的工程生产。

加工生产一大件，如锅炉、汽轮机、变压器的生产制造，又如盖大楼、建桥梁、修铁路、挖地铁等。每一项任务都具整体、单一性，但可分解出多个目标属性。像这样的工程型生产建设任务，生产工序或环节都围绕预先设定的秩序进行。我们称之为表3-1中的项目型形式。

（三）生产流程的特征比较

在表3-1中横向看，从单项定制到工艺专业化再到对象专业化反映了生产方式随科技生产力发展而变化。这些变化导致产品产量、单件工资、投入或成本都由高到低；生产、质量、库存的计划和控制由困难变得容易。为了适应生产或服务对象专业化，下面要研究生产流程管理。

表 3-1　生产流程特征比较

特征标记		对象专业化	工艺专业化	项目型
产品	订货类型	批量较大	成批生产	单件、单项定制
	产品流程	流水型	跳跃型	无
	产品变化程度	低	高	很高
	市场类型	大批量	顾客化生产	单一化生产
	产量	高	中等	单件生产
劳动者	技能要求	低	高	高
	任务类型	重复性	没有固定形式	没有固定形式
	工资	低	高	高
资本	投资	高	中等	低
	库存	低	高	中等
	设备	专用设备	通用设备	通用设备
目标	柔性	低	中等	高
	成本	低	中等	高
	质量	均匀一致	变化更多	变化更多
	按期交货程度	高	中等	低
计划与控制	生产控制	容易	困难	困难
	质量控制	容易	困难	困难
	库存控制	容易	困难	困难

二、生产流程再造与分析法

流程（Process）是为完成某项任务而进行的一系列逻辑相关活动的有序集合。流程再造（Process Reengineering）就是对经营程序进行再思考再设计，从根本上彻底地再生出一个更为优质（环节配合更合理，成本更低，效益更高）的流程，至少应给企业运营带来显著的改善。流程再造包括：产品设计制造、管理过程和企业等方面的再造。企业再造有：企业战略再造、企业文化再造、市场营销再造、企业或经济组织再造、企业生产流程再造和质量控制系统再造，等等。生产流程再造是企业提高竞争能力的硬件、软件改造途径。

为配合流程再造，必须进行流程分析。生产流程分析法就是对企业整个生产经营过程进行全面综合分析，就其中各环节可能遭遇的风险逐项分析，找出种种潜在风险因素。具体说来，就是分析企业生产/服务经营流程或管理流程，辨识可能潜在的风险。如今有效的风险辨识与评估技术是投入技术经济学中的投入产出分析技术。

三、生产流程改进

精益生产方式要求企业家纵观整个生产流程，利用传统工业工程技术消除浪费、避免无效多余的劳动。

（一）推行全面质量管理消除返工现象

在整个生产过程中都要贯穿"纠错保护"原则，即从产品的设计开始，就以质量、安全为第一，确保每一产品严格地按照质量、安全标准加工和组装，坚决避免生产流程中可能发生的差错，让质量检测成为多余，使返工现象消失。

（二）消除不必要的移动与动作

不合理的生产工艺布局是造成零部件往返搬动的原因。按工艺专业化形式组织的车间生产，零部件往往需要在几个车间之间搬来搬去，使得生产线路长、生产周期长，并且占用很多在制品库存，导致生产成本高。做到尽可能地紧凑布局，把生产产品的设备/系统、工器具按照加工顺序巧妙安置，会缩短运输路线，消除零件不必要的搬动和劳动者多余的运动，大大节约时间。

（三）零库存目标

库存会占用大量的资金、空间，需要支付保养保管费。在精益生产企业里，库存被认为是最大的浪费，应予消灭。减少库存（主要指在制品库存）的有力措施是，减少批量生产和排队供应，增加单件生产流程（one — piece — flow）。单件生产流程中，只有一个生产件在各道工序之间流转，整个生产过程就是单件生产流程的不断连续。这要求在相邻工序之间没有在制品库存。

实现单件生产流程，保持生产过程的连续性要做到以下两点：

1. 同步

在不间断地连续生产流程里，要平衡生产单元内的每道工序，设计好环节，使每一项操作花费等当量的时间。

2. 平衡

根据个人特长安排岗位、合理地安排工作，避免各道工序的载荷过高或过低，频繁波动。零库存只是目标，根据相邻两道工序的交接时间还是应当保留一定数量的在制品库存的。实施单件生产流程、同步和平衡等工艺措施，目标是要使项操作或组操作与生产线的单件产品生产作业时间（Tact time）相匹配。单件产品生产时间是用户订单上所要求的生产时间，即市场节拍或韵律。严格地按照 Tact time 组织生产，见本教材第二章第六节（网络计划技术），则成品库存会降到最低。

第二节　生产流程图的分析与绘制

一、流程图的绘制元素符

如图 3-1 所示，为了描绘生产流程，我们将生产常用要素用符号表示，从而将实物生产线变成图形，这样就便于生产管理者进行生产运作设计或沙盘演示。

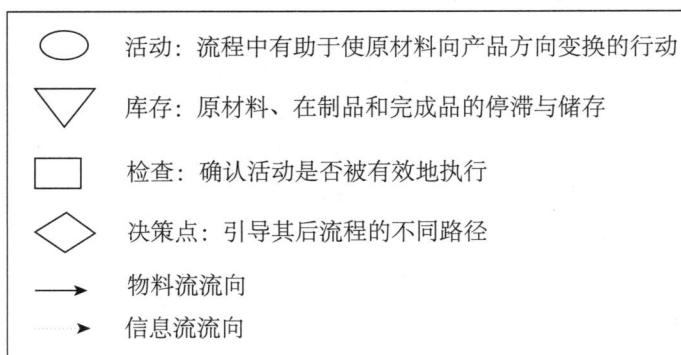

图 3-1　流程元素符

二、工作程序图表与流程程序图分析技术

（一）工作程序图表的绘制方法

工作程序图通常包括操作程序图、作业程序图、生产过程图等。这里主要是通过加工制作与质检图对产品生产制作过程作简要记录，以便对生产过程进行分析和持续改进，

如表 3-2 所示。

表 3-2　工作程序图的绘制规则

项目	关键词	方法
标题栏	图名、图号，产品名、型号、图号	写清名称、数量、材质和规格，注明是当前方法还是改进方法，注明制图人姓名及绘制日期
自制件按序写在上方		在零件名称下画一横线
图符	全图只用两个符号（○、□）表示	在程序图中，用○表示运作中的某一活动（作业、工序），用□表示检查。在符号的右边，记录某一操作或检查的具体内容，左边记录必要的数据资料，如时间、地点、距离等
连接线条	垂直、水平两条线	程序图上用垂直线表示操作程序的流动，用水平线代表材料的流动，不论是自制件还是外购件，均以水平线引入装配线，垂直线与水平线不得交叉
零部件的排序	主装件	主装配线画在最右侧，表示主装件的制造过程
	自制部件	每个自制部件的生产过程用○与□两个符号由上至下按工艺顺序用短垂线连接
	右向左	零部件按进入装配线的先后，由右向左顺序排列，如图 3-2 所示
	外购件	外购件用水平线进入主装线，同时在水平线上标注名称、规格数量以及供应来源
编号	编号原则：自上而下，先入（主装线）为主	操作与检查时，各自依时序编号。由上而下，先右后左。图 3-2 中可见，从 1 编起，相邻两个零件连续编号，继上个零件的最后一号，续下个零件的第 1 号、第 2 号……直至全部进入主装线合成为止。对于检查编号，最右边主装线上的那个检查符号是下一个层次的，只能是"2"号，最左边的只能是"3"号
总结表	次数、时间	工作程序图绘制好后，要附一个简单的总结表，以便归纳、总结，如表 3-3 所示

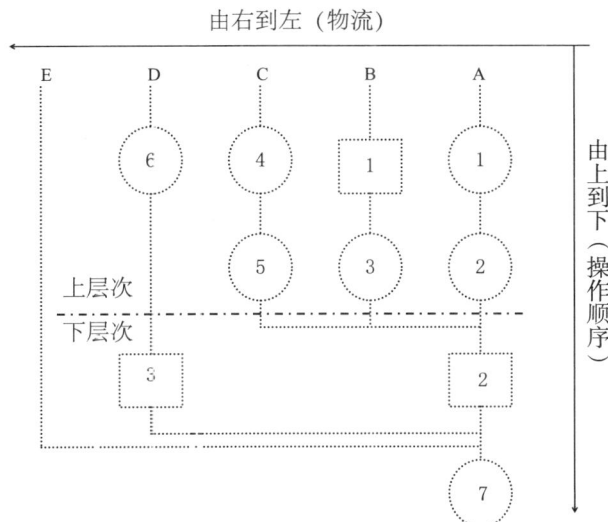

图 3-2　程序结构示意图

表 3-3　操作检查总结表

项目	次数	时间
○	7	
□	3	

（二）流程程序图

　　流程程序图比工作程序图的记录更为详尽。它通过描述记录产品或单个零部件在生产过程中每个工序的流动状况，对操作者的运动和原材料的流动等的整个加工顺序进行回顾和检查、操作。这有助于明确过程中那些部分是没有生产率的，如延迟、临时库存、远距离运输。流程程序图所采用的符号即由○、□、⇨、D 和▽等五种符号来表示工序活动。这五种符号所代表的五种事项中，除○和□外，其余三种都是非生产性活动，却是研究分析的重点，应有详细而又翔实的第一手资料，以便分析、改进。图 3-3 描述了一个零用现金的申请流程，自部门领导开出申请单至现金存入保险柜历经 6 次操作、2 次审查、2 次传送、1 次搁置、1 次存放。

流程图 工作零用现金的申请	分析员	第1页,共2页	操作	移动	检查	延误	存储
方法的详细说明							
部门领导开出申请			●	⇨	□	D	▽
放人装载筐			○	⇨	□	●	▽
到会计部门			○	▶	□	D	▽
报账、签定确认			○	⇨	■	D	▽
会计批准量			●	⇨	□	D	▽
出纳员计算量			●	⇨	□	D	▽
记账员记录量			●	⇨	□	D	▽
封入信封的零用现金			●	⇨	□	D	▽
送到部门的零用现金			○	▶	□	D	▽
与申请对比检查零用现金			○	⇨	■	D	▽
签收			●	⇨	□	D	▽
存入保险柜的零用现金			○	⇨	□	D	▽
			○	⇨	□	D	▽
			○	⇨	□	D	▽
			○	⇨	□	D	▽

图 3-3　零用现金申请流程图

流程图应用比较广泛，包括生产线零件流动路线记录分析、部门材料流动分析、管理文件表格的传递处理顺序、超市商品布置技巧，等等。在研究和分析流程时，要按照发现问题、分析问题和解决问题的程序进行描述，至少围绕以下几方面展开：

（1）某个工艺环节上为什么会出现延迟或储存等情况；

（2）如何才能缩短或避免远距离传输物品或工具；

（3）可减少原料的处理吗；

（4）工作位置的安排影响效率吗；

（5）相同动作行为可归组吗；

（6）附加或改进设施有必要吗；

（7）工人对改进的想法是什么

……

（三）流程图与工艺路线图

借助流程程序图能对流程进行分析，但存有两大缺陷：一是，看不出各种设备的平面布局和物料的停放地点；二是，看不出操作工人和原材料在工作场所内的移动路线。这两个缺陷对于改进车间布置和工作地的平面布局以及缩短运输路线则成了问题关键所在。

流程图和工艺路线图则是将工作区域的布置及物流的方向、路径一并绘在一张图上的记录方法。如在车间平面图上布列二件的加工顺序图，从而使物料流通的过程在流程程序图中看不出的两个问题变得一目了然。图3-4就是这样的流程图和生产线布局示意图。

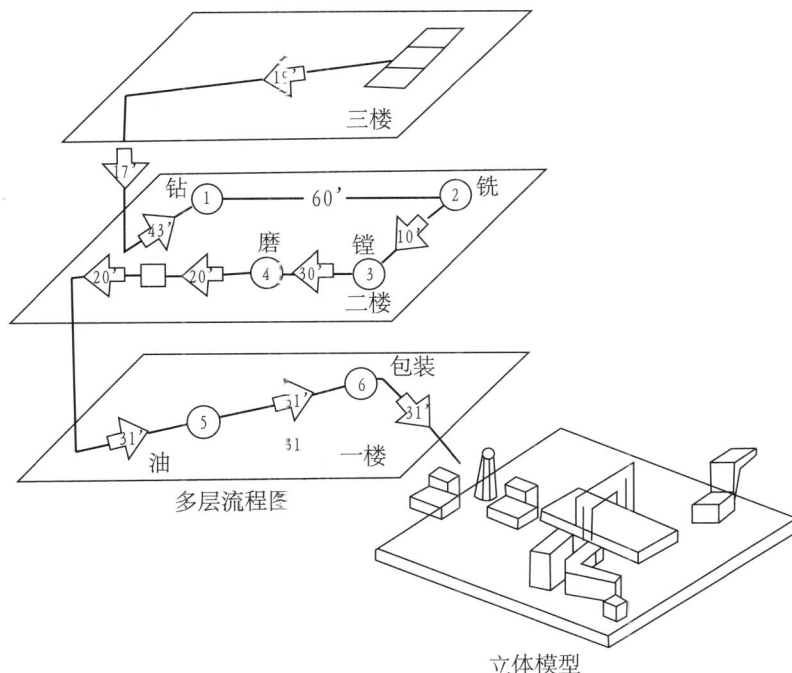

图3-4 三层楼车间流程线路图

三、流程单位与流程绩效的衡量指标

应用图 3-1 中的元素符，我们可以组成生产过程模块，如图 3-5 所示。这个生产流程箱就是完整的生产车间或完整的一条生产工艺线。从生产流程箱的外部看，左边为输入，右边为输出，箱体中为生产过程，其中的生产资源主要包括科技装置、劳动力、资金等。箱体可将输入端的原材料和客户要求转换成输出端的成品与服务。

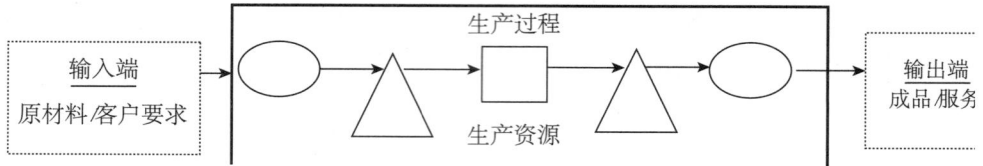

图 3-5　生产流程箱

（一）流程单位

分析产品的生产流程时，首先要定义流程单位。一组加工对象，从投入开始，经生产流程箱，最终转换成产出，流程结束。在这样一个过程中，生产服务对象的流动组合叫做流程单位，如表 3-4 所示的特定顾客、学生、香槟、计算机。

（二）流程绩效的三个基本度量指标

1.库存水平

生产线上的在制品就是库存。流程过程中，累积流程单位的数量大小称为库存水平。

2.流程时间

一个流程单位完全经过流程过程所需时间称为流程时间。这包括流程单位等待加工/服务的时间。

3.生产率

流程过程中生产产品的速率称为生产率。这实际上是单位时间内的产出，流程所能达到的最大生产率称为流程能力。

表 3-4 中的四个流程例子可以帮助我们理解流程单位的概念，以及单位时间产出、库存水平以及流程时间三个指标间的关系。

[案例 3-1]

表 3-4　流程绩效三指标间关系调研数据表

分类	肯德基餐厅	香槟酒厂	EMBA 教育	联想公司
流程单位	进餐厅的顾客	瓶装香槟	EMBA 学生	计算机
单位产出时间	一天接待 900 位顾客	年产 26 000 万瓶	每年 300 人	每天 5 000 台
流程时间	顾客在餐厅的平均消费时间：40 分钟	在酒窖的平均时间：3.5 年	2 年	60 天

分类	肯德基餐厅	香槟酒厂	EMBA教育	联想公司
库存	餐厅中平均有60位顾客	90 000万瓶	600人	300 000台

（三）律特法则

[案例3-2]

根据John.D.C.Little的命名，流动中库存、单位时间产出、流程时间三者间特殊关系可用式（3-1）表示。

平均库存＝平均单位时间产出×平均流程时间　　　　　　　　　　（3-1）

对于表3-4，根据式（3-1）计算有：

对于肯德基餐厅，每天营业10个小时，则平均库存（60人）＝平均单位时间产出{900人/（10时×60分钟）}×平均流程时间（40分钟）

对于联想公司，则平均库存（300 000台）＝平均单位时间产出（5 000台）×平均流程时间（60天）

其余两种情况同学们自己验算，但要注意量纲单位的统一。

第三节　改造项目：生产工艺流程的设计调整

一、生产流程设计

流程设计要考虑好资本集约度、资源柔性、顾客参与和资金预算等问题，更要选定好参数概念，以进行数量化处理。

（一）流程的关键参数

1.节拍与节奏

连续完成相同的两个产品或两批产品（服务）之间的间隔时间，即完成单件产品所需的平均时间。生产线的节拍取决于各工序中的最慢节拍。

节拍＝计划期有效工作时间÷计划期产量　　　　　　　　　　（3-2）

节奏＝节拍×运送批量　　　　　　　　　　（3-3）

2.空闲时间

在工作时间内，设备或人员未能执行有效工作任务的那段时间，可以是人未进入工作或设备未投入使用的时间。

3.瓶颈（Bottleneck）

流程中生产节拍最慢的环节叫做瓶颈，它制约了整个流程。当流程中各个工序的节拍不一致时，瓶颈工序以外的其他工序、环节都会产生空闲时间。

图3-6为面包生产线各工序的节拍（如每批100个），小节拍有45分钟/批、60分钟/批两种，其中瓶颈节拍是60分钟/批。

大节拍＝混合节拍＋成形节拍＋烧烤节拍＋在制品节拍＋包装节拍　　　　　（3-4）

显然，缩短瓶颈节拍可以缩短大节拍，实现工艺环节的平衡。

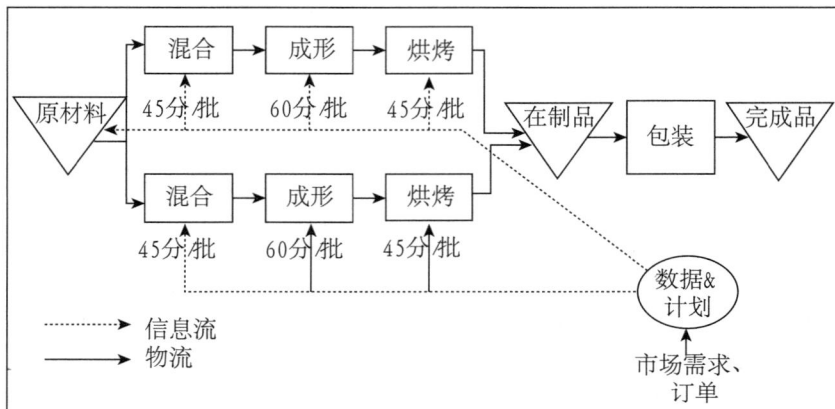

图3-6　面包生产节拍图

（二）流程的生产能力及其平衡

1.生产能力

生产能力为一个设施或设备系统的最大产出能力。详见本教材第一章第六节（生产能力核定）。

2.流程平衡

流程中各个工序的生产能力基本相当，各环节能够相互配套，则称这种流程的生产能力间关系为平衡关系。

（三）生产力、生产率、流程能力、瓶颈的关系

单位时间内的生产能力即生产率。通常，在给定的单位时间（如一天）内所能生产的产品数量或所能接待的顾客数量，称为流程能力。整体流程能力由生产设施中最小能力的生产设施或劳动者决定，称这种生产设施为瓶颈。

（四）流程能力（Process Capacity）与约束（Constrained）

1.流程能力

瓶颈是指全流程链中最薄弱环节，一条流程链能力就等于其薄弱环节的能力大小，即

流程能力 =min{装置1的能力，装置2的能力，…，装置n的能力}　　　　（3-5）

2.需求约束（Demand-Constrained）

当流程能力相对于市场需求足够大时，生产流程就可基于生产效率按照客户要求安排，称这种与流程能力不相关生产安排为需求约束。

3.供应约束（Supply-Constrained）

当市场需求大于生产流程能力时，则图3-5表明，生产流程只能按照生产能力约束安排或者根据输入端约束安排。能力约束是指箱内瓶颈的生产能力不足，输入约束是指流程的加工原料不足，称这种与流程能力相关的生产安排为供应约束。

4.流程能力计算

[案例3-3]

制作草籽布艺娃娃可采取一个混合批量流水线生产，每个流程步骤的能力计算见表3-5中的运算。一天工作8小时，实际劳动时间计为7小时，要求确定草籽布艺娃娃生产流程的瓶颈。

第一步，6名填充机操作员同时工作，制成基本球形体，放入装载桶内，每盒25只。

第二步，在下一个作业地，1名操作工用塑胶电线制成草籽布艺娃眼镜。

第三步，3位塑形工从桶子内取出球形体草籽娃，制作耳朵与鼻子。

第四步，在塑形工旁的作业地，2名工人在球形体上制作眼睛，并将先前做好的眼镜戴到鼻子上。

第五步，1名工人进行涂染，并置于晾干架上。

第六步，经过5小时的自然晾干后，2名工人进行包装。

表3-5　流程能力计算表

流程步骤	单位产品的动作时间/分钟	流程能力/个·天
填充	1.5	6（人）×7（时）×60（分钟）÷1.5（动作时间）=1 680
构造眼镜	0.2	1（人）×7（时）×60（分钟）÷0.2（动作时间）=2 100
塑造鼻子、耳朵	0.8	3（人）×7（时）×60（分钟）÷0.8（动作时间）=1 575
制作眼睛	0.5	2（人）×7（时）×60（分钟）÷0.5（动作时间）=1 680
涂染	0.3	1（人）×7（时）×60（分钟）÷0.3（动作时间）=1 400
包装	0.33	2（人）×7（时）×60（分钟）÷0.33（动作时间）=2 545
能力合计：1400个/天		瓶颈：涂染

由式（3-5）有

流程能力 =min｛1 680，2 100，1 575，1 680，1 400，2 545｝=1 400（个/天）。

5.利用率计算

[案例3-4]

利用率计算包括流程利用率、能力利用率、生产设施利用率的计算。

流程利用率=单位时间产出÷流程能力　　　　　　　　　　　　　（3-6）

根据表3-5，扣除生产设备的维修保养时间，工厂一天具有1 400个产品的生产能力。设客户订货1 300个草籽娃娃，则由式（3-6）得流程利用率=1 300÷1 400=93%。

这是整个流程层面的利用率，单个生产设施利用率见式（3-7）

生产设施利用率=单位时间产出÷生产设施的能力　　　　　　　　（3-7）

根据表3-5中的计算数据，代入式（3-7）计算得表3-6。

表3-6　生产流程各环节利用率计算表

流程步骤	生产设施利用率
填充	1 300÷1 680=77.3%
构造眼镜	1 300÷2 100=61.9%
塑造鼻子、耳朵	1 300÷1 575=82.5%
制作眼睛	1 300÷1 680=77.4%
涂染	1 300÷1 400=92.8%
包装	1 300÷2 545=51.1%
流程瓶颈	1 300÷1 400=92.8%

由于生产能力瓶颈在涂染环节，为1 400个/天，在市场需求充分条件下，企业开足马力生产，一天也只能生产1 400个，只有涂染环节生产能力得到完全发挥，其他环节的利用率见表3-7，小于100%。

从表3-6和表3-7可知，企业/公司业务量受市场需求和自身信誉能力约束，其最大业务量不可能大于生产能力即流程瓶颈；在流程瓶颈下，随着市场需求扩大产量增多。所以，企业发展关键要在市场上和流程瓶颈上下功夫。

表3-7　需求无限库存为零的流程各环节利用率计算表

流程步骤	生产设施利用率
填充	1 400÷1 680=83.3%
构造眼镜	1 400÷2 100=66.7%
塑造鼻子、耳朵	1 400÷1 575=88.9%
制作眼睛	1 400÷1 680=83.3%
涂染	1 400÷1 400=100%
包装	1 400÷2 545=55%
流程瓶颈	1400÷1400=100

（五）生产周期

生产周期是指被加工产品从原材料状态进入一个生产运作流程（见图 3-5），直到变换出成品，在运作流程中度过的全部时间。而且这个产品加工的流程具重复性，产品在工序间移动形式有三：顺序移动方式、平行移动方式和平行顺序移动方式，详情见表 4-8。这里介绍比这三种产品移动方式更为复杂的情形。

表 3-8　三种移动方式比较

分类	顺序移动	平行移动	平行顺序移动
计算公式	$T = n\sum_{i=1}^{m} t_i$ （3-8）	$T = \sum_{i=1}^{m} t_i + (n-1)t_{max}$ （3-9）	$T = \sum_{i=1}^{m} t_i + (n-1)(\sum t_l - \sum t_s)$ （3-10）
参数说明	T——加工周期；n——批量；m——工序数；t_i——第 i 工序的单件工序时间		
生产周期	长	短	中
运输次数	少	多	中
设备利用	好	差	好
组织管理	简单	中	复杂

第一种生产周期［见图 3-7（a）］，第一批自零时开始生产，第二批自 45 分钟（第一批混合完成后）开始。如果是一班人生产，则第一批完成后接着生产第二批，混合工、成形工中间没有休息时间，烧烤工比较清闲；如果是两班人生产，则第一批生产者连续作业，第二批混合与成形间断 15 分钟。

第一批面包生产所花时间为 150 分钟=45 分钟（混合）+60 分钟（成形）+45 分钟（烘烤）；

第二批面包生产所花时间为 165 分钟=45 分钟（混合）+15 分钟（空闲）+60 分钟（成形）+45 分钟（烘烤）。

第二种生产周期［见图 3-7（b）］，第一批自零时开始连续生产，第二批自 60 分钟开始连续生产，二批间断 15 分钟。这种安排适宜一班人生产。但成形工没得休息，比较辛苦。

第一批面包生产所花时间为 150 分钟=45 分钟（混合）+60 分钟（成形）+45 分钟（烘烤）；

第二批面包生产所花时间为 150 分钟=45 分钟（混合）+60 分钟（成形）+45 分钟（烘烤）。

第一种生产周期，第二批面包生产空闲时间 15 分钟发生在流程中间，有空闲时间出现；第二种生产周期，第二批面包起始生产时间并没有紧接着第一批的混合结束后开始而是滞后 15 分钟，有利于一班人生产二批面包。

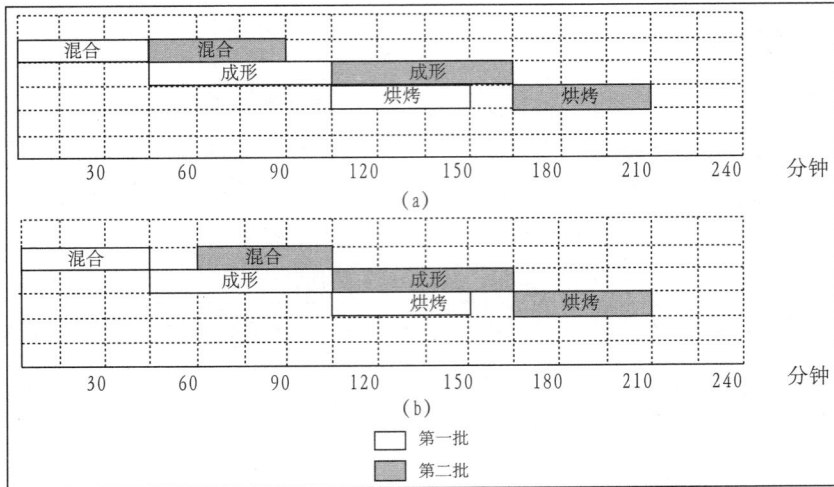

图 3-7　一条生产线两种不同的生产周期

如图 3-8 所示，可由一班人管理两条生产线连续四批作业，中间瓶颈环节不免发生空闲时间。下面讨论的是其他情形。

第一条生产线，第一批面包的生产周期=150 分钟（混合、成形、烧烤）=150（终点）－0（起点）；

第二条生产线，第一批面包的生产周期=150 分钟（混合、成形、烧烤）=195（终点）－45（起点）；

第一条生产线，第二批面包的生产周期=150 分钟（混合、成形、烧烤）=240（终点）－90（起点）；

第二条生产线，第二批面包的生产周期=150 分钟（混合、成形、烧烤）=285（终点）－135（起点）；

以上四条线从上往下逐条右移 45 分钟，相邻两条相差 45 分钟。适宜四班人生产作业。

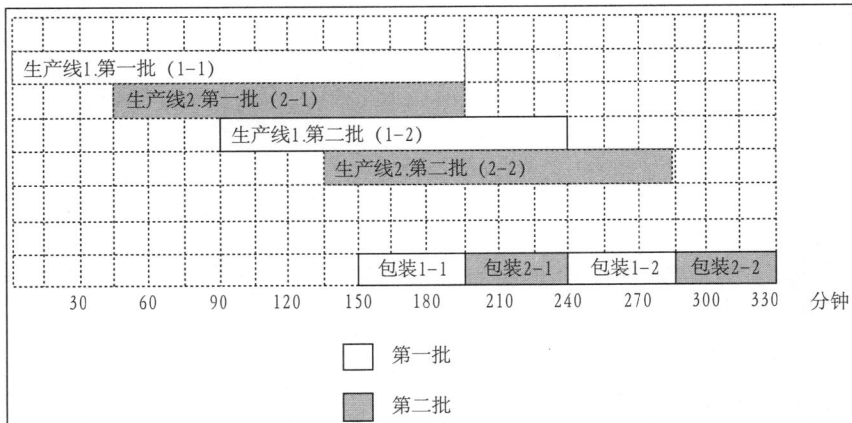

图 3-8　一班人两条生产线的生产周期

面包包装从第 150 分钟开始，四批连续不断包装，每批花费时间 45 分钟，共用时间 330（终点）－150（起点）=180 分钟。这种安排有利于同一条线同一批面包由同一班人全流程作业。

二条生产线四批相继开工生产，每隔 45 分钟启动一批生产，包装则在最后一批启动生产后 15 分钟开始，全部流程共需 330 分钟。

（六）作业交换时间

生产按批量进行，当完成一批产品或特定任务，设备从生产一种产品更换到另一种产品是要花费时间来做准备工作的，如调整设备、准备新的工具量具、更换模具、清洗设备等。

图 3-9 中，自上而下，生产流程由单件生产至大量生产发展到连续生产，因而成本越来越低；自左到右，产品由按顾客特定要求生产发展到标准化批量生产。根据产品结构性质，沿对角线选择和配置生产流程，可以达到切换生产的最佳技术经济性，也即偏离对角线的产品结构—生产流程匹配不能取得最佳效益；传统的根据市场需求变化只调整产品结构的战略，忽视了同步调整生产流程的重要性，往往不能达到预期目标。

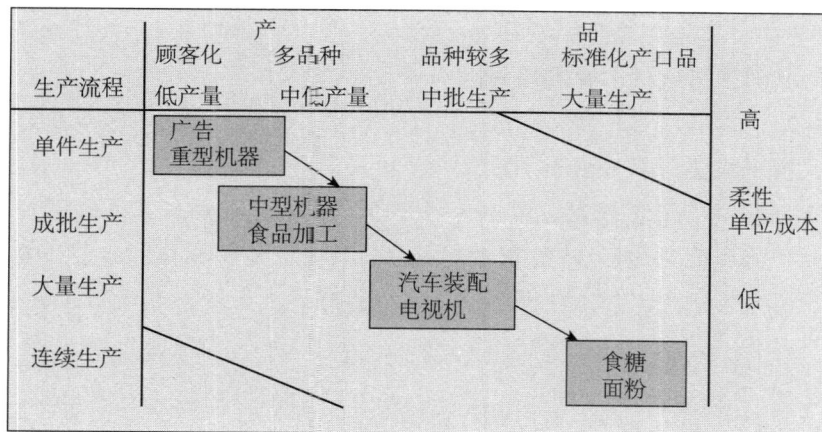

图 3-9 产品—流程矩阵

二、生产工艺流程调整

布艺玩具小熊可通过一个混合批量流水线生产出来，其制作流程分六步进行，见表 3-9，流程分析改进也分六个步骤完成。

（一）玩具小熊制作的六步

[案例 3-5]

首先，6 人做填充工作，制成小熊的基本形状。

第二步，9 人将填充好的肢体进行塑形，并缝合出完整小熊身体。

第三步，安排与缝制身体并行的 8 人工艺岗位：缝制外衣。

第四步，4 人粘贴小熊五官，并穿好缝制的外衣。

第五步，3 人为小熊装入发声设备。

最后一步，经 2 小时晾干后，2 人将小熊包装入袋、装箱。

经过统计经验数值，得出玩具小熊各道加工工序和转移时间，列于表 3-9。

表 3-9　流程中各工序动作时间分配

工序	加工时间/分
填充	1.5
缝制身体	2.4
缝制外衣	1.6
粘贴五官	0.8
添加发声设备	0.75
包装	0.33

（二）玩具小熊流程分析六步法

下面师生共同进行玩具小熊流程分析：

[案例 3-6]

第一步，画流程图，参见图 3-10。

根据表 3-9 安排的工艺情况，考察流程中原料投入、各加工工序及其产出能力，画出玩具小熊制作流程图，如图 3-10 所示。其中，填充、缝制身体和缝制外衣是两道并行工序。图中数据是每道工序加工一个小熊要用掉的时间，如填充为 0.25 分钟加工一个。

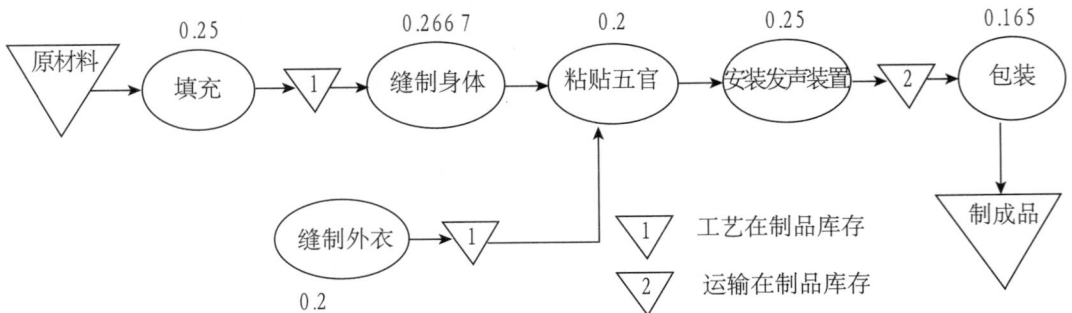

图 3-10　制作玩具小熊的粗糙流程图

第二步，突出每道工序特征。

如图 3-11 所示，绘制完流程图后，着手收集各道工序的详细信息，包括确定工人人数和工序时间。工序时间是指一般工人完成指定工序任务的平均时间，如表 3-9 中填充工序的加工时间 1.5 分钟是指工业工程管理研究人员测定的平均一名工人填充一个小熊所需时间。6 名工人填充完成一个小熊的工作则需要 15÷6=0.25 分钟，如图 3-10 和图 3-12 所示。

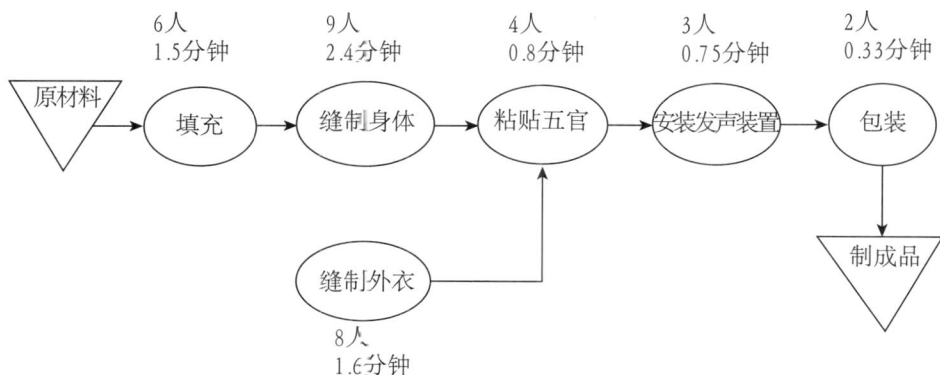

图 3-11　带有工序特征的玩具小熊制作流程图

第三步，确定工序间特征。

如图 3-12 所示，分析工序间特征时，要先确定整个流程的运转方式：拉动式或推动式。拉动式是指生产线上资料使用者向生产、运输部门发出请求信号，要求在一定时间内向指定地方运送定量消耗物的一种补料方法。推动式是指依据销售订单或预测，有计划地配置适宜量的人、材、物推动生产过程。接着，计算确定相邻两道工序间的运转批量、运转时间。由于相邻工序工作地距离较近，不妨在流程分析中忽略转运时间，而晾干小熊的 2 小时太长不可忽略，可理解成从安装发声装置运到包装地时间为 2 小时。运转批量除填充与缝制身体为 25 只一盒外，其他工序均为一只小熊。

显然，本生产任务是对市场预测型的而不是客户订单型的，从而流程间必然存在在制品。同理，本生产按计划进行，流程系推动式流水线。

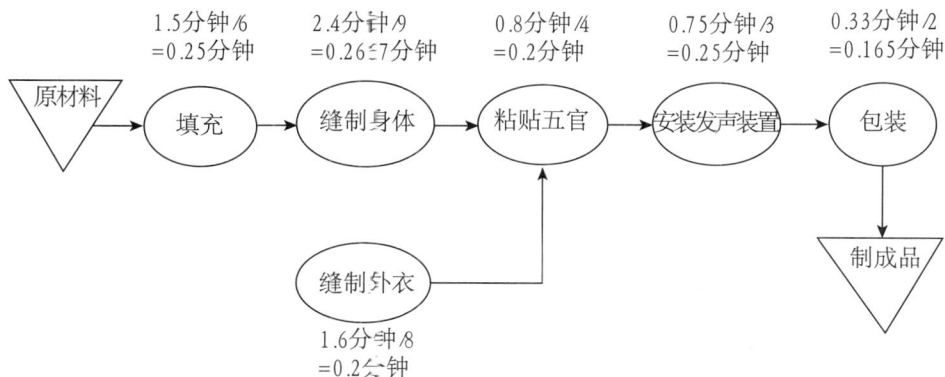

图 3-12　带有工序之间特征的玩具小熊制作流程图

第四步，确定流程瓶颈。

根据前三步，计算出每道工序完成单位产品的平均加工时间，如图 3-13 中的数据所示。在所有工序中，加工速度最慢的是缝制身体工序，加工一个小熊需要时间 0.266 7 分钟。如果给定 1 小时，测算制作小熊的个数，也是缝制身体的最少。因而，可以确定缝制身体的工序环节是瓶颈。

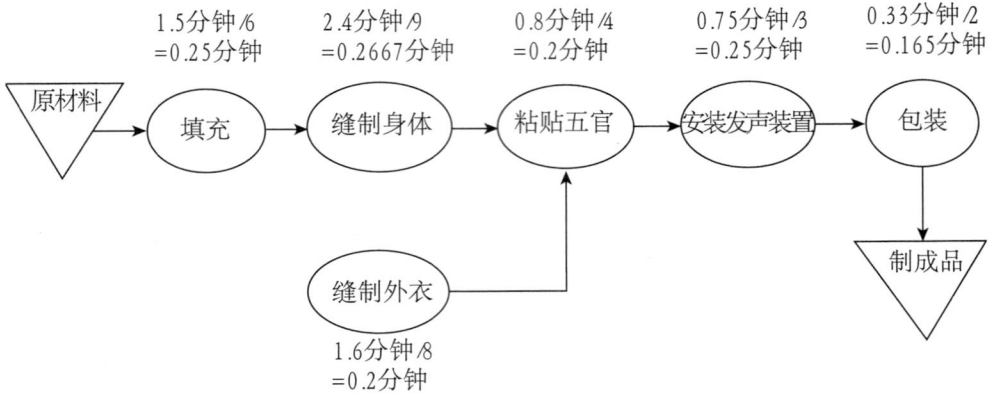

图 3-13　确定流程瓶颈的玩具小熊制作流程图

第五步，流程产能与工序效率。

根据图 3-14 所示流程与数据，进行产能与效率计算。

（1）工厂日产能。

1 天一个班次（工作 7 小时）能够生产的产品数计算如下：

1 天工作时间：$7 \times 60 = 420$ 分钟；

生产能力即瓶颈工序生产能力：0.266 7 分钟；

420 分钟 ÷0.266 7 分钟 = 1 575 个。

（2）根据图 3-13 可以确定，瓶颈作业为缝制身体工序。

（3）确定各工序的工人工作时间利用率。

根据图 3-13，经运算得表 3-10。

表 3-10　制作玩具小熊的各工序时间利用率

工序	时间利用率
填充	工序在瓶颈前，不受瓶颈约束，故利用率 100%
缝制身体	瓶颈工序，故利用率 100%
缝制外衣	与瓶颈工序并行，不受瓶颈约束，故利用率 100%
粘贴五官	工序在瓶颈工序后，且 0.2 分钟 < 0.266 7 分钟，有能力闲置，故利用率（0.2÷0.266 7）×100%=74.99%
安装发声装置	工序在瓶颈工序后，且 0.25 分钟 < 0.2667 分钟，有能力闲置，故利用率（0.25÷0.266 7）×100%=93.74%
包装	工序在瓶颈工序后，且 0.165 分钟 < 0.2667 分钟，有能力闲置，故利用率（0.165÷0.266 7）×100%=61.87%

（4）在制品库存分析。

根据第三步确定的工序间特征，工序间可能会出现在制品库存，包括工艺在制品库存和运输在制品库存。比较相邻两道工序之间产品加工时间，如果前工序的单位产品加工时间比邻后工序的单位产品加工时间短，即前道工序快、效率高，就可能出现工艺在制品库存。

在推动式流水线中，需要分析瓶颈工序的位置对其他工序产生的影响。对流程图中数据进行分析：

①工艺在制品库存会出现在两个位置，如图 3-14 所示。

其一，在填充与缝制身体两道工序间，在制品库存运算如下：

填充工序制作小熊数：420 分钟 ÷ 0.25 分钟 = 1 680 个

缝制身体工序制作小熊数：420 分钟 ÷ 0.2667 分钟 = 1 575 个（瓶颈工序）

则填充工序与缝制身体工序之间一个班次的在制品库存为：1 680 - 1 575 = 105 个。

其二，在缝制外衣与粘贴五官两道工序间，在制品库存运算如下：

缝制外衣工序制作小熊数：420 分钟 ÷ 0.2 分钟 = 2 100 个

受瓶颈约束，粘贴五官工序制作小熊数等于瓶颈数：1 575 个

则缝制外衣工序与粘贴五官工序之间一个班次的在制品库存为：2 100 - 1 575 = 525 个。

②运输在制品库存会出现在一个位置，如图 3-14 所示。

在安装发声装置与包装两道工序间，在制品库存运算如下：

一个班 7 小时流程生产能力为瓶颈能力：1 575 个玩具小熊

则 2 个小时的晾干过程库存玩具小熊数：1 575 个 ÷ 7 × 2 = 450 个。

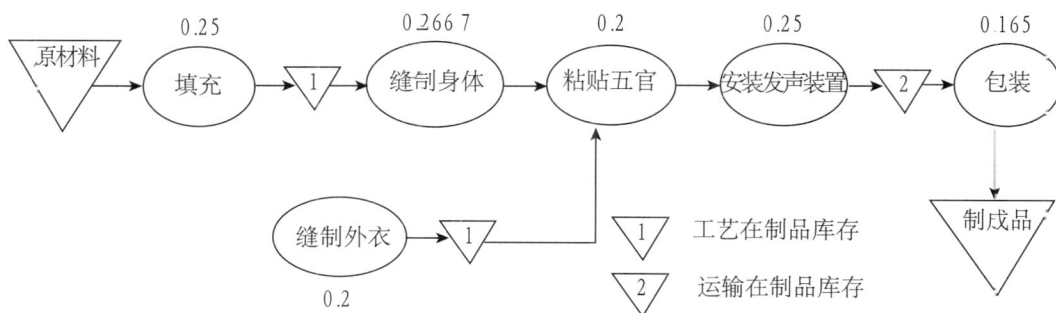

图 3-14　确定在制品库存位置的玩具小熊制作流程图

第六步，流程改进措施及建议

对流程分析的目的在于改进流程、平衡各工序的流程能力，其方法很多：增加人员和设备，加强培训锻炼提高人员技能、进行设备工艺改造提高设备效率，创造多工位共享的流水线布局（如 U 形流水线），平衡流水线等。

图 3-15 所示为采用 U 形流水线并且多工位共享方式改善流程绩效。以瓶颈工序——缝制身体环节作参考点，则其他工序都有赋闲人员。所有赋闲人员均可帮助缝制身体等

速度慢的工序，如图 3-15 所示的缝制外衣和包装二岗位的人员可帮助缝制身体岗位，但需要改造生产线流程工艺，培训、锻炼缝制外衣和包装岗位人员的缝制身体技术。

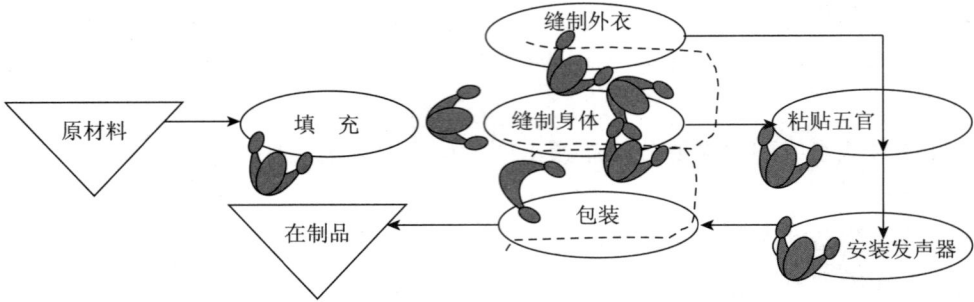

图 3-15　玩具小熊制作流程改善后的 U 形流程图

第四章 现场管理技术

从生产现场我们可以初步判断这个企业的档次，譬如将企业分为三个档次。

三流：每个人都随处乱扔垃圾而没有人捡起来。

二流：由专人将别人扔的垃圾捡起来。

一流：每个人都自觉维护环境的清洁，没人乱扔垃圾。

现场管理的核心是贯彻：持续改进的基本思想；从"5S"开始做起，将定置管理、目视管理和看板管理等多种方法并举使用；用好工具改进措施。

第一节 基于持续改进的现场管理

一、持续盘升管理信念

持续改进（Continual improvement）是不断增强符合生产要求的生产能力的螺旋盘升活动。制定改进目标和寻求改进机会的正反馈盘升过程是一个持续过程。

持续改进的基本思想：任何个人或组织，在任何环境条件下，对任何事物都会有改进的余地。因此，我们要不断地推进改革，围绕企业目标改变一切。

生产改进对象：产品与服务质量，工作效率，工艺流程，现场布局……

口诀：贵在"持续"，全员参与，每天从头越，从我做起，精彩无限！

二、现场与市场管理

现场与市场是企业或公司的两个永恒主战场，生产现场管理应涉猎市场管理、现场管理、两个市场结合管理。

海尔集团的张瑞敏先生说："市场是每一个人的上级。"这说明企业只有以卓越的管理和精湛的个性化服务才能赢得顾客满意，企业内部的现场管理只有坚持以市场为导向才能为顾客创造价值。

（一）现场管理五大任务

现场管理的五大任务是：确保安全生产，保证产品质量，控制生产成本，保证交货期，激发员工积极性。其中安全与质量是两大重要任务，人们常说："质量是企业骨骼，财务是企业血液，文化是企业灵魂"；人们也常说"事在人为"，因而激发员工积极性更为重要。无疑，现场是考验员工、锻炼储备人才的地方，现场管理的成败在于用好人、训练人。

（二）现场管理"十化"

现场管理"十化"是指：资源配置合理化，质量控制自动化，作业/动作标准化，缺陷处理及时化，异常处理实时化，环境管理全员化，员工激励多样化，岗位职责数量化，生产组织精益化，信息管理现代化。其中之首要问题在于人，在于坚持客户、员工、老板利益一体化、一致化。

三、现场改进管理与常见问题

现场改进是现场管理的一部分，其原动力是通过激励员工增进顾客满意度，其价值在于通过消除现场浪费，挖掘潜能，更好地满足顾客要求。

生产现场的浪费有：生产过剩浪费、停工等待时浪费、搬运途径浪费、多余动作浪费、库存过多浪费、加工工艺浪费、环境不良浪费等。现场问题多数是由管理不善造成的，管理浪费有：组织无序且协调不力、无效会议过多、员工流失纪律松散、分配不合理不公平、变相操作执行、分工专业化过度、事前策划和监控缺失、思想保守潜能闲置等。

现场问题显现暴露的一个基本办法是实施目视管理。目视管理指通过符号、线条、色彩等指明事物本来应当呈现的状态，保证任何员工都能容易地感知事物事实态：正常或异常。这就是看得见的管理，一目了然的管理，用眼睛/感官来管理。

企业现场管理和现场改进存在的常见问题有：改进缺乏系统规划、责任人、专业带头人等；缺少改进意识和常识技能；缺乏持续改进的积极性和主动性；缺乏从我做起、人人以改进为荣的氛围；改进绩效缺乏量化的评价标准；改进激励机制不完善或老板吝啬；究责环境使员工害怕失败而不去尝试改进；合理化建议反应渠道不畅或缺乏鼓励机制等。

创建和营造一个激发员工潜能并有利于员工开展持续改进的机制和氛围是现场改进持续发展的关键。企业应通过宣传、激励机制来提高员工对现场改善的意义和作用的认识，通过培训提高员工发现问题的能力；特别是带头人要有强烈的责任心和改进决心，要合理引导和组织并以身作则，以形成从善如流的改进文化，达到现场改善的最高境界，使合理化提案机制持续有效运行。

第二节 "5S"管理活动

一、从"5S"开始做起

"5S"是指整理（Seiri）、整顿（Seiton）、清扫（Seiso）、清洁（Seikeetsu）和素养（Shitsuke）这 5 个词的缩写。由于这 5 个日语词在罗马拼音中的第一个字母都是"S"，所以简称为"5S"，开展以整理、整顿、清扫、清洁和素养为内容的活动，称为"5S"活动。"5S"活动起源于惯于精耕细作的日本，活动的对象是现场环境，主要是对生产现场全局进行综合考虑，并制订切实可行的计划与措施，从而达到规范化管理。

（一）整理（1S）

整理的定义：区分生产现场中必要和不必要的物品，将不必要的物品清除出去。我们理解的必要物品：支持日常作业，并经常使用的物品。目的：腾出空间活用。

步骤 1：确定物品是否必须保管

步骤 2：确定每件物品的使用频率——优先权清单，见表 4-1

表 4-1 优先权清单

优先权	使用频率	存放方式
低	少于一年一次	扔掉
	可能一年一次	存放于较远的地方
平均	2 至 6 月一次	存在放于工作区附近
	至少一月一次	
	至少一周一次	
高	至少一天一次	存放于个人工作地点
	至少一小时一次	

步骤 3：给不需要的物品贴上标签，并暂时存放在指定的地点。

步骤 4：给贴上标签的物品分类，除去那些确实已经无用的物品。

步骤 5：如果这些工作很费时，制订一个行动计划。

（二）整顿（2S）

整顿定义：将必要物品的放置标准化，易于识别、易于使用。放置标准化：针对必需品特点制定易于识别、易于使用符号与规定。目的：不浪费时间找东西。

步骤 1：彻底进行整理。

步骤 2：确定每件物品的最大量和最小量。

步骤 3：根据使用频率确定最适当的放置位置。

步骤 4：在放置位置贴上明确的标签（用彩色标签）。

步骤 5：制订一个行动计划。

（三）清扫（3S）

清扫定义：打扫和擦拭，使生产场地和设备干净，防止污染发生。目的：消除脏污，保持职场干净明亮。

步骤 1：彻底进行整理和整顿。

步骤 2：发现污染源（灰尘、油渍、冷却液、泄漏等）。

步骤 3：分析原因。

步骤 4：制订计划并安排任务。

（四）标准（4S）

标准定义：持续保持整理、整顿和清扫的效果。目的：通过制度化来维持成果。

步骤 1：制定生产现场维护的责任表，并张贴在现场。

步骤 2：制定并张贴维护指南。

步骤 3：建立审查程序。

步骤 4：定期公布并张贴审查结果。

（五）素养（5S）

素养定义：养成自觉遵守维护生产场地纪律和秩序的习惯。目的：提升人的品质，使之成为对任何工作都讲究认真的人。

二、"5S"间的逻辑关系

上述"5S"是对日语的直接翻译，并不完全适合中文用词。因此准确理解其定义，"5S"的实质是：分捡、整理、清洁、保持，并对现场持续地进行分捡、整理、清洁、保持的重要性、必要性的理解和重视上升到"生存"需求状态进而形成纪律性习惯，如图4-1和图4-2所示的"5S"结构地位与含意。

图4-1、图4-2体现了"5S"间的逻辑关系。一方面，分捡、整理、清洁、保持循环往复地进行，一环扣一环，按顺序运行，围绕企业目标不断发现问题、分析问题和解决问题，点滴成产出，不断改进。另一方面，人的意识思想和企业文化是导向，不对"5S"清醒认识高度默认，就不会有自觉遵守"5S"的往复循环改进制度；不强化遵循"5S"的纪律制度，"5S"执行就会因琐碎无味不能持续。事实上，很多企业运行"5S"

都是有始无终的。"5S"只有统一于企业文化制度中，方能成为长效机制。

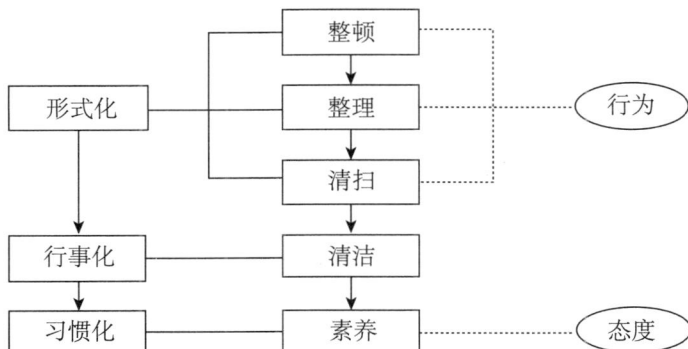

图 4–1　5S 逻辑关系图

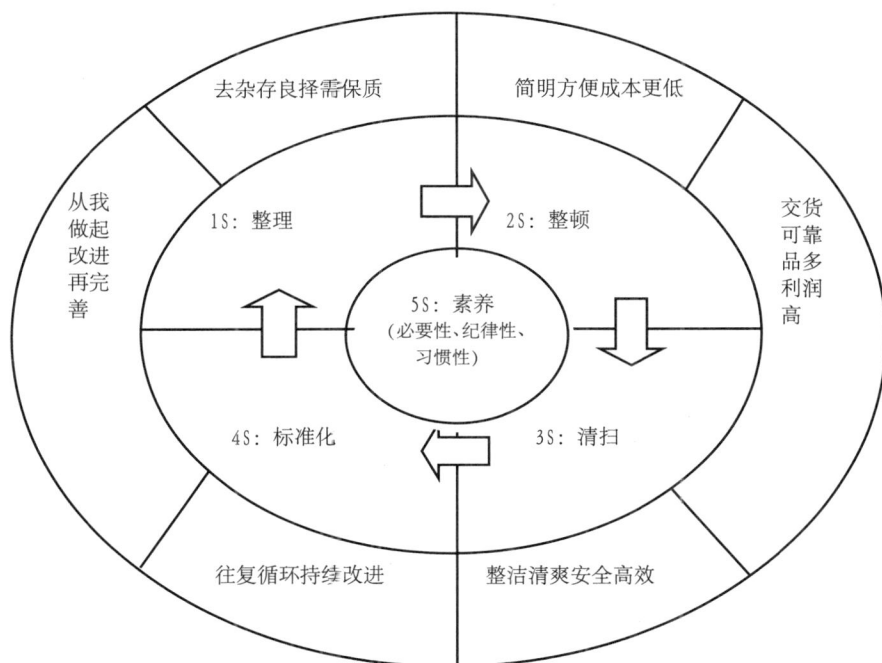

图 4–2　"5S"体系结构图

三、"5S"的基本效用

"5S"有五大效用，也可归纳成 5 个 S，即：Sales（推销）、Saving（节约）、Safety（安全）、Standardization（标准）、Satisfaction（满意）。

（一）最佳推销员（1S）

持续有效地开展"5S"运动的工厂，当顾客认定为干净整洁的工厂，有信心并乐于下订，口碑好，就会有很多人来这家工厂参观学习，各行业各种客户就会主动上门联络；

而整洁明朗且安全舒适的环境会使人们争聘到这样的工厂工作。

（二）节约家（2S）

开展"5S"运动的工厂会降低不必要的材料消耗以及工器具的闲置浪费，减少物件搜寻时间，从而节能降耗提高效率减少工时。

（三）安全有保障（3S）

开展"5S"运动的工厂能够营造宽广明亮、视野开阔的职场，物流一目了然；推行定置管理实施堆积限制，危险点会一目了然；通道布局合理，货物摆放明确，不会呈杂乱情形而使工作安全有序进行。

（四）标准化的推动者（4S）

引入西方、日本管理技术和ISO标准，建立企业特色文化制度和大力规范现场作业，可使员工执行任务有法可依，从而保证工艺程序稳定、品质稳定可靠、成本低、交货及时。

（五）令人满意的职场（5S）

开展"5S"运动从我做起，明亮清洁的工作场所自然形成；员工的成就感、集体感必然能造就职场全体同僚融洽互助友爱，共同改善生产工作环境的氛围。

四、生产车间"6S"检评

在"5S"基础上再增加安全（Safety）就是"6S"。表4-2列出了生产车间的"6S"项目，每个项目都有权重分数。当某项目存在时，不是得分就是扣分。扣分项目要指明缺陷所在。

[案例4-1]

表4-2是某企业生产现场管理使用手册中的一个表。

表4-2   生产车间"6S"检评表

6S	检评内容	配分	得分/扣分	缺陷消除计划
整理（是否存在）	定期实施红牌作战（清理不需品）	3		
	不用/不急用的夹具、工具、模具等	3		
	剩余料/近期不用物品	3		
	不必要的隔间（影响现场视野）	3		
	作业场所规划清楚	3		
	小计	15		

6S	检评内容	配分	得分/扣分	缺陷消除计划
整顿 （是否存在）	仓库/储物间的摆放规定	3		
	料架定位化/物品按规定放置	4		
	工具易于取用	4		
	用颜色区分工具	3		
	材料放置区域划分与管理	4		
	废品或不良品放置规定与管理	4		
	小计	22		
清扫 （是否存在）	作业场所杂乱	3		
	作业台上杂乱/乱摆乱放	3		
	各区域划分线明确	3		
	作业段落清扫/下班前清扫	3		
	小计	12		
清洁 （是否存在）	"3S"规则化制度化	4		
	定期检查机器设备	3		
	打扫设备物料通道	3		
	在工作场所放置私人物品	3		
	遵守吸烟场所规定	3		
	小计	16		
素养 （是否存在）	培训管理日程表	3		
	使用防护服装器具	3		
	遵照标准作业	3		
	应对异常发生的规定	3		
	小计	12		
安全 （是否存在）	制定所有机器设备的安全作业书	4		
	所有电源开关安全状态	4		
	定点放置易燃易爆物	4		
	消防器材取用方便	4		
	保证车间安全通道畅通	4		
	所有产品/物料安全堆放	3		
	小计	23		
合计		100		
评价				

第三节　定置管理技术

一、定置管理原理

（一）定置管理概念

对生产现场中的人、物、场所及其相关信息之间的关系进行剖析研究，使人、物、场所组合状态达到最佳的一种管理方法。即以整理将与生产现场无关的物品分类处理好，再经整顿将必需物品摆放到符合标准化要求的规定位置，从而实现现场管理科学化、规范化和标准化，形成定置信息系统。

（二）定置管理基本原理

生产工作现场中，人与物通常呈现两种结合关系：直接结合与间接结合。直接结合关系是指在生产现场，无需经过寻找过程，人与物能随时结合，即工作者可随时取得生产所需物品；间接结合是指人与物处于分离状态，只有通过信息媒介作用，经历一番搜索寻找，人与物才能结合。这两种结合关系可表达为三种结合形态：Ⅰ级、Ⅱ级、Ⅲ级，如表4-3所示。

表 4-3　人与物状态关系

状态级别	特征	内容
Ⅰ级	紧密而有效的结合；人与物合一境界	Ⅰ级状态是指物与人处于有效结合状态,物与人结合立即能进行生产活动。显然,人与物能马上结合并发挥作用的状态,属直接结合状态。操作者只有及时拿到生产过程所需的特定工具、量具、刃具等,且所拿到工具完全能用于生产时,他才能立即将其投入使用,利用其完成生产任务。处于这种理想状态时,生产是顺畅的,一切会按部就班地进行
Ⅱ级	人与物即合即离,备用特征明显	Ⅱ级状态是指物与人处于间接结合状态,也称物与人处于寻找状态或物存在一定缺陷,经过某种媒介或某种活动后才能进行有效生产活动的状态
Ⅲ级	人物相离,忽略其关系,有利于简化生产	Ⅲ级状态是指物与现场生产活动无关,也可说是多余物。当然这是相对的,就绝对而言,万物相通

研究人体与物件的连接信息不仅是定置管理的特色，而且是定置管理的核心和关键所在。在定置管理进行过程中，建立健全连接信息系统及信息流，发挥自身作用是定置管理成败的决定因素。人与物的结合可扩展到物与场所的结合。物与场所的结合即是位置相对固定。而场所与物的关系就是对生产现场、人、物进行作业分析和动作研究，使对象物品按生产需要、工艺要求合理地固定在某场所的特定位置上，达到物与场所的有效结合，缩短人取物的时间，消除人的重复动作，减轻劳动强度，促进人与物的最优结合。

图4-3所示，定置的目的就是要产生最佳组合体，这就是使人、物、场所及其联系信息呈Ⅰ级组合状态。为使人、物、场所及其联系信息融入最佳组合体，我们要确保物件定置三要素、人物与场所及其联系信息、人物场所定置目标和定置管理考核按Ⅰ级状态设置，见表4-4。

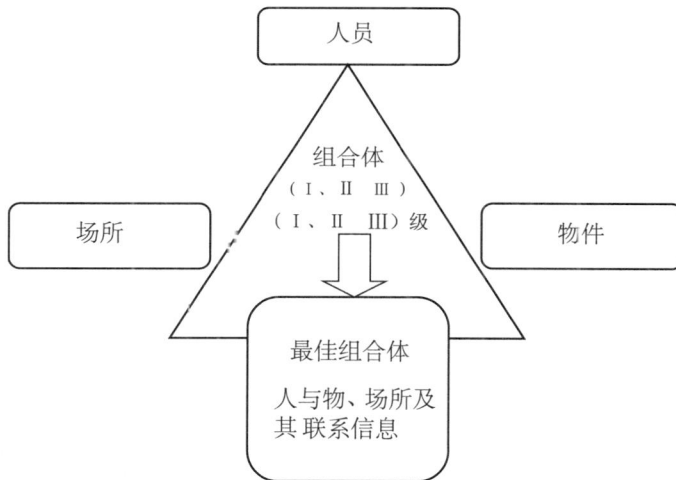

图4-3　定置产生最佳组合体

表4-4　最佳组合体构件

构件	关键词	内容
物件定置三要素	环境、姿态、标示	物件存放场所;物件存放姿态;现场标示(对物件定置的提炼和概括)
人与物、场所的联系信息	人、物、场所、数据信息	在定置管理中各种信息媒介是很重要的,实行定置管理,要求信息媒介物达到五个方面的要求:场所标志清楚;场所设有定置图;位置台账齐全;存放物的序号编号齐备;物品流动时间标准、数量标准、摆放标准等信息标准化
人物场定置目标	最佳组合、有效、高效	在实现人、物、场所三者有效结合的基础上,形成最佳组合,并高效地完成预定的生产任务
定置管理考核	Ⅰ级状态、正常化、评价	企业购买的各类物资进行生产是有目和价值的,使人与物品的结合保持Ⅰ级状态,是降低结合成本提高物件用途价值的管理途径。因而,在定置管理中要突出处理好人与物、物与场所、信息媒介与定置的关系。为确保定置管理不断健康开展下去,必须对这些关系是否正常化进行评价

二、定置管理内容

（一）物流与信息流

生产现场的物品按照使用层次可分为物流和信息流（物品工具数据和物品工具联系数据）。这两种流数据，表达着物品的所处状态和定置方式。

物流：企业在生产活动过程中，加工对象物和加工手段的流转动态。

信息流：生产活动中引导、监控、确认物流的各类信息媒介的流动过程。

无论何种物流，其所处状态按照表4-3表现为四种（见表4-7）：

在用类A：表示人、物、场所三者处于紧密结合状态，操作者可以随时取到正需使用物。

待用类B：表示人、物、场所暂时无紧密联系，需通过一定时间转化为"A"类的物品，如暂存放在一边的待用贮备物品，过一个阶段后即转入使用的物品。也就是说，所需用的物需用一定时间寻找的状态。

转出类C：表示人、物、场所关系松散，待转出来的物品，如生产完成待检品等。

处理类D：表示生产现场遗弃待清理的，与生产（工作）无关的物品，如长期不用积压的零部件，弃用的工作器具、工具箱等。

其中在用类A属于Ⅰ级，待用类B和转出类C属于Ⅱ级，处理类D属于Ⅲ级。

（二）定置牌颜色标准

定置管理要求对所有的物品采用一定方式进行区域划分、设置路标、设计标牌，对类A、B、C、D定置挂牌并以颜色作区别。比如，定置牌的颜色标准一般可设置成表4-5所示配色。

表4-5　牌色标准

类别	级别	配色
类A	Ⅰ级	红底白字
类B	Ⅱ级	绿底白字
类C		黄底白字
类D	Ⅲ级	黑底白字

定置区域的色彩标准一般可用油漆线表示。

（三）定置管理目标

（1）灵活性、协调性兼备；

（2）利用率充分、最低费用与统一标准；

（3）切实保障安全、充分防护防灾；

（4）物流流向单一、搬运路线显见；

（5）距离最短、装卸次数最少；

（6）操作方便最大化、工作不爽最小化、劳动强度最软化。

三、定置设计原则

根据定置管理目标，定置设计至少要遵循以下原则。

（一）定置原则

（1）定置设计首先应进行工艺、工序、作业（工作）研究和操作动作分析。

（2）设计目的是实现"有物必定位，有位必挂牌，牌上写质量，责任必到人"。

（3）设计应遵循以下原则：

①方便于定置物规范化、标准化、科学化；

②方便于生产场所的安全，保证通道畅通；

③方便于提高生产、工作效率和产品质量；

④方便于减轻劳动强度；

⑤方便于提高场地利用率；

⑥便于进行颜色管理和目视管理。

（二）定置管理图的设计原则

（1）设计范围尽量按工艺流程设计的工段、班组工作地（机床、工位）的平面布置区域考量；

（2）要留有适应物流过程需要的原材料、半成品、在制品、工位器具、运输机械及检验场所等物品的停放区域；

（3）保留充分的生产作业场地、区域、机台（工位）之间的安全运输通道；

（4）呈现消防、安全保护设施定置状态，便于救灾工作；

（5）留有必要的各类残料、垃圾回收箱定点布置场地；

（6）必须定置物品的大致数、生产区域和作业场所员工生活必需用品等；

（7）必须设置移动物品，如手拉车、衡器、可移动容器的静止停放位置。

四、定置管理方法

（一）定置概念与定置系统

1.定置定义与作用

定置是将工作中涉及物品（工作生活用具，包括设备、材料、工具器、生产办公设施等）设置在适应人体动作的固定位置上，谋求物品与人、环境之间在时间和空间上的最佳结合。作用是通过长时间固定物件，让人由记忆生成条件反射，快速取用物品。

2.定置管理

基于人体条件反射，应用系统观点，研究生产、工作现场中人与物、人与环境、物与环境之间的关系，对现场中的最佳固定位置进行设计、组织、实施、调整和控制，以达到规范化、标准化和节约化的管理活动。

3.定置率与定置合格率

定置率是指在所定置区域内，实际定置物数与实有物品总数的百分比，见式（4-1）；定置合格率是考核定置管理工作的依据，其定义是在指定的定置区域内，实际符合定置检查标准的定置物件数与应检查定置物总数（不同于实有物品总数）的比率，见式（4-2）。

4.定置系统

基于人、机、料、法、环五大因素的有机结合，在对现场工艺流程以及定置物、人与环境的结合状态进行系统分析的基础上，通过对修理、加工、检验、搬运、停放等工序的分析和作业者动作的分析，使定置物的位置满足工艺要求和安全生产条件，满足高效工作的环境系统。最后，对定置物系统的物件位置以图示方式表达的方法。

（二）定置管理内容方法

1.分工职责

（1）定置管理属全面质量管理范畴，一般由总工程师负责，由厂级安全检查考核组负责考核。

（2）生产技术部门会同安全检查、运行操作、检修维护、物资供应、综合后勤等部门做好定置管理的规划、设计审核，并分级进行日常管理。

（3）厂内生产车间和二级单位的定置管理工作应由相应级别的部门主管负责，由安全员抓好本部门定置管理的实施、督促、检查和巩固提高等工作。

2.管理内容

1）定置范围对象。

定置范围对象如表4-6所示。

表4-6　定置区域对象表

区域	范围	对象
外环境	生活设施、排污系统、水电供给系统、绿化、广告区	公司内非生产区域：生活、休闲、卫生、绿化等区域的定置
生产车间	生产线或设备系统	生产作业和质量检验的区域内的生产工位、设备机械、工具及附件的定置；在制品、半成品、产成品、不良品及废品（料）的定置
现场仓库	库存物件与工器具	原材料、备品容器、货料架等的规范化标准化；库存物品的定置；工具柜内物品的定置
办公休息间	生活物品与文具文件	茶具、办公用品及信息资料的定置；工作服、防护装备等

2）定置物分类。

根据现场中定置物与人的结合关系密切程度，将定置物分为 A、B、C、D 四类，如表 4-7 所示。

表 4-7　定置分类表

分类	定义	对象
A 类	在生产过程中与人处于立即结合、联系紧密的物品,应用红色标志牌表示	正在加工和交验过程中的在制品、产成品、使用中的设备、积聚、工具等
B 类	在生产和工作过程中与人发生周期性联系和随后可以转化为 A 类的物品,应用绿色指示牌表示	生产加工周转的半成品和待返修的不良品等
C 类	在生产和工作过程中与人处于等待联系状态的物品,应用黄色标志牌表示	固定保管物、产品组装前备用的零配件、产成品和封存的设备机具等
D 类	在生产和工作过程中与人长期失去联系状态的物料,应用黑色标志牌表示	已经报废或失去使用价值的废品、铁屑、垃圾等一切可一起和待报废处理的物品

3.定置管理的实施

1）教育培训。

劳动人力资源部门和各生产车间应将定置管理教育工作纳入职工教育培训计划，采用多种形式对职工进行定置管理基础知识培训，使职工掌握定置管理的基本方法和工作要求，以不断增强定置管理意识和提高文明生产管理素养。

2）定置图设计程序。

第一，定置图的绘制应从整体到局部，再到物件；

第二，先绘出全厂区域的定置总图，然后按照关联性再分别绘出大环境、生产车间、科室、班组作业和工作区域的定置图；

第三，定置图一般要由定置平面图系和定置明晰系列表组成；

第四，定置明细表应包括定置物名称、编号、数量等规格、指标内容；

第五，定置图要幅面统一、布局合理、图样清晰、文字工整、美观大方。

3）定置物数量确定原则。

如表 4-8 所示进行定量定置。

表 4-8　定量定置

定量定置类别	对象	操作内容
定量标准	物资（工具）管理有定量标准的物品	物资与工具的管理有定量标准的,要严格按定量标准定置
非定量标准	物资（工具）管理无定量标准的物品	秉着既能满足生产需要,又不造成积压的原则
		合理核定最高和最低限额

定量定置类别	对象	操作内容
办公室定置原则	办公室在室内家具备品按定置设计原则定置	根据室内结构和实际情况，统一制定本室办公桌面、抽屉内物品定置规范
		保持办公桌内外整齐清洁、无杂乱现象
		既便于工作又便于资料查找，做到文明办公
文件定置明细	现场工具柜和办公室各类台账、报表、信息资料柜内应张贴定置明细	进行定置编号，写上物品名称
		标出数量、存放格位
		明确保管人及其责任内容

4）容器与料架。

根据核定的定置物数量和物品的几何形状、体积、重量等，统一设计制作各种容器和料架，其颜色应和表5-5中定置物分类颜色相一致，达到规范化和标准化。

5）定置牌。

按表4-9所示 制作定置牌。

表4-9　定置牌制作

分类	要求	操作内容
制作方法	定置牌是定置物的标志牌	采用厚度一般用1～2 mm铁板制作
		定置牌应挂在定置物的正上方，也可直接在墙上涂打规定颜色的定置牌
		对采用容器定置的也可用油漆按定置的要求直接涂打在容器的醒目部位
规格内容	定置牌的规格、内容的确定	定置牌的规格与内容要结合定置现场的时间，要结合定置现场的实际和定置物的状态进行确定
颜色	定置牌的底色和定置物分类的颜色要一致	A、B、C、D类分按表4-5牌色标准标示
		A、B、D类定置牌上内容一律用白色油漆表示
		C类定置牌上内容用红色油漆标示
设备备品	固定设备和家具备品不必挂牌	机械动力设备、办公室和更衣室的家具物品，可以在定置图上标示，不再另行挂牌

6）按定置图定位的方法步骤。

按表4-10所示方法步骤进行定位管理工作。

表4-10　方法步骤要求表

步骤	方法	要求
1	在按图定位前,应广泛发动群众性清理和整顿工作	清理厂区和工作场所的可移动物
		清楚多余的物品,把死角等彻底清除干净
		对现场机器设备、工具、用品等进行清洁、油漆(自制设备和工具)
		使生产和工作环境做到整齐、清洁、明亮、协调,创造定置条件
2	将A、B、C、D类定置物分别按定置图上规定的位置进行摆放	对不同的定置物采用不同的定置方式
		防止碰撞、划伤、变形和腐蚀
		横看成线、竖看成行,图、牌、物相符
3	用红白相间的油漆标记或栏杆标记定置区域、安全通道和零配件搬运路线	标志明显、通道畅通
		非作业人员和其他物品不准随意进入定置区域内
4	对现场工具柜和办公室资料柜内的物品,按明细表摆放物品	摆放整齐、规范,做到实物、位置、表三相符

7）定置管理动态考评。

定置管理的责任人应严格执行有关制度和标准,而每班对定置区域和定置物要进行定时/及时清扫和清点,做到物清量足,并开展"五不走三满意"活动,如表4-11所示。

表4-11　"五不走三满意"活动表

活动项目	考评方式	考评内容
五不走	交接班条件:交班者按厂里"5S"标准自查;接班者评价记分	下班时不清理、不整理好定置物不得走
		定置物与定置牌内容不相符不得走
		定置区域内的任务完后地不干净不得走
		不擦拭、不保养好设备不得走
		原始记录不填好不得走
三满意	三方评分	自己满意
		同事满意
		监管满意

个人、班组和部门不得随意修改定置图或改变定置物位置，如需进行变更应及时与生产技术部门协商；如属于临时性放置物品，需经区域负责人和主管部门同意后方可放置；临时性放置时，其分类、挂牌应按定置要求去做。

在厂务安全检查小组领导下，生产线、车间和生产技术部门应对各层级单位的定置管理情况进行定期的检查或抽查，即：生产线每日、车间（科室）每两周检查一次；生技部门每日抽查 2 个以上的车间或科室；厂安全生产检查小组要每月至少一次检查考评现场定置管理工作。

为了不断深入开展定置管理，各班组、车间和科室应不断总结经验，积极推广定置的先进经验，努力改进工作，不断提高定置管理的工作水平。

8）定置管理的计算考核。

厂/公司对定置管理的考核应按公司《实施生产现场管理标准的监督考核标准》进行。

定置率计算公式：

定置率 =（实际定置物数 ÷ 应定置物品总数）× 100%   （4-1）

定置合格率计算公式：

定置合格率 =（实际检查合格的定置物品数 ÷ 应检查的定置物品总数）× 100%

（4-2）

实际（综合）定置率 = 定置率 × 定置合格率   （4-3）

综合定置率用于评价企业或部门推行定置管理的实际水平。定置管理工作考评标准见表 4-12。

表 4-12　定置管理考评

考核方向	参考标准
考核定置管理工作水平的主要指标是定置率和定置合格率	各生产线、车间、科室的定置率和定置合格率均应达到 90% 以上
	标准化生产线、车间、科室和班组的定置率和定置合格率应达到 95% 及以上
	每提高 1 分奖励一定的金额，可根据实际情况采用递增奖励方式
定置物的检查要考核定置物与其定置牌、定置图规定的内容是否相符	若定置物的位置、编号、品名、数量、保管人均与图相符，评定为合格
	若任何一项不相符，核定该定置物管理不合格
	考核单位按件（台、人）计算

9）定置管理检查考评报告/记录。

定置管理情况定期检查数据库，定置管理随即抽查数据库。

第四节　目视管理技术

一、目视管理概念

（一）目视管理三个标准

根据形象直观、色彩适宜的各种视觉感知信息组织生产活动，以提高劳动生产率的管理方式，称作目视管理。目视管理以视觉信号为基本手段，以公开显现化为基本原则，尽可能地将生产管理意图和要求让所有员工看得见，从而推动全员自主管理、自我控制。

在异常面前，所有人都能感觉得到，谁都能判明好与坏。

目视管理的三个标准：正常人判断问题迅速，而且精度高，判断结果不会因人而异。

（二）目视管理优势

1.形象直观，工作效率高

现场管理人员组织指挥生产，通过广而告之的方式，实质是在发布各种永久性信息。相对文件而言，显而易见；相对口语而言，不会失踪。操作人员接收视觉信息并反复目睹后，能够正确无误有秩序地进行生产作业，特别是在机器生产条件下，生产系统高速运转，要求信息传递和处理既快又准。如果每个操作工的任务信息都要由管理人员直接传达，就不难想象成本和困难。一个成百上千工人的生产现场是常见的，如果不强调目视管理，那将要配备多少管理人员！

将目视提升到管理方法上并不需要多大成本，只是刻意增强感觉器官的作用罢了。发出视觉信号的手段就是广告牌，如电子仪器仪表、电视录像、信号灯、标志牌、图表等。其要求是更加形象直观，容易认读和识别，简单方便。在有条件的生产现场，充分利用视觉信号显现科技手段，迅速而准确地传递信息，管理人员可远程组织、指挥有效生产。

2.公开透明，互相监督

大机器、长生产线的生产既要求严格管理，又要培养人们自主管理、自我控制的习惯与能力。目视管理为此提供了有效的具体方式，因为目视管理要求公开化生产作业的各种要求：干什么、谁来干、怎样干、干多少、何时干、在哪干，都一目了然。这有利于员工默契配合、互相监督，使违反规程、误操作、不守劳动纪律的现象难以藏身。

根据劳动保护的要求，不同场地不同工种规定不同的工作着装和不同的工具使用方法，目视管理会暴露那些不注意安全、擅离职守、串岗聊天者，促其自我约束，逐渐养成良好习惯。企业可实行挂牌制度，经过对部门的考核，按优、良、差、劣等级挂上不同颜色的标志牌；经过对员工个人考核，给予工作表现合格以上者佩戴不同颜色的臂章，不合格者无标志。这样，目视管理就能起到鼓励先进、鞭策后进的激励作用。

3.基于人的身心特点

科技化目视管理改善生产条件和环境，人们往往偏向注意物质技术方面，忽视现场人员生理、心理和社会特点。将感觉信息利用提升到目视管理，其好处就在于重视综合运用管理学、生理学、心理学和社会学等多学科的研究成果，利用科技手段提高现场作业人员的视觉感知灵敏度，改善各种环境因素，使之既符合现代技术要求，又适应人们的生理和心理特点。这样，就会适合现代生产方式，充分配备控制机器、生产流程仪器仪表、电视视频等，产生良好的生理和心理效应，调动并保护工人的生产积极性。心情好才会工作好。企业文化、人文环境同科技装备的结合是目视管理科学化人性化的基本途径。显示体形状、数据刻度、数字字母、线条粗细、结构比例、颜色搭配等都关系到降低误读率、减少事故所必须认真考虑的生理和心理需要。谁都知道车间环境必须干净整洁，不同车间（机加工车间、热处理车间）的墙壁装饰、颜色配置、水电布局、结构形状……诸如此类的问题也是同人的生理、心理和社会特征相关的。

二、目视管理内容

目视管理内容很多，表4-13所示为属于安全生产的必要目视管理项目和方式。目视管理要结合5S管理和定置管理进行。

表4-13　目视管理项目方式

编号	管理项目	目视管理方式
1	进厂新员工教育	技能显示图、部件组合显示板；事故图片、录像
2	现场安全管理	警示牌、灯示、指示牌和视频、音响
3	异常状态报警	灯示板、声响
4	进度管理	进度表、看板、工序流程标记
5	设备与工具管理	标签、仪表、完好牌、警示牌、工具影印板
6	部品供应情况	图表、看板、声响报告
7	在制品管理	红、白、黄、绿色线区；立型看板、标签
8	作业顺序规范	标准作业组合图板
9	效率管理	图表、看板
10	消除作业错误	不良品样板、优等品样板
11	品质管理	控制图、检验部品标记
12	对顾客的宣传	立型看板、展览存放柜台

（一）统一着装挂牌化

现场生产人员的着安全制服不仅起到劳动保护作用，在机器生产条件下，也是正规化、标准化的内容之一。它可以体现职工队伍的文化特色与优良素养，显示企业内部不同单位、工种和职务之间的区别，从而激发攀比向上的竞争心理，也能明确责任人。制服挂牌化会使人产生归属感、荣誉感、责任心等，明确身份便于组织指挥生产。

挂牌制度包括单位挂牌和个人佩戴标志。按照企业内部各种检查评比制度，将那些与实现企业战略任务和目标有重要关系的考评项目的结果，以形象、直观的方式给单位挂牌，能够激励先进单位更上一层楼，鞭策后进单位奋起直追。个人佩戴标志，如胸章、胸标、臂章等，其作用同着装类似。当同考评相结合，会给人以压力和动力，达到催人进取、推动工作的目的。

（二）工作标准化规章制度公开化

要想加强团结强化组织、严明纪律，就必须公布、宣传、解释与现场工人密切相关的规章制度、标准、定额和承诺等；与岗位操作直接有关的岗位责任制、操作程序图、工艺卡片等则应分别展示在岗位方便目视处，并要始终保持完整、正确和洁净。只有标准化、制度化承诺公开化，才能保持大工业生产所要求的连续性、比例性和节奏性，进而提高劳动生产率，实现安全生产和文明生产。

（三）生产计划及进度图表化

生产现场是员工协作劳动长时间驻守的场所，需要大家共同完成的任务、相关标准和遵守的规定都应公布于此。企业总计划指标要及时层层分解，落实到车间、班组直到个人，并列表张贴在广告栏中；实际完成情况要用作图法按期公布，跟踪生产进度及时在图上圈点出，告诉员工各项计划指标完成中出现的问题和发展趋势，以明示奖惩可能性促使集体和个人都能按质、按量、按期地完成各自的任务。

（四）控制进度与质量的（生产线上的）标志流动化

为了杜绝过量生产、过量储备或上下道工序进度不一致，要采用与现场工作状况相适应的简便实用的信息传导装置，以便在后道工序发生故障或由于其他原因停止生产时，能够有效地进行生产作业调制，使每个生产环节、每道工序都能严格按照期量标准进行生产。当不需要前道工序供应在制品时，操作人员看到信号，能及时停止投入。看板就是一种能起到这种作用的信息传导手段，而且是形象直观、使用方便的生产作业控制手段。各生产环节和工种之间的联络，也要设立方便实用的信息信号传导载体，以减少工时损失，确保生产的连续性。譬如，在机器设备上安装红灯，或在流水线上配置操作员可控的工位故障显示屏，一旦发生故障或停机，即可发出信号，巡回检修工看到后就会及时赶赴修理。生产作业控制除了期量控制外，质量和成本控制也要实行目视管理。对于质量控制，在各质量管理控制点，要有质量控制图，以便清楚地显示质量波动情况，及时发现异常及时修正。生产现场要用板报形式，将不良品统计按日公布于众，当天出现的废品要陈列在展示台上，由有关人员会诊分析，确定改进措施，防止再度发生。

（五）信息显示符号标准化

结合定置管理，实现视觉显示信息的标准化。为了消除物品混放和误置，定置管理要求有完善而准确的信息显示，包括标志线、标志牌和标志色。目视管理需要突出区别与界限，自然而然地要按定置管理的要求，采用清晰、标准化的信息显示符号。这就要求应用标准颜色将各种区域、通道，各种辅助工具（如料架、工具箱、工位器具、生活柜等）涂抹不同颜料以便区分。

（六）现场色彩标准化

色彩对眼睛刺激灵敏，是现场管理中常用的一种视觉信号，因而目视管理要求科学、合理、巧妙地运用色彩，并实现统一的标准化管理，不允许随意涂抹。这是因为色彩的应用受到技术因素、身心因素、社会因素的制约，有关色彩使用常识见表4-14。色彩包含着丰富的内涵，生产现场中凡是需要用到色彩的，都应有标准化的要求。

表4-14 色彩适用范围常识

制约因素	色彩适用范围分析
技术因素	不同色彩有不同的物理指标，如波长、反射系数等。强光照射的设备，多涂成蓝灰色，是因为其反射系数适度，不会过分刺激眼睛。危险信号多用红色，这既是传统习惯，也是因其穿透力强，信号鲜明的缘故
生理/心理因素	不同色彩会给人以不同的重量感、空间感、冷暖感、软硬感、清洁感等情感效应。例如，高温车间的涂色应以浅蓝、蓝绿、白色等冷色为基调，可给人以清爽舒心之感；低温车间则相反，适宜用红、橙、黄等暖色，使人感觉温暖。热处理设备多用属冷色的铅灰色，能起到降低心理温度作用。家具厂整天看到的是属暖色的木质颜色，木料加工设备则宜涂浅绿色，可缓解操作者被暖色包围所涌起的烦躁之感。从生理上看，长时间受一种或几种杂乱的颜色刺激，会产生视觉疲劳，因此，就要讲究工人休息室的色彩。如纺织工人的休息室宜用暖色；冶炼工人的休息室宜用冷色。这样，有利于消除职业疲劳
社会因素 – H% q9 ~: C1 z0	不同国家、地区和民族都有不同的色彩偏好。我国人民普遍喜欢绿色，因为它是生命、青春的象征；而日本人则认为绿色是不吉祥的

（七）物品码放规格化

人类早就发明使用了二进制、十进制和十六进制等，根据人脑计数的特点要求，物品码放和运送数量应据模块化原理实行标准化。这样，在目视管理中可以发挥人眼一目十行的长处。比方，让物品按五五或十十码放，各类工位器具（包括箱、盒、盘、小车等）均按规定的标准数量盛装，则员工操作、搬运和检验点数时既快速又准确。

（八）常用目视管理工具

表 4-15 是目视管理的常用工具或方法。我们在实际生产管理工作中可创造出更多方法，也可改进表中的方法或装置。

表 4-15　目视管理工具

工具名称	基本解释
红牌（红牌作战）	对应于 5S 中的整理，乃改善生产环境的基础，主要区分日常生产活动中非必需品
看板管理	用于指示使用品、放置场所、规格等基本情况的表示板。目视管理的先决条件是消除黑箱作业，反映物品在放置场所的基本状况。比如，具体位置在哪，做什么，数量多少，谁负责或谁来管理等重要项目都写在一块板上，让人一目了然。 告示板，包括公告栏，也是一种看板。告示板内容是会议、通知、注意事项等。现在常以手机信息代替
信号灯	发音信号灯：适用于物料需求和应急、事故等请求帮助通知，如生产线上物料用完，供需信号灯就会亮，扩音器会立即呼叫物料员及时供货
	异常信号灯：常见于较长的生产、装配流水线上，当产品质量不良或作业异常发生，信号灯亮。一般设置红、黄两种信号灯，由操作工控制。当零部件用完、不良产品出现、机器设备故障等出现时，员工马上按下身边按钮，如红灯一亮，生产管理人员即停下手上工作，前往现场查处；异常被消除后，处理人员负责把这个信号灯关掉
	运转指示灯：设备运转、机器开动、转换或停止时，发往全部相关人员的状态指示。事故停止要显示停止原因。现可使用智能仪器或微机系统监控
	进度灯：常见于手动/半自动/自动生产线上，控制组装、制造节拍，保证产量，控制加工时间。要求操作员把握进度，防止作业迟缓。对应于作业的步骤和顺序、标准化程序，进度灯可分为 10 分
错误示范/纠错板	反面教材的展览地，形象直观的教育广告图文载体，以某然种错误动作的不良现象及后果警示现场作业人员。一般置于人多的显著位置，让人一目了然，强烈刺激人的感官，以对避违行为形成条件反射
警示线/地面标志	在仓库或物品放置处，用彩色漆线表示最大或最小的载荷或库存量，如涂在地面上的彩色粗细线条；区域线是有关安全生产的警示线，如用线条画出半成品放置场所或安全通道等区域、范围
操作流程图	描述作业顺序、工序重点的简明指示图，包括各种物流图。在生产线上，特别是工序比较复杂的车间，看板管理应有操作流程图。一般程序为：进原材料，签收，检验点数，分发专送，转换或转制
生产管理板	揭示生产线的生产状况、进度的表示板，记入生产实绩、设备开动率、异常原因（停线、故障）等

工具名称	基本解释
提醒板（告示板）	防止遗漏,记录正常、异常及次品等情况或发布动态或临时信息的广告装置,用于防止欲广告的命令、信息遗漏。通常在车间进出口处,有一块板子,上书:今天有多少产品要在何时送到何处,什么产品一定要在何时生产完成。或者提醒下午两点钟有一个什么检查。通常用纵轴表示时间,时间间隔通常为一个小时;横轴表示日期,一天用 8/10 个小时来区分,显示每个时间段的正常、不良或者是次品的记录,由作业者自己记录。提醒板可一月统计一次,在月例会中总结,与上月比较,参考考核,并确定下个月目标

三、目视管理的推行

（一）推行目视管理的要求

推行看板管理、"5S"管理、定置管理、目视管理等都是简单容易理解的东西,但真正实施起来就会感到不容易。因为这些管理方式出于日常生活工作的小节,人们熟视无睹,难以让人重视,从而推行起来往往流于形式,通常有始无终。同推行"5S"管理、定置管理一样,推行目视管理首先要战胜自我,从我做起,养成习惯形成素养,进而发展企业文化;一定要从企业实际出发,有重点、有计划地逐步展开。在这个过程中,应做到:统一、简约、鲜明、实用、严格,见表4-16。

表4-16　推行目视管理的要求

目标	要求
统一	目视管理要实行标准化,消除五花八门的杂乱现象
简约	各种视觉显示信号应易懂、刺激性强,一目了然
鲜明	各种视觉显示信号要清晰,位置适宜,现场人员都能看得见、看得清
实用	不摆花架子,少花钱、多办事,讲究实效
严格	现场所有人员都必须严格遵守和执行有关规定,有错必纠,赏罚分明

（二）推行目视管理的办法

推行目视管理要讲究方法,目视管理办法见表4-17。

表4-17　目视管理办法

项目	方法	作用
区域画线分工	用油漆在地面上刷线条;用色彩胶带贴于地面制造界线	划分通道与工作场所,保持通道畅通;划分工作区域,确定各区域功用;防止物品随意挪动,或移动后不能归位

项目	方法	作用
物品形迹管理	在物品放置处标示该物品状态； 标出物品名称、型号、规格等； 标出使用人、借出人或实行台账管理	标出物品位置和数量； 使物品取走后情况一目了然； 防止（急用时）找不到工具
安全库存量 / 最大库存量的控制	标明安全库存量 / 最大库存量； 标出应置何物； 明示数量不足时的应对方法	防止过量采购； 防止断货，影响生产
仪表正常 / 异常的监盘	仪表报警点标点红色，正常范围标点绿色	直观指示，快速反应异常情况
5S 实施情况跟踪	在现场设置"5S"责任区； 表格内容：姓名、内容、方法、要求、周期和实施情况记录	明示区域责任人； 明示日常工作内容与要求； 监督"5S"实施情况

第五节　现场作业标准

现场作业标准化管理工作能够规范检修、施工现场的管理和作业行为。标准化管理首先要选择或创建自身的标准制度，以统一的要求、条款、制度约束员工劳动操作行为，通过对过程的控制和结果的评价达到作业过程的安全、作业质量的高标准及作业效果的完美。做好现场管理涉及整个作业过程人、机、物、环境等方方面面，关键是明确任务、规划和约束，绘制施工流程、注明工艺要求，全面做好计划、过程控制以及工作结束的清场、检查验收等。

下面就检修、施工现场作业标准化作探讨，供企业生产管理者制定方案时参考。

一、现场标准化作业原则

（一）安全管理为基础质量管理为核心

现场作业标准化要以安全为前提，规范过程，在高标准、严要求的监管下，实现按质按量的及时交货。因而，一要定时，推行生产管理过程控制；二要定量，确保达到所要求的工艺标准，保质保量地完成作业任务。现场标准化作业必须以现场安全管理为基础，以质量管理为核心，对现场工作的各方面进行有效管理，实现施工现场安全和质量的可控、在控、能控。

（二）遵守法规服务社会

企业是社会经济细胞，企业利益要服从社会效益。因而，标准化作业要严格贯彻国家安全生产法规和政治经济法律政策，公司/企业的有关制度、文件和规定要充分顺应国家法律法规方向，吸收政府的驱动能量；分、子公司各种现场运行规程和安全管理规定要相互融合，形成现场标准化作业整体，保证现场作业的安全和质量。

（三）技术精湛设备熟悉

企业通常要求现场作业工清楚系统或设备的构造、性能和原理，熟悉检修工艺、工序、调试方法和质量标准。通常做法是，发放技术指导书和操作规程，安排相关技术人员或安全管理人员结合实际对员工进行技能和安全知识培训，不断进行过程指导和纠正，在监管现场标准化作业的管理过程中逐步走向过程的标准化。

以标准化作业将具体工作任务和场地实际结合起来，在遵守规程、规范，确保安全、质量的基础上，要采取因地制宜、随机应变、灵活处理的原则。

二、现场标准化作业程序

执行作业标准、实施作业检查、达到质量要求、满足标准工时是现场标准化作业的基本要求。为实现特定目标、解决特定问题所编制的工作步骤集合，称为现场标准化作业实施程序。现场作业程序明确了施工或检修作业的一个过程顺序，多为作业的系统性规划和作业问题的预见。表4-18是标准化作业程序在实际工作中的落实。

表4-18　现场标准化作业程序表

程序项目	目的与内容	技术要求
第一步，现场调查，前期查勘	现场调查和查勘是为了结合现场具体情况做好危险点分析和安全预控措施	调查、查勘工作一般由工作负责人完成，以便作业指导书的编制更切合实际，更具有针对性和可操作性。查勘工作要求细心、谨慎，从多个角度进行实地查勘，明确停电设备和带电设备的具体位置、距离等
第二步，标准化作业指导书编制	编制作业指导书要求表述准确简练，有标准的格式、内容、表述方式，名词、术语、符号等均应符合规范化管理的要求，做到精简、统一、优化。作业指导书应对现场作业人员、技术要求、作业顺序、安全工器具数量、类型和各工作点位的分配进行准确计划和安排	人员站位、检修设备的拆装顺序、用力方向和力道使用等都应进行简要说明，保证所有作业人员对现场作业任务、作业程序、危险点、安全措施清楚。在涉及工艺要求较高或者是较复杂的大型检修（施工）作业时，还应附图进行图文注解。注解可以将设备名称、形状、定置位置、吊具吊点、人员站立位置、用力方向和用力位置、关键部位的技术要求等进行简图标注

程序项目	目的与内容	技术要求
第三步,生产管理过程控制	为消除现场作业过程中的不安全行为、不安全状态和质量管理缺陷所设置的作业环节或过程控制。通过量化标准化作业指导书,使用现场作业安全监督卡实现生产管理过程控制	技术人员和班组安监人员可对照标准化作业指导书和现场安全监督卡所列项目进行对照检查。生产管理过程控制要做到作业过程中人员到位、思想到位、措施到位、执行到位、监督到位;生产管理过程控制需要从场地规划、标志标牌的悬挂、班前班后会的履行、工器具的定置摆放和拿取、进度掌控、危险因素的掌控、工艺要求和质量验收以及后期场地清理等方面进行
第四步,验评	对标准化作业结果进行验收,并对作业过程进行分析、总结、评价	(1)验收应由工作负责人、技术负责人及参与作业的工作人员现场进行,通过对过程和结果的分析、总结、评价,找出与标准化作业之间的差距,总结工作过程中的经验教训,为再生产水平提升积累能量。 (2)评估要求实事求是,重在发现问题并及时提出整改意见和措施,进而对作业指导书进行修正和完善。评估的第一依据是缺陷消除联系单存根,其次是根据检查结果和班组安监人员对现场监督查看填写的作业安全监督卡所列细。 (3)评估要形成长效机制,定期对现场标准化作业及作业指导书执行情况进行统计、分析、评价,不断提高现场标准化工作管理水平,从而推动标准化管理的完善
第五步,考核	通过"反三违"督查实施违章考核,将标准化作业执行情况与班组、个人的月度绩效分值进行挂钩。为劳动报酬计算提供精准数据	考核方向要能引导现场作业标准化管理,规范作业人员的行为,最终使现场作业标准化管理形成一种自然而然的工作流程和习惯;考核时要遵守公开、公平、公正的原则,坚持日常考核与综合考核相结合、定期考核与动态抽查相结合。通过考核和被考核双方的沟通确认,对检查发现的问题及时整改,现场标准化管理持续改进

三、现场标准化作业管理的长效机制

现场作业标准化管理要演变成企业文化的一部分,即员工自觉遵守的一个管理制度,以形成生产现场管理机制。这主要包括隐患排查治理、缺陷管理制度、设备管理划分、巡视检查和试验轮换制度等,还要明确责任人和具体的管理要求、管理程序。

(一)标准化作业管理制度

没有规则,不成方圆。搞好生产管理的出路在于行为准则化制度化。制度具有刚性,带有强制性色彩,因而制度的执行、落实需要有监督和鼓励。标准化作业管理制度主要包括安全生产责任制、安全生产规章、现场操作规程等;标准化作业落实制度要建立由厂务检查组牵头、部门组织落实、全员广泛参与的考核监管体制。

（二）标准化管理制度的培训向导

培训目标是，基于标准化管理制度提高技能，激发生产管理参与者的主动性和创造性。因而，培训分技能和安全两方面，当作业人员的业务技能和安全意识提高后，工艺流程会更加熟悉，辨识与控制各作业环节的风险能力会大大提高，最终全面适应现场标准化作业的管理要求。通过培训告之作业人员现场标准化管理带来的益处，结合奖惩逐渐形成自我约束、持续改进的长效机制，使标准化形成一种动力，自愿执行并进行创新和发展。

形成规范的工作流程，使人人遵守生产管理制度成为企业文化的一部分，舆论宣传就是重要途径。舆论向导就是要使每一个参与人员明确：自己既是现场作业中的危险源，也是风险辨识报警者和风险控制的执行者，更是现场标准化管理的最终受益者；要让每位作业人员都知道标准化管理的最终目的，不仅限于质量要求，更是为了保证每个职工的健康和生命安全。对比法是舆论宣传的重要手段，要从执行标准化管理与否的危害和益处进行反差演绎向导，从进度、安全、工艺几方面进行优劣的比较，并结合奖罚及厂部、班组的层层宣传贯彻，有力地调动和促进每位职工参与的积极性和自觉性。

（三）标准化作业管理的刺激机制

现场生产管理的标准化作业对提高作业质量，激发员工的责任感、荣誉感，提高员工素质，都是不可或缺的。现场标准化作业管理的目的是要实现生产管理过程控制，杜绝违章，防范事故，确保检修、施工质量和作业人员的生命安全。

要使现场标准化作业管理在检修、施工中形成长效机制，没有经济、物质的刺激就没有硬支持。刺激机制要从把握员工的心理状态和行为特点入手，运用正刺激（鼓励）和负刺激（约束）来调控，激发、挖掘员工的自主性、能动性和创造性，抑制、埋葬人的被动性、消极性和保守性，以实现标准化管理的目标。正刺激从荣誉激励和物质激励两方面进行，以物质激励为主，荣誉激励为辅。正刺激目的是诱导员工的工作动机朝企业目标方向发展，使他们在实现标准化管理目标的同时实现自身的需要，逐渐增加其满意度、成就感，从而使他们的积极性和创造性得以保持和发扬；负刺激目的是以反面教材刺激人的警觉神经，并以适当的经济处罚、行政处理相配合。要增强物质、经济正刺激，增多荣誉鼓励，并将荣誉与经济适当挂钩。物质、经济激励主要是通过技能工资、绩效和额外奖励进行，应充分利用好浮动奖励的调控功能。

推行激励机制能使标准化管理形成自觉自愿的行为，进而使标准化管理长效机制融入企业文化生活中。

第五章 JIT/精益生产

第一节 几种生产方式的比较

一、JIT 方式与精益生产的关系

（一）JIT 的产生发展

三田公司 1953 年提出 JIT（Just In Time）概念→1961 年在丰田全公司推广→20 世纪 70 年代在日本全国推广→20 世纪 80 年代在西方和美国推广。

（二）精益生产的起源

一战时期，美国大量生产方式取代了西欧手工生产方式；二战时期，日本准时化（JIT）生产方式又取代了美国大量生产方式，并发展成汽车行业普遍采用的精益生产方式（Lean Production，LP）。

（三）从 JIT 到 LP

Just In Time 英文缩写 JIT，翻译成中文为准时化生产方式。按其性质又称作无库存生产（stockless production）、零库存（zero inventories）方式，或者超级市场生产（supermarket production）。JIT 是日本丰田汽车公司在 20 世纪 60 年代创建的原始精益生产方式。1973 年以后，这种方式对丰田公司渡过第一次能源危机起到了关键作用，从而引起其他国家生产企业的重视，并逐渐在欧洲和美国的日资企业及当地企业中推行开来。

LP 和丰田生产方式并没有本质的不同，是同样的管理思想和技术在不同的文化背景下的体现而已，丰田生产方式在中国被称为"精益生产方式"也不过如此。在中国，从传统生产方式向精益生产方式过渡近十年，海信、江淮汽车、中国一航等众多的中国企业踏上精益之路。在世界掀起精益生产的大潮中，越来越多的企业迫切地希望了解丰田生产方式成功的奥秘，从而引入丰田生产方式。

精益生产（LP）是美国麻省理工学院若干国际汽车计划组织（IMVP）的专家对日本丰田准时化（JIT）生产方式的赞誉称号。当时，他们以汽车工业大批量生产方式和JIT生产方式的典型工业为研究对象，组织17个国家的专家、学者，花费5年时间，耗资500万美元，出版《改变世界的机器》一书后，精益生产（LP）于1990年被总结出来。战后，日本汽车工业遭到"资源稀缺"和"多品种、少批量"的市场制约，从丰田相佐诘始经丰田喜一郎及大野耐一等人的努力，到20世纪60年代逐步发展完善成精益生产。精，指少且精，不投入多余的生产要素，只是在适当的时间生产必要数量的市场急需产品（或上道工序只生产下道工序急需的产品）；益，指所有经营活动或环节都要有益有效，产生经济效益。

1. 精益生产的含义与内涵

精益生产的含义是以市场需求为依据，多种方法、手段并用，以发挥人的主动性积极性为抓手，有效合理地配置各种资源，消除无效劳动和生产浪费，获取最大经济效益。

精益生产的内涵是，从JIT出发，统筹兼顾产品开发、协作配套、销售服务等全过程全方位的领域。

2. 精益生产定义

综上，精益生产定义为：围绕企业系统结构、人员组织、运行方式和市场供求等方面进行的变革，目标是精减生产过程中所有无用、多余或可有可无的东西，以致生产系统能很快适应客户需求而不断变化，最终实现包括市场在内的生产诸方面的最佳组合。

精益生产方式的优越性不仅体现在生产制造系统，也体现在产品开发、配套协作、营销网络以及经营管理等各个方面，它是21世纪标准的全球生产体系。

二、生产方式的比较研究

（一）不同力量主导的生产方式比较

从生产企业角度看，希望成本低、风险小、利润高。这就会追求品种少、产量大；质量态度马马虎虎；忙于生产忘安全；广告销售大批发。从消费者角度来说，情况截然相反。追求的是物美价廉，服务周到。对劳动来说，安全第一、福利好、干活轻松、无压力，具体参见表5-1。而JIT基础上的精益生产能够综合消化生产方与消费方的对立矛盾，统一双方的利益需求。

表5-1　生产方与消费方的两种对立需求

项　目	生产方主导		消费方主导	
P（品种）	批次、品种少	同批产量多一些好	多品种、多样需求	量大固然好，品种更重要

续表

项 目	生产方主导		消费方主导	
Q（质量）	防止投诉、官司	不良品种不可避免,以抽检为中心	高质量	不良品种为零和优质服务体系,要求全检或零缺陷免检
C（成本）	按成本定价	成本＋计划利润,追逐高利	低价格	"干毛巾拧出水",要求消除浪费
D（交货期）	月单位交货	专月集中出货	快速交货	JIT,说要就到
S（安全）	生产优先	先保证出货,安全先避免后隐瞒	安全第一符合标准	安全第一,生产第二;基于安全遵守技术法规
F（柔性）	以产定销	只有这个能力,放开生产;以产促销（广告）	快速应变	品种多又新鲜,随时满足即时需要

（二）传统企业与精益企业的文化差异

传统企业与精益企业是截然不同的,如表5-2所示。只有按照精益企业的六个基本准则（见图5-5）：安全、有序、干净,JIT生产,6σ质量管理,团队能动性,目视管理,完美无缺;同时,在产品设计、生产过程组织、供应链管理、客户关系处理、财务运作、人力管理、内外协作等活动中实施了精益生产方法,才能建设真正的精益企业。

表5-2　企业新旧文化比较

传统企业	精益企业
命令自上而下,责任主要在各级领导	下层决定上层核准
由于员工介入不深,劳动被动、消极	全员参与、有自主权、有自豪感
被动工作	精益求精
偶然了解到公司的目标、运作等情况	广泛参加交流公司的目标、运作等重大、重要的事件
员工、专业人员抱怨较多	员工对工作、生活满意
部门间界限清楚、明确	部门间整体性突出,不强调界限

（三）手工/批量/精益三种生产方式比较

三种生产方式是指手工生产方式、大批量生产方式、JIT/精益生产方式,特点比较见表5-3。区分三种生产方式的关键在专业化,体现在效率高低、灵活性与单调性和市场供求关系上。

表5-3　三种生产方式比较

项　目	手工	大批量	JIT/精益
市场特性	极少量需求	卖方市场:物资缺乏、供不应求,几乎不需开发市场	买方市场:产品丰富多彩,开发速度快,市场开发难
产品特点	完全按顾客要求,可单件生产	标准化,品种单一,大量生产	品种多样化、系列化,兼含手工与批量生产的优势
作业分工/作业内容	粗略、丰富而多变	细致、简单、重复	较粗略、多技能、丰富而多变
对操作者要求	懂设计制造,具备较高操作技能	不需要专业技能	多技能
制造成本	高	低	更低
产品质量	低	高	更高
库存水平	高	高	低
设备与工装	通用、灵活、便宜	专用、高效、昂贵	柔性高、效率高

（四）JIT/精益生产与MRPⅡ的比较

作为MRP（物料需求计划）的发展，MRPⅡ（制造资源计划）是美国早年提出的基于系统论观点发挥企业整体性优势和协调统一所有资源的管理模式与方法，参见本教材第二章第五节（物料需求计划（MRP）的制定）和第八章第三节（MRP计算机信息管理系统）。MRPⅡ系统可实现物流、资金流及其管理的集成统一，实现企业内各部门活动的集成统一。JIT/精益生产是由日本/美国发明的适用于精益生产的管理技术。这两者的区别与联系归纳于表5-4中。

表5-4　JIT/精益生产与MRPⅡ的特性比较表

项目特点	JIT/精益生产	MRPⅡ
员工话语权不同	主人翁感:关键是设法使工人感到工作企业是"自家的企业";尊重员工意见,在员工未达到一致意见前,不进行改革	照章办事:按规章制度和政府法令进行管理
对提前期要求不同	压缩提前期:销售、采购及生产管理都要简化,极大地压缩提前期	要求充分准备:认为提前期越长越好,多数线长和采购部门都希望提前期加长
对供应商持相反态度	将供应商看作是合作者:供应商是协同工作者,把供应看成是自己的扩展部分	将供应商看作是有矛盾的双边关系:寻求多个供货来源,以在供货商间挑起矛盾,从中取利
库存策略相反	将库存看作为不利因素,尽一切努力减少库存	常常保持适量库存,将库存看作为一种资产。库存用以预防误差、设备故障、供货商延期交货等情况

续表

项目特点	JIT/精益生产	MRP Ⅱ
对生产准备时间的存在持相反态度	要求使生产准备时间最少:最快地更换刀卡具、对生产率的影响最小;备有即时可用的机床;迅速地更换工卡具,小批量生产,允许频繁地生产不同零件	目标是最大的输出:生产准备时间不是十分要紧,很少有快速更换工卡具的想法或努力
批量规模确定原则不同	仅生产即时需求数量:自制件、外购件都只下达最小的补充量	公式计算批量:对库存费用和生产准备费用常以折中考量,用公式修正得最佳批量
对在制品库存的存在持相反态度	取消等待加工队列:当出现等待加工队列时,寻找并确定问题发生原因,立即纠正,直到在制品库存减少	认为在制品库存是必要投资:当上道工序发生故障时,以在制品库存保证连续生产
对质量的态度有区别	追求废品为零:如果产品质量非100%合格,认为生产处于困难状态	允许一些废品:通过 QC 等检查方式记录实际废品数,用一些公式来预测废品数
对设备维修要求相反	设备故障率最低:设备故障要求最少,设备稳定并有效地运行最重要	认为设备维修是必需的:由于允许在制品库存,设备维修不是生产关键问题

从表5-4中可知，JIT/精益生产追求尽善尽美，在废品方面追求零废品率；在库存方面追求零库存；将客户与自身企业看作一体，追求多赢……与MRP Ⅱ相比，MRP Ⅱ更多地沿袭了制造业的既往情况，过多考虑不确定因素；MRP Ⅱ通常被看成是一种计划策略，侧重于长期；JIT/精益生产是一种适用现代科技的快速策略，侧重于近期甚至当前。处理MRP Ⅱ和JIT/精益生产两个管理体系的态度是将两者结合起来，以MRP Ⅱ奠定基础注重安全，充分启用科技提供的快速可能，实现JIT战术。

第二节　JIT目标方法体系与看板管理

JIT生产方式作为一种生产管理技术，是各种思想与方法的集合。这些思想和方法正是从各个方面来实现JIT的基本目标。可以说，JIT生产方式具有一种反映其目标与方法关系的体系，这个体系有三个内容：JIT生产方式的基本目标、实现这些目标的多种方法、这些目标与各种方法之间的内在联系。

一、JIT 基本思想

适品·适量·适时的英文书写是 Just In Time。JIT——因其经营效率极限化被美国学者赞誉为"精益生产",并对人类的生产革命产生了长远影响。

JIT 的基本思想:只在需要的时候、按需要的量、生产所需的产品,故而被称为准时化生产、适时生产方式、看板生产方式。这就是通过对生产的计划和控制以及库存管理,追求一种无库存,或库存达到最小的生产系统。

[案例 5-1]

维美天力公司开业以来,受生产线飞尘大、自动化程度低、劳动强度大等问题困扰。其中色母生产线的上料、出料劳动强度大、效率低成了制约生产的瓶颈。这些困扰已导致企业在 2008 年进入了招工难、生产场地不断搬迁的麻烦阶段。

面对全球经济危机浪潮席卷,2008 年 1 月以来,以 ISO 认证为契机实施精益生产工程,公司结合三次搬迁进行精益生产布局。主要工程有:①总结过往经验教训,严格按生产流程设计计算生产工艺和车间设备安置,将五台色母造粒机放置一楼,扩建一楼仓库等,并系统地将库房物流做了相应的调整,使每个工位领用产品更加合理和有序,一举解决了多年存在的生产流程瓶颈问题。②改造设备系统,使给料、出料通过空压管道装置自动进行,大大降低劳动强度,改善了劳动环境,提高了生产率。③通过制作并悬挂工位标志牌 36 个和工位器具 50 件,使得每个工位有清楚的标志,重点工位有明了的工位示意图、文字解释;通过实地测量,现场设计补充了各种工位器具。使用这些工位器具,极大地改善了原料、零件放置紊乱问题,大大减少了人体、零件、设备间磕碰问题,简化了操作。④改善色粉调配生产大线及库房物流传递路径。先后将拌料配色工作台位置和包装除尘设备等工序从原来按空间插入布置转向按工艺流程的设计计算布置,既形成流水作业又隔断了飞尘污染,减少了因距离而产生的搬运消耗,大大降低了员工吸尘的可能性。⑤通过推行标准化作业,提高管理水平,系统化建立了车间、班组的目视、看板管理。⑥结合动力设备自动化改造和生产流程网络计划技术精准计算,从工艺上大力降低劳动强度和瓶颈动作时间,提高了整体生产效率 2 倍,为推行 1 800 元的保底工资,减轻招工难的长期困境奠定了效率、经济基础。

本案例的时代经济环境背景有两大方面的变化:一是中国改革开放三十多年,经济规模大、品质档次大幅提高,居民对生活环境要求越来越高。随着城市化快速推进,经济发达市区面向金融、商贸、文化、培训、科研、公司写字楼等倾斜,生产企业则向远郊和经济落后地区迁移。二是中国在 21 世纪作为世界产品制造基地业已形成,社会经济发展使得政府经济能力强大,从而加大了对农业补贴和三农政策的倾斜;三十多年的计划生育,到了青年人口比例低谷时间窗。结果是出现了招工难:一方面加工业发展需求人工增多;另一方面,三农条件得到改善,农民工外出欲望削弱。

本案例首先是精准地抓住了经济环境的大变化,结合工业区迁移浪潮开展精益生产活动，主动突击，由传统生产方式向JIT精益生产方式转变。在JIT精益生产方式建立过程中，通过工艺流程设计改进、自动化设备改造、生产现场管理标准化作业和劳动工资福利提高，突破了生产瓶颈，一举解决了困扰企业业务大幅增长、招工越来越难的矛盾。

二、JIT的目标与核心

（一）JIT的目标

获取最大利润是JIT生产方式要实现的企业经营最终目标，降低成本则是其基本目标。在美国福特时代，降低成本主要靠单一品种的规模生产来实现。但在多品种、中小批量生产的现代市场经济条件下，福特生产方式是行不通的。因此，JIT生产方式力图通过彻底消除无效劳动和浪费来达到企业经营最终目标。创建JIT生产方式的丰田公司将浪费因素定义为：任何活动对于产出没有直接的效益便被视为浪费。其中最主要的是生产过剩，即库存引起的浪费；搬运动作、机器准备、存货、不良品的重新加工等都可能发生浪费；特别是不良管理，比如，大量原材料的库存可能便是由供应商管理不良所造成的。JIT目标的关键是彻底消除无效劳动和浪费，为了排除这些浪费，就应实现生产目标、质量目标和时间目标三个子目标。

1. 生产目标

库存量最低：JIT认为，库存是生产系统设计不合理、生产过程不协调、生产操作不良的证明。

搬运量最低：零件输送和搬运是非增值操作，如果能使零件和装配件运送量最少，搬运次数减少，则可节约装配时间，减少装配中可能出现的问题。

零设备缺陷：要求生产线上机器故障、损坏率最低，批量尽量少而每批产量尽量大些。

2. 质量目标

废品量最少：JIT要求消除各种引起生产不合理的因素，在加工过程中每一道工序都要达到最高水平。

事故零发生：要求安全生产第一，在安全保障、环境保护条件下，基于质量目标进行生产。

3. 时间目标

生产准备时间最短：准备时间的长短与批量选择相联系。如果准备时间趋于零，准备成本也趋于零，就有可能采用极少批量方式生产。否则，批量太多，每批生产环节、时间均短于准备时间的情况就会发生。

生产提前期最短：生产提前期是生产准备的另类概念，按照即时生产，短的生产提前期与小批量相结合的系统，则应变能力强，柔性好。

（二）JIT 的核心：零库存

在倡导准时制生产方式之前，汽车生产企业包括丰田公司都采取福特式的"总动员"生产方式。这就是，在一半时间内，人员、设备和流水线都在等待零件加工、组装；在另一半时间内，当零件一运到，全员总动员，抢险救灾式组织生产。无疑，这种生产方式是脉搏式的，因生产过程中物流不合理，尤以库存积压和零部件短缺为常态，使得生产线经常处于波动大、不平稳中。如果生产线经常停产或者不开机，一旦开机就大量生产，这种模式导致了大量在制品库存和严重资源浪费。

相反，丰田公司的准时制是多品种少批量、短周期的生产方式；消除库存，优化生产物流，减少浪费的生产方式。准时制生产方式以准时生产为基点，先解决生产过量和其他方面的浪费，然后对设备、人员等进行淘汰、调整，再通过降低成本、简化计划和提高控制达到先瘦身后强大的目的。准时制的基本原则：在正确的时间，生产正确数量的零件或产品，即时生产。这将传统生产过程中前道工序向后道工序送货，改为后道工序根据"看板"向前道工序取货，如图 5-1 所示，看板系统是准时制生产现场控制技术的核心。

JIT 的核心：零库存和快速应对市场变化。准时生产制是一种理想生产方式，一则它设置了一种极限标准，就是"零"库存。实际生产可以无限地接近这个极限，但却永远不可能达到零库存。二则它提供了一个不断改进的途径：降低库存→暴露问题→解决问题→降低库存……一个无限循环的过程。准时生产方式的核心是追求无库存的生产系统，至少是使库存最小的生产系统。从而开发出"看板"在内的一系列具体方法，并逐渐形成了一套独具特色的生产经营体系。

需要说明的是，做企业公司的人都在为追逐利润创造增值环节，精益生产就是不断消除所有不增加产品价值的工作，所以，精益是一种减少浪费的经营哲学。

在中国，这往往会导致原始生产者（农林牧业者）总是处于赢亏平衡的险境中。因而，政府应有收购和补贴原材料、农作物开采和生产的系统政策工程，并规定原材料、农作物等的收购价在整个加工、包装链中的价值比重不低于 30% 等。

三、JIT 的基本方法

20 世纪下半叶，整个汽车市场进入了市场需求多样化阶段，且对质量的要求也越来越高，随之给制造业提出了新的研究课题：如何有效地组织多品种小批量生产，否则生产过剩会引起设备、人员、非必须费用等一系列的浪费，从而影响到企业的竞争能力乃至生存。在这种背景下，日本丰田公司的副总裁大野耐一综合比较了单件生产和批量生产的特点，创造了一种在多品种小批量混合生产条件下高质量、低消耗的生产方式即准时生产。JIT 方法是：将必要的零件以必要的数量在必要的时间送到生产线，并且只将所需要的零件、只以所需要的数量、只在正好需要的时间送到生产线。这是为适应当时消费需求多样化、个性化而建立的一种生产体系及为此生产体系服务的物流体系。

降低成本是JIT的基本目标，对应于这一基本目标及其三个子目标的JIT基本方法可以概括为三个方面：实现适时适量生产、弹性配置作业人数和质量保证自动化等。

1.适时适量生产

随着科技发展，生产能力往往超过人们的购买能力，于是市场经济从卖方市场进入买方市场，即从低水平生产力的"只要生产得出来就卖得出去"切换到"只能生产适合多种消费需求产品"的高科技时代。对于企业来说，要想生存发展，各种产品的产量必须能够灵活地适应市场需求变化，否则由于生产过剩（包括结构过剩）会引起人员、设备、库存费用等一系列的浪费上升。

避免这些浪费的基本方法是：实施适时适量生产，只在市场需要的时候生产市场需要的产品品种及数量。这种JIT思想同过去有关生产及库存的观念截然不同。

2.弹性配置作业人数

在劳动工资和劳动费用越来越高的情况下，降低劳动费用是降低成本的一个重要方面。劳动者是需要感化和劳动收益激励的，因而我们应遵守"劳动法"保护员工利益，达到这一目的的方法是"少人化"而不能随意降低工资。少人化是指：根据生产量的变动，弹性地增减各生产线的作业人数，尽量用较少的人力完成较多的生产任务；进行设备更新改造，提高生产自动化水平；将生产量减少了的生产线上的作业人数减少或调配到别的岗位上去；从工艺上设计计算劳动动作、从培训上提高劳动技能。这种"少人化"技术一旦同生产系统中的"定员制"相结合使用，则既有稳定性又有灵活性。

实现少人化的具体方法需要实施独特的生产工艺，布置独特的设备，要求劳动者成多面手，重点在满足安全生产需求的情况下，从整体上削减用工人数。这就是标准作业时间、作业内容、范围、作业组合以及作业顺序等的一系列变更。

3.质量保证自动化

既往概念中，质量与成本之间是一种负相关关系，如要提高质量，就得多花人力、物力。JIT生产方式则不同，将质量管理贯穿于每一道工序之中，使提高质量与降低成本呈一致性，具体方法是"管理自动化"。这个"自动化"不完全是一般意义上的设备、监控系统的自动化，而是指融入生产组织中的三种机制：一是改进装置，使设备或生产线能够自动监测不良产品，一旦发现异常或不良产品，能够自动地使设备停止运行。这需要在设备上设计、安装各种自动停上装置和加工状态监测装置。二是当生产一线操作员发现产品和设备问题时，有权自动停止生产的管理机制。依靠这种机制，不良产品一出现就会被发现，从而防止不良产品的重复出现或累计出现，避免大量浪费。三是当发生异常，生产线或设备停止运行后，要及时开展异常原因的查找，有针对性地采取措施，消除类似异常情况再度发生的条件，进而杜绝类似不良品的再生。

过去，质量管理方法是在最后一道工序对产品进行检验，对不合格品进行返工或报废处理，基本上不停运生产线。JIT生产方式却认为这正是使不良产品大量或重复出现的根源，问题出现后不立即停止生产的话，故障就得不到消除，异常产品就会不断生产下去。

四、适时适量生产的方式方法

（一）生产同步化

生产同步化即工序间不设置仓库，上一工序的加工结束立即转到下一工序去，装配线与机加工几乎平行运行，产品连续平稳地生产出来。对于铸造、锻造、冲压等需要成批生产的工序，应尽量缩短作业更换时间，尽量缩小生产批次。

生产同步化通过"后工序向前工序领取"的方式实现，即后工序只在需要的时候到前工序领取所需的加工品，前工序只按照被领取走的数量和品种继续再生产。如图5-1所示，制造工序的最后一道，如总装配线Ⅲ是生产的出发点，生产计划下达给总装配线，并以装配为起点，在需要的时候，向上道工序Ⅱ领取必要的加工工件，前工序在提供该工件后，补充生产被领取走的量，自然会向上工序Ⅰ去领取所需的零部件。这样，层层向前道工序领取，直至粗加工、原材料部门，将各个物料流程工序都连接起来了。详见案例5-2的描述。

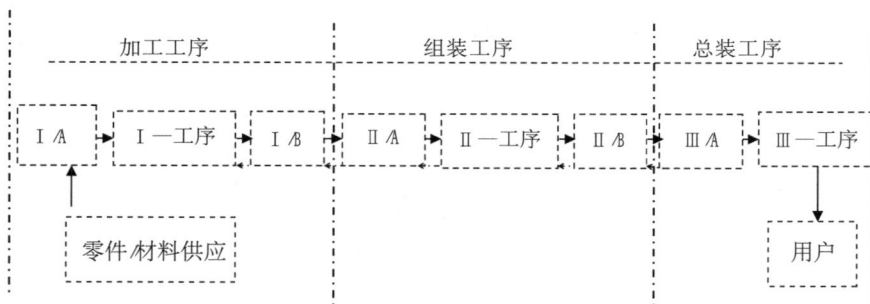

图5-1　生产线上看板流动作用

同步化生产需要装备相应的设备配置和人员配置来实现，与常规机械厂按照车、铣、刨等工艺对象专业化的生产组织方式不同，实行产品对象专业化的组织形式，按照工件加工顺序来布置生产线，同时人员配置也要作相应调整。

（二）生产均衡化

生产均衡化是指总装配线在向上道工序领取零部件时，应均衡地使用各种零部件，混合生产出各种产品。在生产计划中要体现这种投产反馈顺序；在制造阶段，使专用设备通用化并制定标准作业来实现均衡化。专业设备通用化是指在专用设备上增加一些工夹具等方法，使之能够加工多种不同的产品。标准作业是指将作业节拍内每个作业人员所应担当的一系列作业内容标准化、规程化，以便多人掌握同一操作技能。

（三）看板管理

JIT生产方式被称为"看板方式"的观念不正确。因为JIT生产方式的本质是一种生产管理技术，看板管理只不过是一种管理工具。20世纪50年代，看板管理从超市运行中发现，使得无库存管理方式成为可能。看板的形式多样，声响、视图、标志都可设计成看板。看板功能见表5—5。

表5-5　看板管理功能表

功能	关键词	解释
生产、运送指令	看板记载着:产量、时间、方法、顺序、运送量、运送时间、运送地点、放置场所、搬运工具等信息	订单或生产任务→总装配线→各前道工序→生产要素投入
防止过量生产、运送	没有看板,则不生产不运送	看板表示必要量,看板的多少决定着产量的多少
实物标志牌	看板与实物结合,不能有无看板物件,也不能出现无物件看板	从看板可目视到后工序进展和本工序能力、库存、人员配置等情况,借助看板标志控制生产
暴露生产线问题	不能将不合格品与看板结合	看板与实物正常结合,送往下道工序,表明生产线正常

看板的主要机能是传递生产需求和运送到达的指令。JIT生产方式的生产月度计划是集中制订的，以辐射方式同时传达到各个工厂以及协作单位。而生产月计划下的日生产指令只下达到最后一道工序或总装配线上，其他工序接收生产指令均通过看板来传递。换言之，下道工序"在需要的时候"用看板向上工序去领取"所需量"时，同时也向上工序发出了生产指令。由于产量不可能完全按照计划实现，通过看板就可对日产量、日生产计划进行微调。看板发挥着工序间、部门间以及物流之间的联络神经作用。通过看板，还可以发现生产线上存在的问题，从而立即采取改善对策。

[案例5-2]

如图5-1所示，设Ⅰ—工序为加工工序、Ⅱ—工序为组装工序、Ⅲ—工序为总装配工序，A为工序进口存料处，B为工序出口存料处，实线表示零部件物流方向，虚线表示看板流动方向，则JIT具体循环过程如下：

①Ⅲ/A中零件与看板分离→零件流到Ⅲ—工序进行总装，看板流到Ⅱ/B中与Ⅱ—工序新加工的同样零件结合→②Ⅱ/A中零件与看板分离→零件流到Ⅱ—工序进行组装，看板流到Ⅰ/B中与Ⅰ—工序新加工的同样零件结合→③Ⅰ/A中零件与看板分离→零件流到Ⅰ—工序进行加工，看板流到原材料供应中与购进的同样零件结合。

五、JIT的构造体系

图5-2全面反映了JIT的构造体系，概括了生产目标与生产方法之间的联系。JIT基

础工作是企业文化教育、生产技能训练和生产管理教育；基本活动有全员参与持续进行的安全教育演练活动、全面质量管理的QC小组活动、整体设备系统和全部生产线工艺缺陷发现与消除改善活动等。图 5-2 中反映了JIT和看板管理、均衡化生产、质量保证、小批量生产、同步化生产等的组成。特别指出的是，通过看板管理联系生产线上物流和信息流；通过开发人力资源、降成本、提高竞争力，获取越来越高的企业利润。

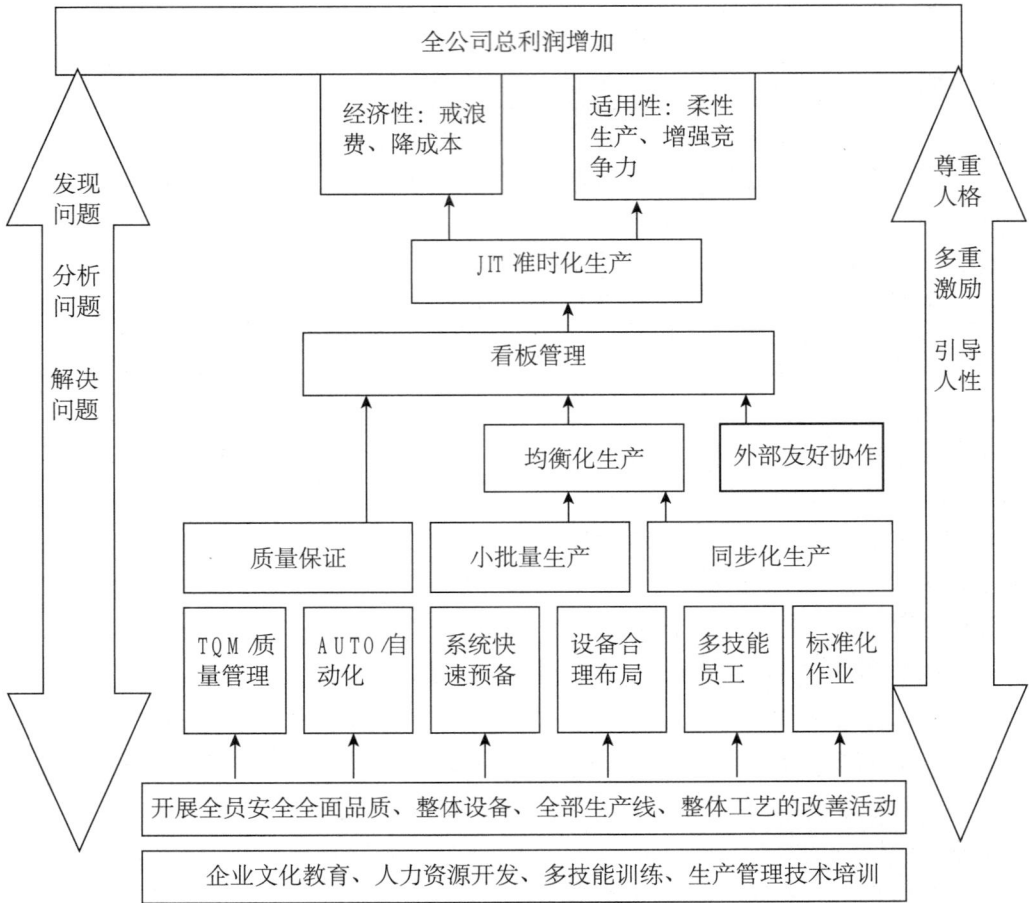

图 5-2　JIT 构造体系

图 5-2 所示为精准生产体系结构，从另一个角度看，反映了企业文化与 JIT 系统的关系，如图 5-3 所示。

企业文化是个十分广泛的概念，其核心是生产系统，如图 5-3 所示。围绕生产系统展开JIT 系统，实行精益生产，精益生产又是企业文化的先进层面。

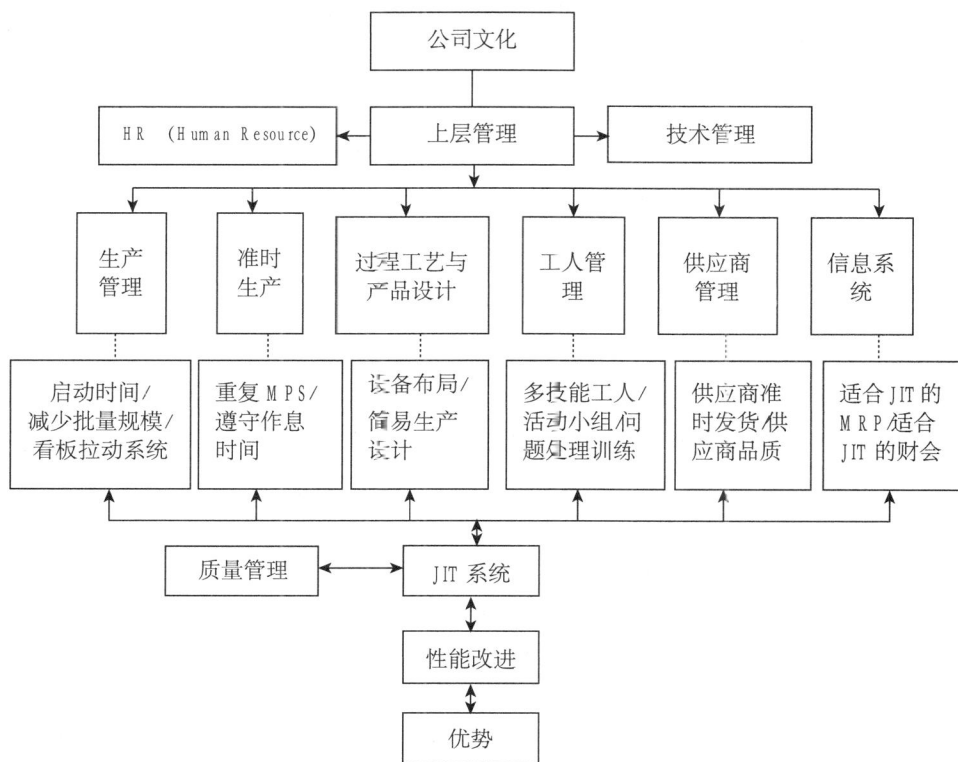

图 5-3　企业文化与 JIT 系统

六、基于条形码的 JIT 管理系统

图 5-4 所示为现场 JIT 扫描系统工艺布局图，由微机控制中心和生产线、扫描枪、电子显示牌、顾客屏等组成。

（一）基于条形码技术的 JIT

如何才能取得更高效益，是每一家公司/工厂的目标。为实现最大利润、最佳状态，管理人员应千方百计想出各种各样的方案。综合经济建设多年来的经验，不难发现，管理人员经常面临的普遍问题概括为追求下述三种方案：

（1）有效地减少物料、人力等资源浪费的方案。

（2）尽可能地减少在制品库存量，向零库存的目标努力的方案。

（3）尽可能地缩短生产周期，以最短的时间生产市场需求产品量。

这三个方案涉及节约型企业建设，即节约人力物力、减少投入，节约生产空间、降低资源占有成本，节约时间、及时交货等。由于技术经济和价值工程的落后，管理者想减小库存量，却得不到及时有效的数据作参考。管理人员能够看到的数据往往都是生产现场已经发生的状况，缺乏前馈性。如此，管理人员的判断、决策总是滞后于实际生产情况，其决策效果难能达到预想效果。只有粗略数据的反馈信息，没有预测性前馈数据信息。

几乎每个人都要去超市，在超市出口处可见到收银员在操作计算机时大量使用条形码与顾客结算。这种条形码技术首先源于工厂对产品作区别说明和记录，记录的主要是产品的规格、质量、数量、价格等信息。随着生产管理经验的积累，应用条形码进行实时生产监控的实时生产系统（JIT 系统）就产生了。故而，JIT 系统就是结合条形码技术通过微机来监控生产的。当完成一包/箱产品时，操作人员马上贴上对应的条形码标签，再经扫描，将条形码读入微机，最早主要用于产量、发料数据；管理人员则在微机上可以动态地查询各生产线的生产、发料等情况，一旦问题在某个环节出现，就可及时作出决策。这样，管理人员所面临的问题得到了有效的解决。

（二）JIT 系统的功能

通过 JIT 系统，可得如下功能：

（1）实现 JIT 生产管理模式。现场生产人员、主管/生产技术主管/总经理则可从过去的每天看书面报表改变成随时在微机上去看动态资料，并组织指挥、调控生产、发料、清点、出货等。

（2）基于 JIT 系统实行动态管理，在微机上对生产计划进行随时随地的调整。

（3）面向 JIT 系统，相关部门/岗位/人都可随时通过计算网络了解生产情况。

（4）在 JIT 系统上，生产控制水平获得大幅提升，企业具备快速调节生产的能力。

（5）降低在线库存，能够适应于半月/旬/周订单，清点和补制的工作周期短。

（三）JIT 系统中条形码使用过程

（1）生技部门根据订单要求，按计划打印各生产阶段的条形码。条形码的编号采用序列号形式，在整个系统中都是唯一的。

（2）生技部门按照生产任务派发已打印好的条形码到各生产单元或在网上通知各生产现场。

（3）生产单元则对生产对象（原料/半成品/成品）打包，贴上对应条形码，扫描条形码，系统记录单元包装生产数量等。

（4）在出货、发料时，扫描包上条形码。

（5）生产管理人员可随时在任一台电脑上了解整体生产、库存情况，并及时对生产状况进行调控。

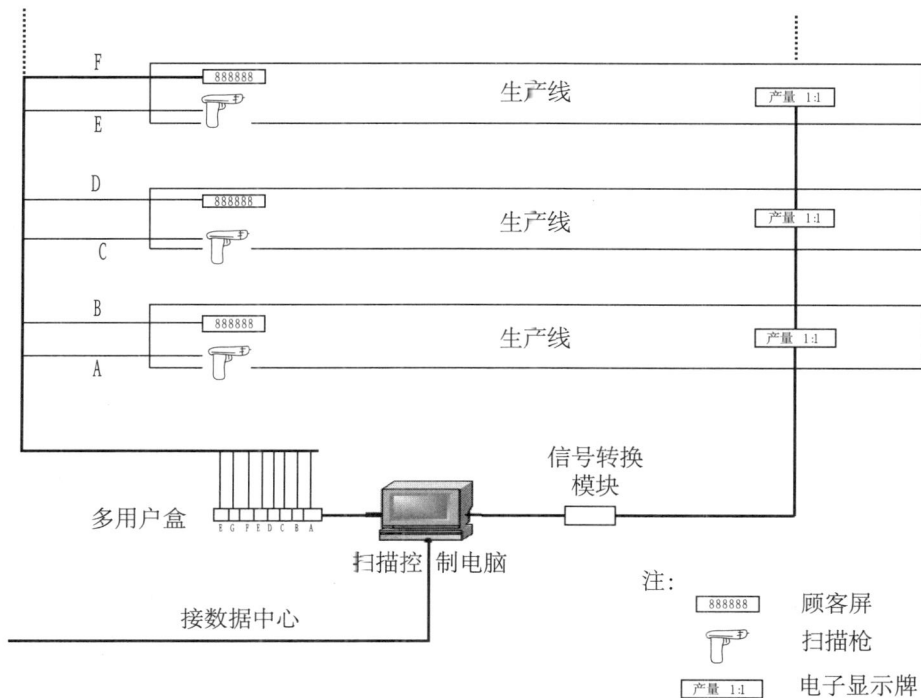

图 5-4　现场 JIT 扫描系统

（四）JIT 系统流程

[案例 5-3]

某鞋业公司 JIT 系统流程运行实例。

营销中心：业务部门接到订单后，编制对应的制造命令，并将此资料送交生产主管。生产部门根据制造命令信息打印条形码，作出生产计划，发出派工单。

生产调度室：生产调度/车间主任/裁剪长接收派工单，随即向生产线布置生产任务，发放对应的条形码。生产线按轮次生产，每轮每码生产完毕，按轮次打包，贴对应的条形码，扫描记录。

针车生产线：发料到针车时，再扫描一次，记录发料数量。针车按制造命令向现场生产主管申请条形码。每包面料 10 双，每码最后不够 10 双的算一小包，针车每做完一包，贴对应的条形码，即时扫描，记录针车产量；针车入库时，在生产主管室再扫描一次包上条形码，记录针车缴库数量。

配套生产线：配套生产按制造命令生产 RB（rubber，橡胶）、PU（一种人造革材料）、PHYLON（一种起缓震作用的二次发泡成型材料）后，要贴合的 RB、PU、PHYLON 送到中仓，并扫描，记录配套厂产量；发料时，再扫描一次包上条形码，记录发料数量。打包方式与针车一样。

大底车间：按制造命令生产 RB，在准备组打包，贴条形码、扫描，记录大底车间 RB

产量，扫描后缴中仓。

贴底车间：按制造令生产本底，每生产一包，贴条形码、扫描，记录贴底产量，在调度室扫描包上条形码，记录缴库数量。

组装加工：按制造令生产，从调度室领取本底、鞋面、鞋垫并扫描包上条形码，进行加工。每做完一箱，扫描箱上条形码，记录加工产量。

七、基于JIT的人力资源引进开发

应用生产管理中的JIT平台实施人力资源的开发、管理、培训、绩效评价等系列工作是一项有效的管理方法。

（一）从JIT方式思考人才引进

JIT的基本思想是，在需要的时候，提供所需要的物料、工具和设备等，而且要求库存为零。照此类推："在需要的时候，得到所需要的人员。"其含义有二：一，企业能随时得到所需要的人员；二，企业内不能有暂时用不上的人员，即不能存在人员的闲置浪费。这就要求储备人员为零。在招工难的今天，要求不储备人员是矛盾的。

虽然人才是企业根本问题，也是最重要的生产资源，但如果企业试图网罗、储备各类人才，是不实际的和不必要的。企业无论规模大小，其自身拥有的人才资源、信息量总是有限的，不能满足自身适应市场的需要，必须不断从外界获得所需的人才和信息。这犹如企业实行零库存而通过外界物流供应商取得生产要素一样，离不开人才市场和信息市场的支持。而且，人才培养有教育培训行业，经历丰富多彩的人才更能移植外企业文化技术丰富本企业文化，企业无需为培养人才投入太多，而只需就自身特殊性和适应性需要对员工作适度培训就可。总之，对于不属长期需要的人才，应采取JIT方式，适时地从外部获得所需要的人才。

（二）人力资源JIT方式的必要性可行性

1.人力资源的JIT方式至少可以给企业带来三个方面的益处

（1）减少人员储备可降低人力资源成本。

（2）以JIT方式敞开吸引人才，能增强企业与外部的交流，及时取得各种有价值的信息，尤其是一些从其他渠道难以得到的技术发展趋势方面的知识信息。

（3）集中力量于核心职能：譬如政企分开、计划与市场分离的改革和高校后勤社会化等一系列改革都体现了JIT方式：零库存。

2.人力资源JIT方式的可行性

在计划经济体制下，人力资源管理的JIT方式不可行，只有市场经济才提供了人流、物流、信息流、资金流等，任由企业取舍。

（1）人才市场为人力资源JIT方式提供了可行性。

（2）人事制度改革为人力资源JIT方式实施提供了方便。

企业与个人之间的劳动合同关系去除了岗位终身制的种种弊端，使得企业在用人方面拥有了主动性、灵活性。国企、机关、事业单位用人，可以科举资格、竞聘岗位、契约考核、法治行为的人事原则适应JIT方式，从人才市场获取人力资源。

（3）人才租赁。

JIT方式人力资源的管理实践在国外有着广泛应用。据统计，美国约有20%的中小企业采用了人才租赁的方式，而人才租赁正是JIT人才无储备的一种方式。

（三）JIT人员的分类

根据企业中各类人员的特点、作用，可以把JIT管理对象分为三大类：

1.企业迫切需要的核心人员

企业核心人员包括策划人员、管理人员、业务开发人员和研究开发人员等。这些核心人员掌控了企业发展方向，决定了企业综合竞争力，对于企业的生存发展起着关键性作用，是不可或缺的企业力量。如果核心岗位缺乏这部分人员，就必须及时从外界引进补充，做到JIT。

可能有一种想法，认为企业核心人员属中坚力量，属长期支撑企业的人员，不应归于"随叫随到"的JIT人员。这是对JIT本质认识不清的习惯性思维，因为核心人员是不能完全靠企业自身储备应急的，长期支撑一个企业的核心力量是群体不是个人。一则是工资待遇高，养护成本高；二则企业培养储备高级人才的环境能力远不如人才市场，单个企业的营养培养不出高级人才；三则核心人员留在哪个企业，能不能应急企业需要，并非由企业说了算；四则核心群体中单个人才进出必须同人才市场保持流动性平衡性。

2.企业应急需求人员

这类人员虽然不属企业核心力量，但获取他们的及时性直接影响企业各项工作的顺利进行。这类人员包括急需的专门人才，如产品开发、项目开发型人才。他们只为特定产品或项目服务，由全社会共享，企业没有必要长期养护，他们志向大收入不设上限，也不愿约束于某个企业，是采用JIT方式临时雇佣的流动群体。对于那些中小企业，自身技术力量不强，不足以吸引或保留高层次技术人才，通过JIT方式获取外部人才就是一种理想的选择。

3.辅助操作人员

企业暂时需要的人员可能是一些临时性或季节性工作人员，关键岗位辅助人员等。譬如，偶尔出现的货物运输、季节性的工作量增加、特殊订单或项目业务都需要使用JIT人员。需求量大而流动大的操作人员由于人员类型多、变动频繁，进行JIT开发的工作量相对较大，必须有科学详尽的JIT人员规划。

（四）JIT 人员的规划

JIT 技术的一个重要特点是严格地计划，为适时地满足企业对人员的需要，同时又要消除人员的闲置，不靠过量"库存"来满足变动的需求，就必须做好 JIT 人员的规划。

规划时，人力资源部门应根据行业的商业周期或季节性规律和自身业务的特殊性，预计企业业务的发展变化对人员需求的影响，尤其是对临时需要人员的影响。

规划中，先要确定 JIT 人员可能担任的工作岗位清单，清单内容包括工作任务项目、特殊说明，工作技能、知识，工作方法、工具、设备，工作质量指标，工作所需的培训项目及鉴定合格的标准等。然后根据工作岗位清单收集人才信息，到学校、培训机构、人才市场和猎头公司等地方以提前招聘、租赁、兼职、顾问等预约 JIT 人员，一旦需要就立即通知他们前来工作。

为保证 JIT 人员规划的顺利实施，人力资源部门应建立详细的人才资源信息库，记录所有取得人员的途径和可以利用的外部人力资源，主要包括兼职人员、转换工作中的人士、离退休人员、可以租赁的人才、自由职业者等，并保持与这些人员的联系。人才库应当包括人员的各方面特点，如技能、爱好、联系方式、薪资要求等方面的信息，以便为急需时预约 JIT 人员。

JIT 既是一种技术，更是一种思想。它要求人力资源管理部门着眼于企业动态需要，周密计划、严格控制，既不能出现人员短缺，也不能有人员的闲置。

第三节　精益生产

一、精益生产原理

精益生产的基本原理在图 5-5 上反映得一清二楚，主要内容是六项精益生产基本原则，核心是 JIT 生产方式，目标是消除一切浪费和无效劳动。

二、精益生产主要内容

精益生产是一种资源节约型、劳动节约型的生产方式，在管理观念上是把现有的生产方式、管理方式看作改善对象，不断地追求降低成本、降低费用、质量完善、缺陷为零、产品多样化等目标，追求尽善尽美。其主要内容概括在表 5-6 中。

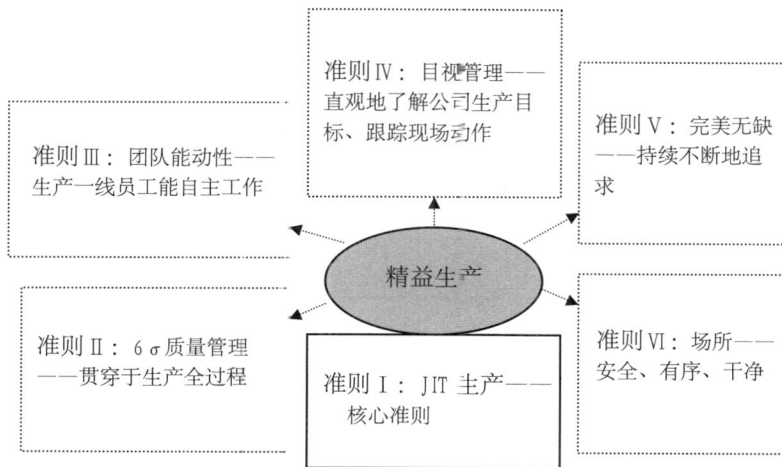

图 5-5　基于 JIT 核心的精益生产原理

表 5-6　精益生产内容

部位	结构或功能特色	方式与效果
生产系统:以作业现场具有高度工作热情的多技能作业者和独特设备配置为基础	生产系统与大量生产方式的作业组织不同,强调灵活多变地应对市场	将质量控制融入每一生产工序;且生产起步快,能够灵活适应产品的设计变更、产品更替,以及多品种混合生产的要求
零部件供应系统:与客户结成一种"命运共同体",唇齿相依的供应链	采取与大量生产方式截然不同的运作方式,品种、型号丰富多彩,供应商情况复杂	坚持供求多方共赢。在运用竞争原理的同时,与零部件供应厂家保持长期稳定的全面合作关系,包括资金、技术合作和人员合作(派遣、培训等)
产研开发部:基于技术引进,立足自我创新,并行开发扩大至零部件供应厂家、用户	充分利用供应商、用户等各种信息与力量,将开发能力发挥到极大,以缩短开发周期,降低成本	以并行工程和团队工作方式为研究开发队伍的主要组织形式和工作方式,以"主查"负责制为领导方式,强调产品开发、设计、工艺、制造等不同部门之间的信息沟通
流通运输部:与供求商、物流环节充分沟通,目标是零库存	以迅速、周到的服务到最大限度地满足顾客的需要	与顾客及零售商、批发商建立一种长期关系,使订货与工厂生产系统直接挂钩,极力减少流通环节的库存
人力资源部:与培训机构、人才市场和行业能手、专家保持经常联系,建设以员工打成一片、结成一家的报酬、奖励机制	工资、福利同责权挂钩,充分运作精神激励释放人性膨胀效应,极大地提高职工的工作热情和工作兴趣	形成一套劳资互惠的管理体制,并以QC小组、提案制度、团队工作方式,目标管理等一系列具体方法,调动和鼓励职工进行"创造性思考"的积极性,并注重培养和训练工人以及管理人员的多方面技能

续表

部位	结构或功能特色	方式与效果
策划管理部：研究管理的方式方法，结合厂级安全大检查，全面考核确定员工业绩工资	追求尽善尽美或极致，持续地发现问题，改进现状	将现有生产方式、管理方式看作是改善的对象，不断地追求进一步降低成本、降低费用、质量完善、缺陷为零、产品多样化等目标

总之，表 5-6 中内容反映了精益生产是一种以资源节约型和劳动节约型为特色的生产方式。

三、精益生产的特点

精益生产的特点是拉动式准时化生产。即：以最终用户需求为生产起点，强调物流平衡，追求零库存，要求上道工序加工完的零件立即进入下道工序。生产线中贯穿一种称作看板（Kanban）的形式（见图 5-1），看板形式不限，关键在于能够传递信息，即对于每一道工序，加工品供应需求信息沿工序倒退（与物流相反）准时化传递。生产节拍可由人工干预、控制。采用拉动式生产，生产中的计划与调度由各个生产单元自身完成，在形式上取消集中计划。但在操作过程中，生产单元之间的协调显得极为重要。

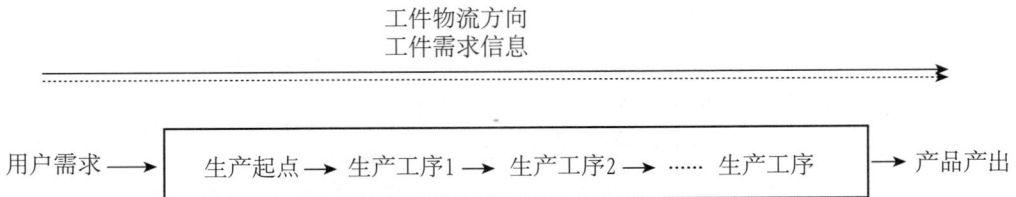

工件物流方向
工件需求信息

用户需求 → 生产起点 → 生产工序1 → 生产工序2 → …… 生产工序 → 产品产出

图 5-6　物流信息流在上下工序间的对流

四、精益生产追求"7"个零目标

从表 5-7 中的"7"个零目标内容看，与传统上大批量生产相比，精益生产只需不到一半的人员、一半的生产场地、一半的投资、一半的生产周期、一半的产品开发时间和少得多的库存，就能生产出质量更高、品种更多的产品。

表 5-7　"7"个零目标

零目标	目的	现　状	思考方向与改进方法
零切换浪费	对应多品种	切换时间长，切换后不稳定	· 经济批量 · 物流方式 JIT · 生产计划标准化 · 作业管理 · 标准化作业

续表

零目标	目的	现　状	思考方向与改进方法
零库存	发现真正问题	库存量大造成成本高、周转困难,且看不到真正的问题在哪里	· 探求必要库存的原因 · 库存规模的合理使用 · 均衡化生产 · 设备流水化
零浪费	降低成本	"地下工厂"浪费严重,似乎无法发现、无法消除	· 整体能力协调 · 拉式生产彻底暴露问题 · 流程路线图
零不良	质量保证	低级错误频发,不良率高,批量事故多发,常忙于"救火"	· 三不主义 · 零缺陷运动 · 工作质量 · 全员质量改善活动 · 自主研究活动 · 运动质量改善工具
零故障	生产效率	故障频繁发生,加班加点与待工待料一样多	· 效率管理 · TPM 全面设备维护 · 故障分析与故障源对策 · 初期清扫与自主维护
零停滞	缩短交货期	交货期长、延迟交货多 顾客投诉多,加班加点、迁工赶料	· 同步化、均衡化 · 生产布局改善 · 设备小型化、专用化
零事故	安全保证	忙于赶货,疲于奔命,安全事故频发,人为事故多	· 安全第一 · 5S 活动 · KYT 危险预知训练 · 定期巡查 · 安全教育活动 · 安全改善活动

第四节　精益生产线的设计编排

一、收音机厂组装流程的设计

[案例 5-4]

以下是松下电器大坂收音机厂组装流程的模拟设计。

1.员工技能评价

对组装线员工的技能进行评价，如表 5-8 所示，以便定岗。

表 5-8　员工技能评价

姓　名	插件 1	插件 2	插件 3	自动插件	焊接	组装 1	组装 2	检测	包装
张惠妹	△	●	○	●	○	◎	◎	●	●
徐小凤	●	○	◎	○	◎			○	△
金　庸	○	△	●	△	◎			◎	
韦小宝	◎		○			○		●	
F4		○		●			○	◎	
拉　登	◎	●	△		●				○
萨达姆	△		●	◎		●		○	◎
吕不韦	●	○			△	○	●		

2.设计并画出生产线工艺组装流程图（见图 5-7）

3.人员分工

分工原则是二优先：优先安排重要/瓶颈岗位，优先安排技能单一的员工。

先确定重要岗位和瓶颈岗位，优先安排这两类岗位。譬如焊接和检测属于优先安排的岗位，则拉登安排在焊接岗位，张惠妹或韦小宝有一人安排在检测岗位。由于张惠妹是多面手，可以确定韦小宝在焊接岗位。

其次安排普通岗位，按顺序进行。三个插件岗位排在前，先安排之。徐小凤仅是插件 1 岗位的插件高手，可以确定安排在插件 1 岗位；插件 2 岗位只有张惠妹是高手，暂且安排这个多面手在这个岗位；插件 3 岗位只有在金庸和萨达姆中选一位，金庸是单项高手，安排金庸在插件 3 岗位。

三则安排普通岗位中的自动插件岗位，在张惠妹和 F4 两位高手中，只能安排 F4 负责自动插件岗位。

四则安排两个组装岗位。组装 1 岗位自然地安排萨达姆；组装 2 岗位自然地安排吕不韦。

最后安排包装岗位。整个生产线9个岗位只有8名员工，只能安排多面手张惠妹兼职包装岗位。

鉴于张惠妹的技能素养高，应任命张惠妹为线长，以示范培训员工、调动空闲人员填补空白岗位的作用。

在这个安排基础上，仍要综合考虑工作人员的工作兴趣和发展潜力，考虑生产岗位特点不断予以调整。

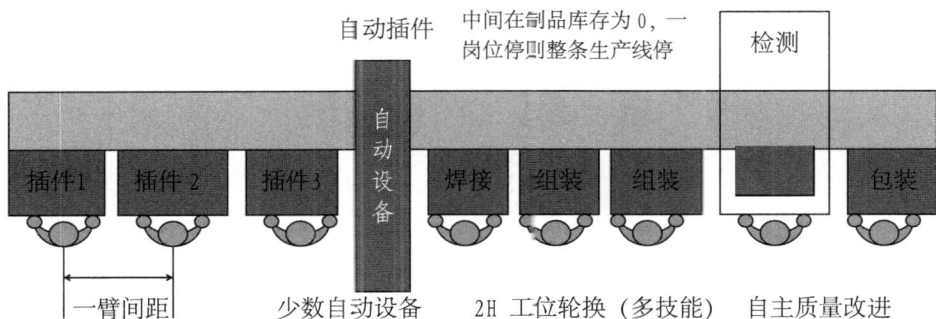

图 5-7　组装流程工艺设计及分工配岗

二、模拟QC小组活动

[案例 5-5]

收音机厂组装流程设计、安排好了，接着是纠织发动安全生产、质量控制活动。

QC（Quality Control）小组活动针对主要的质量问题，由10名左右相关人员组成改善小组，运用PDCA循环和质量改善工具，自主进行不良分析并实施具体改善的质量活动。这里有8名员工，应成立由张惠妹为组长、焊接与检测岗位为副组长的QC活动小组。QC活动小组活动内容形式参见全面质量管理资料。这里讲讲推行QC小组活动的意义：

（1）组建小组式的学习型组织，可提高一线员工独立思考和相互启发的能力。

（2）通过QC手法的学习与运用，加强企业的基础管理。

（3）通过循序渐进的课题活动，创造有活力的工作场所，将问题及时消灭在生产线上。

（4）QC小组建在生产线上，可发挥群众智慧，达到全员参与经营的效果。

第六章　设备管理与TPM

第一节　设备管理

一、设备及广义设备管理

（一）设备概念

设备是指有形固定资产的总称，如建筑、机器、装置等在企业内长久使用和提供要素的物件。设备按使用目的分类，可分为生产设备、能源设备、研究开发设备、输送设备、销售设备、管理设备等；按形状来分类，可分为土地、建筑、机器及装置、车辆、船舶、工具、器具等。广义设备还应包括无形资产在内，如软件、音响视频等。

（二）广义设备管理

广义设备管理包括从设备的调查、研究、设计、制作、安装开始，通过运转、维修保养，最后到废弃等设备一生状况的范畴。其实质是指提高企业生产性装置的活动。狭义的设备管理是指设备安装完毕后的设备维修保养管理。

图6-1所示的广义设备管理包括设计制作工程和维修保养工程两个阶段，反映了从设备孕育、产生到运行、报废的终身管理过程，即对设备一生的管理。其中试运行是两个阶段的分界线。传统维修是指试运行后的阶段。

二、设备管理两大指标

在订购设备时，我们总会要求制造厂制造的设备不要经常出故障，一旦出了故障又能快速、方便地消除。对前者的指标要求称为MTBF（故障平均间隔时间），对后者的指标要求称为MTTR（故障平均处理时间）。

MTBF（Mean Time Between Failure）即故障平均间隔时间，一般以小时为单位，是指生产设备从本次故障到下次故障的平均间隔时间。MTBF反映的是设备或系统性能品质、完好率以及优良等级。

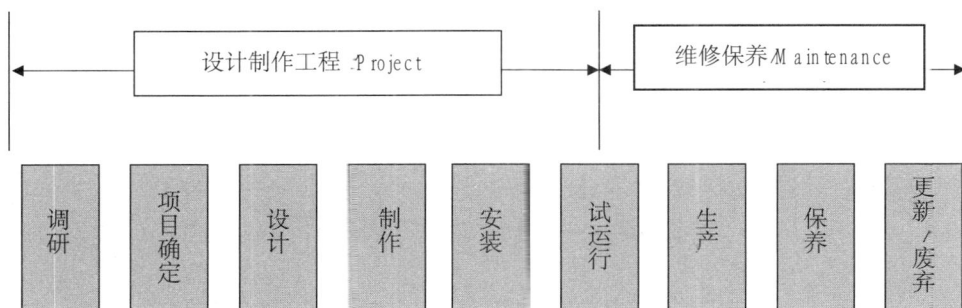

图 6-1　设备终身管理

MTTR（Mean Time To Repair）即故障平均处理时间，一般以小时为单位，是指生产设备从故障发生起，到修理结束，能够正常生产为止的平均处理时间。MTTR 反映的是设备健康水平、缺陷维修技巧和及时消缺率。

MTBF 和 MTBF 的计算公式如图 6-2 所示，及时消缺率是指自缺陷发生起在规定时间内的完全消除情况，而且同类缺陷在规定时间内不重复发生。具体规定见本教材第九章第五节的缺陷管理条例。

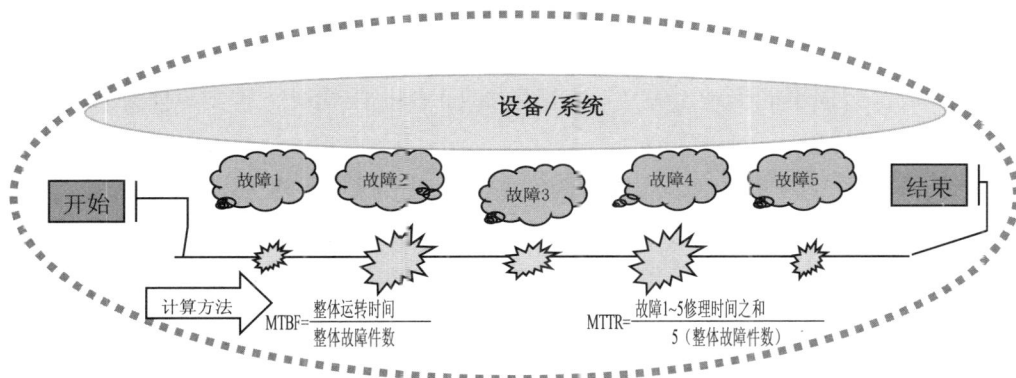

图 6-2　设备故障时间计算

三、设备故障规律及计算

（一）设备的磨损

设备一旦制造出厂就会有磨损，特别在使用保养不当之时，设备磨损规律如图 6-3 所示。设备磨损分为三大类：有形磨损、无形磨损和综合磨损。有形磨损即物质变形磨损，包括使用磨损、自然磨损；无形磨损即精神类磨损，具体指科技进步导致设备贬值与经济劣化；同时发生有形磨损与无形磨损是正常的事，称为综合磨损。当有形磨损超前无形磨损，即本设备仍处于技术前沿状态，可考虑采取大修修复方案；当无形磨损超前有形磨损，即本设备处于技术落后状态，是维修旧设备还是更新设备应综合考量订单/生产的需要和设备的经济性后作出决定；当有形磨损与无形磨损同期发生，如果本设备损坏严重、维修费用接近新购设备价格，应采取更新设备的方案，否则应考虑小修并筹备更新的方案。

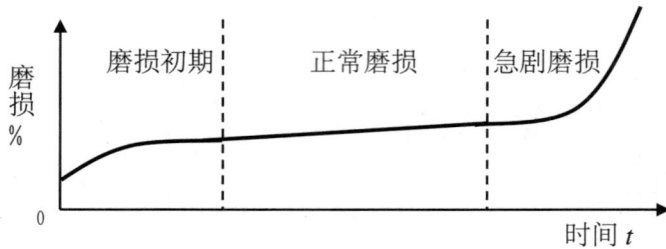

图6-3 设备有形磨损规律

1.有形磨损

如图6-3所示，有形磨损分三个阶段：磨损初期主要是粗糙和氧化脱碳层的摩擦形成，时间短；正常磨损阶段，零件磨损非常缓慢，磨损程度随时间匀速增加；急剧磨损阶段，设备的精度、性能、生产效率快速降低。

设设备有形磨损程度 a_p，修复全部磨损的设备修理费 R，设备重置费用 K_t，则设备有形磨损程度的计算公式为

$$a_p = R \div K_t \tag{6-1}$$

显然，设备磨损不能出现 $a_p = 1$（应当是 $\leqslant 1$）的极限情况，否则只能是重置设备。

2.设备无形磨损

设备无形磨损分两种类型，一则同类设备重置价值走低，发生本设备贬值；二则新技术的发明应用，出现了性能更完善、生产效率更高的替代设备，发生本设备价值走低。

设设备无形磨损程度 a_j，设备原始价值 K_0，设备再价值 K_t，则设备无形磨损程度的计算公式为

$$a_j = (K_0 - K_t) \div K_0 = 1 - (K_t \div K_0) \tag{6-2}$$

3.设备的综合磨损

设备的综合磨损是指设备在有效使用期内发生的有形磨损与无形磨损的总和。设备综合磨损程度的公式为

$$a = 1 - (1 - a_p)(1 - a_j) \tag{6-3}$$

[例6-1]

维美天力公司1#色母机购置价格100 000元，现估计需要10 000元修理费修复，该设备现再造价值70 000元，求该机器的综合磨损程度。

解：

已知：$R = 10\,000$ 元，$K_0 = 100\,000$ 元，$K_t = 70\,000$ 元

则根据式（6-1）～式（6-3）有

有形磨损 $a_p = R \div K_t = 10\,000$ 元 $\div 70\,000$ 元 ≈ 0.143

无形磨损 $a_j = 1 - (K_t \div K_0) = 1 - (70\,000$ 元 $\div 100\,000$ 元$) = 0.300$

综合磨损 $a = 1 - (1 - a_p)(1 - a_j) = 1 - 0.857 \times 0.700 \approx 1 - 0.599 \approx 0.400$

（二）故障规律及补偿

根据设备磨损规律我们可以画出设备故障规律图，如图6-4所示。设备投用初期，由于机器零配件间存在一个磨合过程，特别是安装、调试不到位时，会经常发生问题，称为适应期。这时故障率高。磨合期过后，设备进入了稳定运行阶段，故障偶发才是属正常，这时故障率低。设备/零件进入老化期，故障频发也属正常，这时故障率最高。

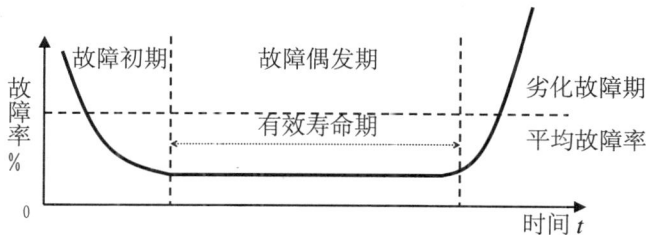

图6-4 设备故障规律

根据设备故障规律，我们应对设备/系统进行修复或更新即局部或完全补偿。根据有形磨损与无形磨损的区别，局部补偿分为修理、技术现代化改装。具体如图6-5所示。

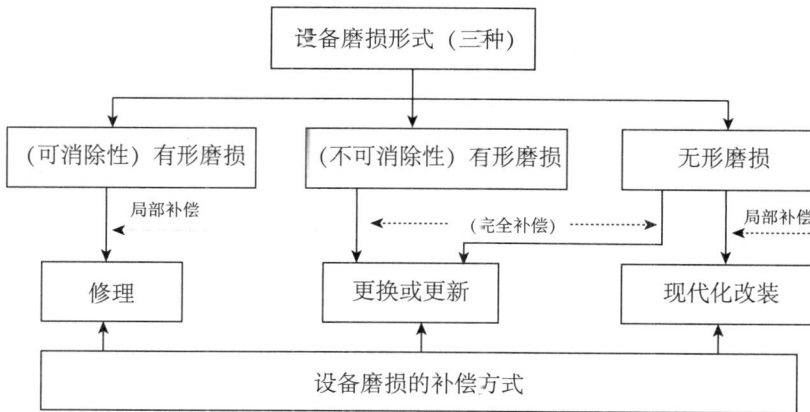

图6-5 设备修复补偿方式

四、设备管理与缺陷管理

谈到设备管理必然会想到缺陷管理，因为设备管理的核心就是设备缺陷的消除。狭隘的缺陷管理是限于设备（硬件）的缺陷管理，广义的缺陷管理包括系统、设备、软件和工作人员在内的所有问题的发现、确认、消除等处理过程的管理。

缺陷管理包括四大部分，一是要研究设备故障规律，二是调研设备的运行规律并记录设备的健康状况，三是要确定设备的检修方法和作业规程，四是要建立设备运行操作和发现缺陷、及时消除缺陷的规程、管理制度与考核机制。

第二节　设备维修保养模式

一、维修保养（**Maintenance**）的必要性和目的性

（一）维修保养的必要性

人类发展过程就是生产工具的推陈出新过程，设备管理就是对生产工具和设备/系统的使用、保养与改造活动，无疑是人类进化的具体动作。生产活动要想安全有效地进行，保持设备一定的可信赖度是基本要求。保持和维持工具、设备信赖度的活动就是维修保养活动。

设备的维修保养是指消除阻碍设备运行的不可避免的非正常状态，如零件松动、干摩擦、异常声响。设备维修保养活动分为计划性推进和对应突发故障的非计划性推进，如图 6-6 所示。专业维修保养有效地运作反映在减少事后维修保养上。特别是近年来，维修保养活动不单单是设备的维持管理，已扩大到设备安装时的 MP（Maintenance Prevention）活动，专业维修保养显得越来越重要。

（二）维修保养的目的性

专业维修保养的目的是，降低从设备的设计、制作到运行、维修保养为止的总成本，提高企业的安全性生产性。总成本范畴：设备的寿命周期（Life Cycle）长短、设备购进成本（Initial Cost）、设备维修保养维持费用、设备劣化损失等的总成本（Total Cost）。

专业维修保养的目的 = 设备随时都能发挥其应有的机能/尽量减少成本 = 目的最大化/手段最小化

$$(6-4)$$

由式（6-4）知，活动分为两个：一个是设备的可信赖性提高，消缺频率低，即极大地减少设备维修保养，换句话说是不让设备发生故障的活动；另一个是维修保养性提高，及时消缺，即对设备的作业更加高效地处理，故障发生时检修动作及时进行的活动。

二、设备维修体制及维修保养方式

（一）基本维修体制

设备维修体制或维修方式参见图 6-6。

1.事后维修——BM（Breakdown Maintenance）

这是最早期的维修方式，即出了故障再修，不坏不修。

2.预防维修——PM（Preventive Maintenance）

为了维持设备的健康状态，不出现故障；为了防止劣化的日常维修保养，进行劣化测定的定期检查或者设备故障诊断，尽早复原劣化所进行的整理，这些就是预防维修保养的主要目的与方式。

这是以检查为基础的维修，利用状态监测和故障诊断技术对设备进行预测，有针对性地对故障隐患加以排除，从而避免和减少停机损失，方式分定期维修和预知维修两种。

3.改良维修——CM（Corrective Maintenance）

改良或改善维修是不断地利用先进的工艺方法和技术，改正设备的某些缺陷和先天的不足，提高设备的先进性、可靠性及维修性，提高设备的利用率。

针对如何延长机械零部件的寿命及故障发生周期，或缩短故障修复时间而采取的设备制造改良对策的技术。这是对定期维修保养周期短，预防维修保养劣化周期短或变动大的，事后维修保养故障次数多的，或者故障的修理费用大等情况而进行设备改良改善的做法。

4.维修预防——MP（Maintenance Prevention）

维修预防实际就是可维修性设计，提倡在设计阶段就认真考虑设备的可靠性和维修性问题。从设计、生产上提高设备素质，从根本上防止故障和事故的发生，减少和避免维修。

在重新计划、设计设备的阶段口导入维修保养或新的技术并考虑信赖性、维修保养性、经济性、操作性、安全性等所运行的减少维修保养费用或劣化损失的活动，最终是以不需要进行维修保养设备为目的的设备管理。所以，让新一代设备少发生故障或即使发生故障也容易修理，同时也将改造重点、方便使用操作等的设备维修保养技术需要反馈到设计部门。这种维修保养叫做维修保养预防。

5.生产维修——PM（Productive Maintenance）

这是一种以生产为中心，为生产服务的一种维修体制。它包含了以上四种维修方式的具体内容。对不重要的设备仍然实行事后维修，对重要设备则实行预防维修，同时在修理中对设备进行改善维修，设备选型或自行开发设备时则注重设备的维修性（维修预防）。

6.状态维修（Condition Based Maintenance，缩写为CBM）

基于控制系统的设备检查和检测，通过计算机处理数据，掌握和评估设备状态、预测故障、进行维修决策的管理方法。状态维修是预测维修的发展和延续，是预测维修的更完善形式。

CBM（Ⅲ）：初级，费用最低。离线、简单手提数据采集器，辅之以人工巡回点检，计算机分析处理数据。

CBM（Ⅱ）：中级，费用中等。在线与离线相结合，效果中等。

CBM（Ⅰ）：高级，费用较高。设备配备永久性在线监测系统，计算机智能检测、报警，专家系统决策。

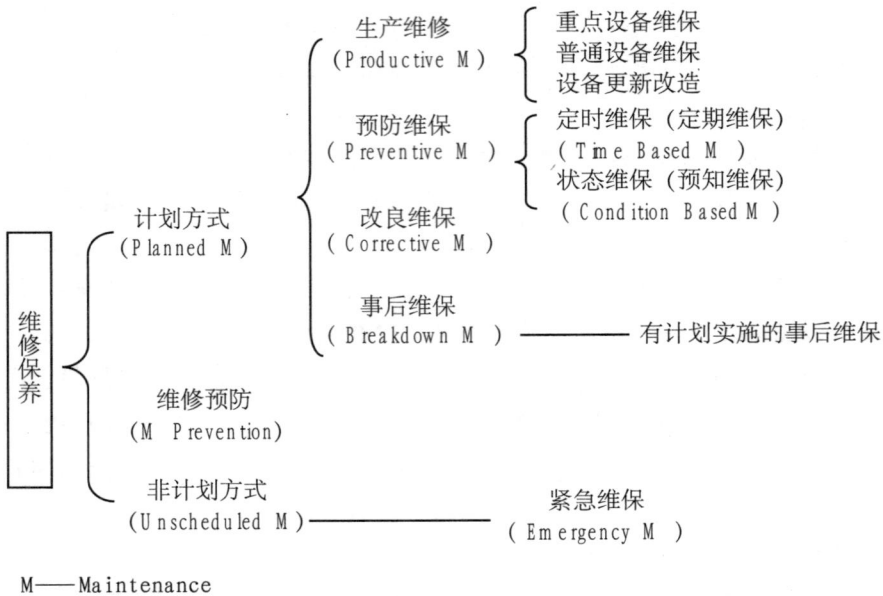

图6-6　维修方式结构

（二）设备维修制

1.设备报废与设备事故

1）设备报废

企业生产设备中，凡因严重磨损、腐蚀、老化，致使精度、性能、动力达不到工艺要求者；能耗高或污染严重超过国家规定者；发生事故严重损坏者；专用设备无法修复、改造或虽能修复、改造但经济上不合算的，应按规定手续提出申请，经鉴定、批准后予以报废。

2）设备事故

事故是指设备因非正常损坏造成停产或效能降低，停机时间和经济损失超过规定限额的情况。设备事故分为一般、重大和特大3类。

2.大修、中修与小修

1）大修

工作量最大的一种计划修理。以全面恢复或大部分部件解体，修复基准件，更换或修复全部不合格的零件、附件，翻新外观，全面消除修前存在的缺陷，恢复设备的规定精度、性能、生产率。大修计划一般应用网络计划技术编排作业计划，详见本教材第二章第六节。

2）中修

计划预修制度的修理周期结构中，介于大修与小修之间的一种修理。其修理内容为：部分解体，更换或修复部分不能用到下次计划修理的磨损零件，部分刮研导轨，调整坐标，使规定修理部分恢复出厂精度或满足工艺要求。修后应保证设备在一个中修间隔期内能正常使用。

3）小修

工作量最小的计划修理，是指周整、修复或更换修理间隔期内失效的或即将失效的零件或元器件的局部修理工作。

除了以上计划性大修、中修与小修外，大修、中修与小修还有如下情况：日常修理性质的中小修理→应对突发事故或自然灾害的中小修理→设备严重损坏，恢复性大修。

3.设备修理制度

设备修理制度是指对设备进行维护保养贯彻预防为主所采取的一系列技术组织措施的总称。目前流行的维修制度主要有：计划预修制、计划保修制、预防维修制，表 6-1 对比了这三种维修制度的特点。

表 6-1　三种维修制度的对比

类型	定义	特点
计划预修制	计划预修制就是计划预防修理制度,定义为:根据设备的磨损规律,有计划地对设备进行检查、维护、修理,确保设备处于良好运行或备用常态的一种设备/系统的修复组织措施	每天进行维护、定期清洗换油,当设备运行到规定时间量时,进行预防性检查和各类计划维修。缺点是设备不分主次,一律计划预修;不考虑故障的阶段性和故障性质;只作修复性修理,缺乏对重复性故障的完善性维修
计划保修制	计划保修制是在总结计划预修制的经验、教训基础上建立的一种专群结合、以防为主、防修结合,以一定类别的维修、保养所组成的设备维修制度	保养修理结构包括大修理、二级保养(中修)、一级保养等。 在搞好三级保养的同时有计划地进行大修;使小修的全部内容、中修的部分内容归入三级保养中,一部分中修内容并入大修中,强调"修中有改、修中有创"
预防维修制	以设备故障理论和规律为基础,结合预防维修和生产维修的维修制度。主要方式有:日常维修、事后维修、预防维修、生产维修、改善维修、预知维修、维修预防等七种	各种维修方式的综合,突出重点设备重点故障,综合事后与预防,强调改造和设备的整个生命周期的预知/预防维修。 事后维修经预防维修、预知维修向维修预防发展

（三）维修保养类型与主要内容

1.计划方式与非计划方式

设备的维修保养简称维保，如图 6-6 所示，通常分为三大类：有计划的维修保养方式和非计划的应急维修方式，以及全程式维修预防方式。

计划维修保养（SM: Scheduled Maintenance）是根据设备使用寿命、健康周期和工作环境，依据历史数据调整进行的，重在预防和改良。它是通过对设备的点检、分析、预知，利用收集的情报进行判断，从而早期发现设备故障、停运或性能低下的状态，按计划采取对策实施的预防维修保养活动。这是有计划地积极地运用维修保养活动进行资讯收集的维修保养技术体系，可提高设备的可靠性、维修保养性和经济性。

紧急维修通常是预知事故将要发生或已知事故发生后，在应急状况下进行的。

2. 维修保养类型

就像人体一样，健康重在保养，延年益寿，设备维修虽重要但保养更为重要，可延长设备使用寿命。设备保养的目的在于保证设备的使用性能，减少故障频率，延长修理间隔期，而不在于确保设备原有精度。主要类型有日常保养、一级保养、二级保养，如表6-2所示。

表6-2　金属切削车床三级保养规定

保养级别	时间规定	保养内容	保养人员
日常保养	每天做例行保养	班前班后进行认真检查,擦拭设备(外部)的各个部件并注油,当发生故障及时予以排除,并做好交接班记录	操作员
一级保养	设备累计运转500小时可进行一次保养,停机时间8小时左右	局部解体设备,作清洗检查及定期维护	以操作员为主,维修工作辅助
二级保养	设备累计运转2 500小时可进行一次保养,停机时间32小时左右	对设备进行部分解体、检查和局部修理、设备内外全面清洗的一种计划检修工作	以维修工为主,操作员参加

1）日常维护

操作者对所操作设备每日（班）必须进行的维修保养。其内容为班前加油、擦拭、调整，班中的检查、调节，班后的清扫、归位等工作。日常维修保养可以防止故障、推迟劣化，延长设备寿命，减少事故发生。

2）设备三级保养

设备的三级保养为：日常保养，一级保养，二级保养。日常保养有的作为例行保养，基本上是外部性的清洗、润滑、紧固。由于其具有三个等级的保养责任和内容，故称为三级保养。三级保养一般连续按周期完成。它是设备专业管理与群众管理相结合的有效保养制度之一。

3. 保养"十字"作业法

清洁、紧固、润滑、调整、防腐是设备保养的主要内容，常称之为"十字作业"。

1）清洁

污垢会破坏设备运行环境，造成设备隐患，造成诸如水路、气（汽）路和电路、热路等的阻塞，关键部位的污垢、堵塞会引发重大事故。

2）紧固

运转、振动会造成整体部件断裂、变形和紧固部件松动，造成泄漏、残障、失控事件发生。因此，要经常进行设备的检查、紧固、焊补等保养工作。

（3）润滑

设备往复转动部分需要保持良好的润滑，如及时调整油压、油量，检查润滑油冷却系统，防止油温过高，补足油杯、油箱中的存油量，确保各润滑部位有油，更换油质劣化、黏度不合格的润滑油。

日常润滑检查：操作工人在班前检查加油试车时，查看润滑装置及润滑系统是否完善、畅通，发现缺陷应立即排除；维修工和润滑工日常巡回检查时，有重点地查看主要润滑部位是否缺油，协助操作工排除润滑缺陷和故障。

润滑"五定"：定人（定人加油）、定时（定时换油）、定点（定点给油）、定质（定质选油）、定量（定量用油）。

润滑"三过滤"：润滑油在进入油库时要经过过滤，放入润滑容器时要经过过滤，加入设备时也要经过过滤，合称润滑三过滤。

4）调整

设备及其各部件间在运行一定时间后，必然发生错位、异动，导致气动、液动、电动系统和机械传动中发生卡涩、松动、摩擦、断路、短路等各种现象，导致设备运行效率低下。

5）防腐

设备工作环境通常伴有氧化物、风化物、腐蚀物、毒物、污染物存在，特别在酸碱潮湿环境中，需要进行防腐处理或补涂防腐材料。

总之，设备周末保养内容及要求可简述为保养"十字"法。即：清洁，指设备外观及配电箱（柜）无灰垢、油泥；润滑，指设备各润滑部位的油质、油量满足要求；紧固，指各连接部位紧固；调整，指有关间隙、油压、安全装置调整合理；防腐，指各导轨面、金属结构件及机体清除掉腐蚀介质的侵蚀及锈迹。

4.保养方式

定期保养、专业保养、外委维修保养是设备保养的三个重要方式。定期保养责任人通常是设备的操作、监护者；专业保养是针对设备规模大、投入大的生产系统，所设立的专门负责设备/系统安全健康运行的专业检修部门或小组；对于精密度高、系统软件复杂、技术性强、需专用维修工具的设备故障和疑难杂症，应对外委托专业检修公司作契约设备维修保养项目。

三、故障监测诊断技术

（一）设备监测

利用相关的监测仪器全面地、准确地把握设备的磨损、老化、劣化、腐蚀的部位和程度，以及其他情况而采取的一种预防性措施。它是实施状态维修保养的基础。

（二）三位一体点检制

由 3 个方面的点检人员，进行不同内容的点检组成的统一的点检体制。3 个方面包括岗位操作工人的日常点检、专职点检人员的定期点检、专职工程技术人员的精密点检。点检首先要对重点部位进行重点管理，其次要确认重点部位设备指标是否符合标准，三是要确定重点部位检查方法与检查周期，最后要确定操作人员与专业人员的组合方式。设备点检实行点检员负责制下的五定：定人、定点、定标、定法、定期。详细见本章第五节（七、TPM 中的设备点检制）

（三）精度检查

对设备的几何精度和加工精度有计划地定期进行检测，以确定设备的实际精度，为设备的调整、修理、验收和报废更新提供依据。

（四）解体检查

将设备拆卸后进行的全面检查。一般在修理、改造前进行。其内容为：①检查零部件的磨损、失效情况，按检查结果确定其修换件明细表。②修改、补充材料明细表等，落实有关修理技术工艺文件。

（五）故障与可动率

故障：设备失去了规定的功能。

可动率：对设备进行保养、点检，要使机械处于使用时马上就能用的状态。

（六）为什么要发展故障监测诊断技术

设备是不会说话的"婴儿"，但"会动，会哭，会拉尿"，它们用振动、噪声、泄漏来抗议；人们总是希望：又要马儿跑，又要马儿少吃草、身体好！发展故障监测诊断技术有利于实行状态检测维修，使用智能仪器仪表记录、显示、报警，甚至自行消除简单故障。

（七）状态维修技术

状态维修技术基本上属于自动化仪表技术，常说的过程控制可发展成在线监空。譬如：

（1）振动监测分析：适用于机械转动设备；

（2）油液铁、光谱分析：适用啮合摩擦设备；

（3）红外成像分析：适用于不均匀发热设备；

（4）电路测试技术：适用于电子线路、元件；

（5）其他手段：无损探伤、声发射、超声波、X光衍射……

四、发电机组缺陷管理系统

电站一次性投资额巨大，设备系统又十分庞大，设备系统有机联系盘根错节，控制系统相当先进。要想高效率安全发电，必须保障设备健康运行，按照经验的总结，发电指标管理和缺陷管理成为电厂生产管理的基本方式。

（一）缺陷管理的指标体系确定

（1）发电量/上网电量；

（2）能耗/补水率/厂用电率；

（3）安全运行天数与事故率；

（4）缺陷及时消除率/设备完好率/自动与保护投入率；

（5）三级经济指标的责任划分。

（二）联动相关部门的表格管理

（1）缺陷发现登记表格；

（2）缺陷确认消除过程记录表格；

（3）现场缺陷数据管理报表系的计算机生成；

（4）缺陷消除后果的奖罚追究分配方案。

（三）缺陷消除竞赛与考核奖励

（1）及时消缺率与虚假消缺；

（2）缺陷及时发现确认的激励机制；

（3）缺陷及时消除的激励机制。

第三节 运算任务：如何提高设备系统的综合效率

设备维修保养重要，但设备使用效率的评估能够准确地判断设备能力和经济性，有力地促进设备的管理水平和设备的生产效用。

一、设备综合效率计算公式及含义

（一）负荷时间（应当运行时间）

负荷时间＝理论负荷时间（理论节拍×计划产量）＋全部停机时间－计划停机时间（设备保养＋用餐时间）　　　　　　　　　　　　　　　　　　　　　　　　　（6-5）

意义：设备在执行某任务时，按照设计能力预计所需运行总时间，反映设备的应当时间消耗量。如汽车赛中，对到达指定目的地的早晚计算反映了对汽车故障、车手反应能力、汽车性能等的考量。负荷时间包括故障及其处理时间，相当于设备应有工作时间。

（二）开动时间（设备运转时间）

开动时间＝设备最后停机时间－设备开始记录时间－各种停机时间　　　　（6-6）

意义：仅包括设备运行时间，反映了动作速度（快慢）。时间越少运动速度越快，如龟兔赛跑中，龟运行时间长而兔运行时间短、休息时间多。开动时间不包括故障及其处理时间，相当于设备的实际工作时间。

（三）时间开动率

时间开动率＝开动时间/负荷时间×100%　　　　　　　　　　　　　　　（6-7）

意义：反映设备和操作者的品质能力，设备故障越多、操作方法不当，动作越慢，则时间开动率越低。设备无故障运行，时间开动率较高；当设备保养和用餐时间少，负荷时间与开动时间均缩小为同一绝对数值，则时间开动率反而可能变低。这相当于设备的实际工作时间与应当工作时间之比。

（四）性能开动率

性能开动率＝理论节拍（CT）×生产数量/开动时间×100%　　　　　　　（6-8）

意义：反映设备单位运行时间内设备额定产出率。性能开动率越高，设备利用率越高，性能开动率大于100%时，说明设备超一般水平发挥。

（五）合格率

合格率=良品数量/生产数量×100% （6-9）

意义：实际生产发生的合格品率，反映了设备的工作质量。

（六）设备综合效率（OEE）

OEE=时间开动率×性能开动率×良品率 （6-10）

意义：如图 6-7 所示，OEE 综合了负荷时间、运转时间、纯粹运转时间和价值运转时间四种情况，反映了设备系统中的劳动者操作技能、设备健康水平、设备性能和生产工艺、生产管理的综合水平等。

二、OEE 的计算

［案例 6-1］

某生产记录表中统计显示：最早记录时间 8：00，最晚记录时间 18：00，设备保养时间 30 分钟，用餐 40 分钟，最早开动时间 8：20，最后停机时间为 17：40，中间各种停机累计 210 分钟。分析并计算设备综合效率（OEE）。

设理论节拍（CT）为 3.05 分钟，计划产量 120，实际生产 110，合格品 106。

OEE 的计算办法如下：

由式（6-5）有，

负荷时间=理论负荷时间（理论节拍×计划产量）+全部停机时间—计划停机时间（设备保养+用餐时间）=3.05×120+210—（30+40）=506（分钟）

由式（6-6）有，

开动时间=设备最后停机时间—设备开始记录时间—各种停机时间=520（17:40—8:20 之间的总时间）–210=350（分钟）

由式（6-7）有，

时间开动率=开动时间/负荷时间×100%=350÷506×100%=69.2%

由式（6-8）有，

性能开动率=理论节拍（CT）×生产数量/开动时间×100%=3.05×110÷350×100%=95.6%

由式（6-9）有，

合格率=良品数量/生产数量×100%=106÷110×100%=96.4%

由式（6-10）有，

设备综合效率（OEE）=时间开动率×性能开动率×良品率=69.2%×95.6%×96.4%×100%=63.8%

图 6-7 对这一运算过程给予了展示，并作出了相关示意解释。

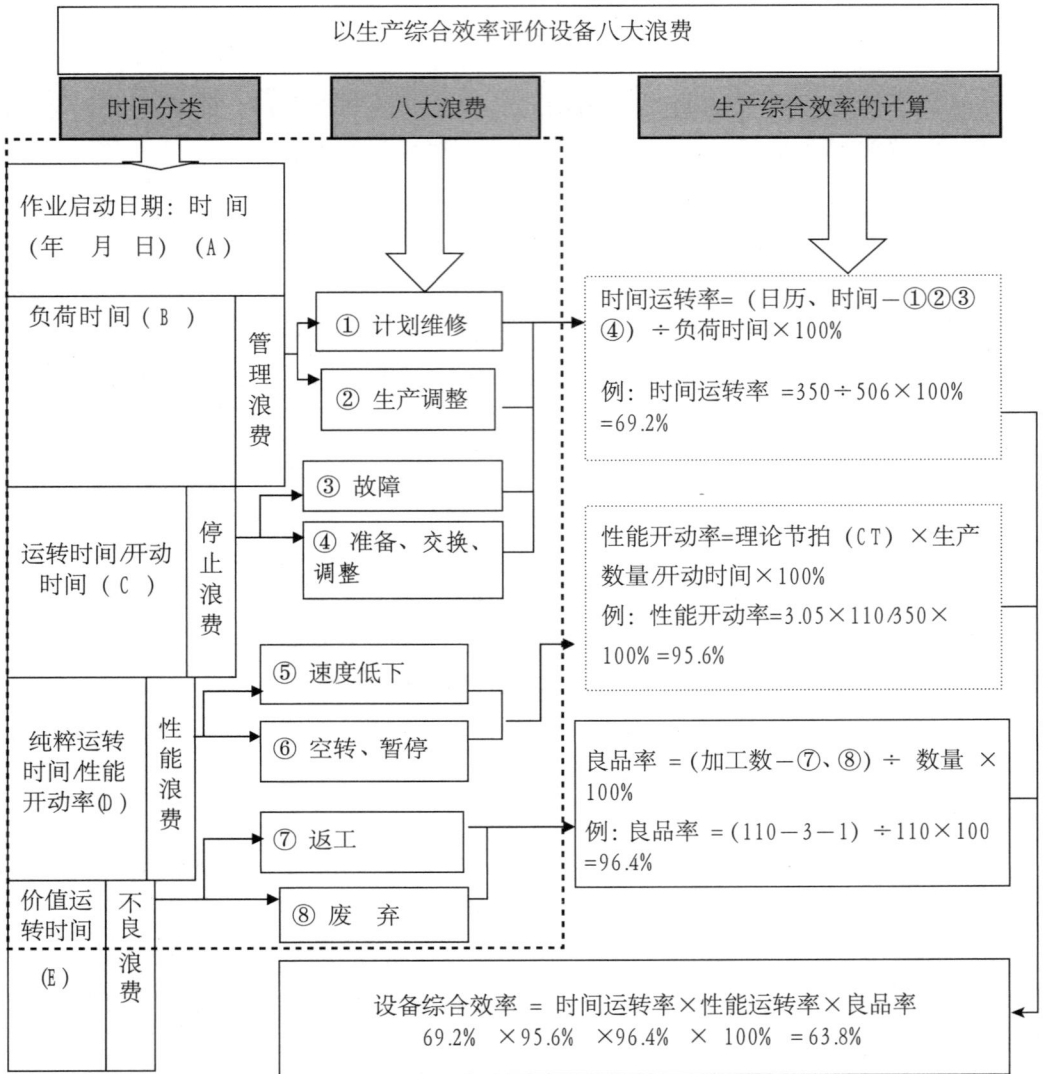

以生产综合效率评价设备八大浪费

时间分类

八大浪费

生产综合效率的计算

作业启动日期：时 间
（年　月　日）（A）

负荷时间（B）

① 计划维修

② 生产调整

管理
浪费

③ 故障

④ 准备、交换、调整

停止浪费

运转时间/开动时间（C）

⑤ 速度低下

⑥ 空转、暂停

性能浪费

纯粹运转时间/性能开动率（D）

⑦ 返工

⑧ 废　弃

不良浪费

价值运转时间（E）

时间运转率=（日历、时间－①②③④）÷负荷时间×100%

例：时间运转率 =350÷506×100%=69.2%

性能开动率=理论节拍（CT）×生产数量/开动时间×100%

例：性能开动率=3.05×110/350×100% =95.6%

良品率 =（加工数－⑦、⑧）÷ 数量 ×100%

例：良品率 =（110－3－1）÷110×100=96.4%

设备综合效率 = 时间运转率×性能运转率×良品率
69.2% ×95.6% ×96.4% × 100% =63.8%

图 6-7　设备八大浪费的综合计算图

三、设备八大浪费的综合效率计算

由图 6-7 对设备八大浪费的综合计算知，影响设备综合效率的主要原因有三个：停机损失、速度损失和废品损失。它们分别由时间开动率、性能开动率和合格品率反映出来，并已成为国际上评估企业设备管理水平的常用指标。

设备的综合效率化就是使设备更有效地工作，使设备所产生的 P、Q、C、D、S、M（即产量、质量、成本、交货期、安全与劳动情绪）的输出达到最佳状态。

四、排除七大损失

通过将七大损失降为零，以使设备的效率达到极限化。七大损失是：故障损失；准备、调整损失；刀具调换损失；设备加速老化损失；检查、停机损失；速度下降损失；质量损失。

设备故障率越高，机器或设备实际开动时间越少，时间开动率越低，即机器或设备的有效运行时间越少；在机器或设备一定的开动时间内，产出产品的质量与数量越高，性能开动率越高。负荷时间包括机器或设备的故障时间，开动时间只计算机器或设备"动"的时间，不包括故障时间和管理上规定的停机时间，理论节拍反映了机器或设备的生产率。

五、综合生产效率的计算公式

从主要的生产要素考虑，我们有综合生产效率的计算公式。这里我们略去了资金（财）的运用效率。下面列出包括设备综合效率在内各种综合生产效率公式。

人的效率 ＝ 运转效率 × 编制效率 × 价值效率　　　　　　　　　　　（6-11）

其中：

运转效率 ＝（纯工作工时 / 负荷二时）× 100%

编制效率 ＝（有效工时 / 纯工作工时）× 100%

价值效率 ＝（价值工时 / 有效工时）× 100%

显然，这是按劳分配的计算基础，可直接用于行业内，当用于全社会时则应予修正。

根据式（6-10），有

设备综合效率 ＝ 时间运转率 × 性能运转率 × 良品率

其中：

时间运转率 ＝［（负荷时间 － 停止时间）/ 负荷时间］× 100%

性能运转率 ＝［（理论 Cycle time × 加工数量）/ 运转时间］× 100%

良品率 ＝［（加工数量 － 不良数量）/ 加工数量］× 100%

材料效率 ＝［良品数量（数量、重量）］/［投入材料（数量、重量）］× 100 %

　　　　　　　　　　　　　　　　　　　　　　　　　　　　　　　　（6-12）

能量效率 ＝（有效 Energy / 投入 Energy）× 100 %　　　　　　　　　（6-13）

综合生产效率 ＝ 人的效率 × 设备综合效率 × 材料效率 × Energy 效率 × 100 %

　　　　　　　　　　　　　　　　　　　　　　　　　　　　　　　　（6-14）

第四节　设备的更新改造

一、设备的更新

（一）设备更新含义

设备的更新是指用新设备更换旧设备，更准确地说是，以技术性能更好、经济效能更强的新型设备来替换技术上或经济上不宜继续使用的落后设备。

（二）设备更新前提与设备寿命

设备更新的前提是确定设备最佳更新期，而确定设备最佳更新期主要是依据设备的经济寿命。根据经济寿命来确定设备的最佳更新时机的原则是使设备各种费用总和为最小。

设备寿命分为使用寿命、经济寿命和技术寿命三种。设备使用寿命是指在正常使用、维护和保养的条件下，设备的服务时间；设备的经济寿命是考虑设备的有形磨损，以最小使用费用（成本）的原则确定的设备寿命；设备的技术寿命是从设备投入使用到因技术进步变得落后而需更新所经历的时间。

（三）设备最佳更新周期及其确定方法

1.影响设备经济寿命的主要因素

设备更新期亦称为设备的经济寿命，影响因素如下：

（1）效能衰退，如停工时间长、修复费用高、废品增多等；

（2）技术陈旧，这主要是指科技进步引发的现有设备贬值，如新技术、新材料的发明、应用，产生了新型设备；

（3）资金成本，即用于购置新设备的资金来源及其要支付的利息、股利等情况；

（4）客户订单，即客户对产品或服务指标的要求涉及对新设备新工具的更换。

设备优先更换的情况如下：

（1）设备损坏严重，性能、精度不足；

（2）设备大修不如更换划算；

（3）浪费能源和原材料，两三年内超过购置新设备的费用等。

2.更新周期的确定

1）低劣化数值法

设备的低劣化是指，随着设备使用年限的增长，年平均设备价值（折旧后的残值）不断减少，但设备的维护修理费用及燃料、动力消耗（维持费）却在增加。

假设某设备使用t年后残值为0，按直线折算，则每年平均的设备费用为K_0/t（K_0为设备原值）。

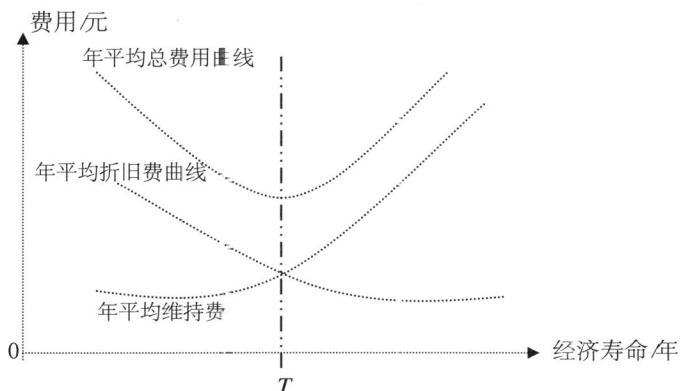

图6-8　设备最小年费用的确定

设备使用时间越长，其维持费用以λ每年递增，则维持费用为λ_t，平均劣化值为$\lambda_t/2$。故平均每年设备费用

$$C=(\lambda_t/2)+(K_0-0)/t \tag{6-15}$$

由图6-8可知，当年平均折旧费等于年平均维持费时，年平均总费用最小，即

$$\frac{(\lambda_t/2)=K_0-0/t}{\sqrt{(2K_0/\lambda)}} \tag{6-16}$$

[例6-2]

设备原始价值为K_0=24 000元，每年低劣化增加值λ=750元，则最佳更新年限为多少？

解：

由式（6-16），有

$$T=\sqrt{(2K_0/\lambda)}=\sqrt{2\times24\,000/750}=8\,年$$

2）最小费用法

最小费用法主要是求出最佳更新年限，计算出每一年的使用费，然后比较出最低的年份，就得最佳更新期。公式如下

$$C(t)=\{\sum C_i+[K_0-L(t)]\}/t \tag{6-17}$$

式中：

$C(t)$——第t年年度平均使月费（元）

K_0——设备原值（元）；

C_i——第 i 年维护费（$i=1\sim t$）（元）；

$L(t)$——第 t 年实际残值（元）；

t——某一确定的年份。

该方法适用于精密仪器。

[例6-3]

一台精密仪器原值为16 000元，相关数据如表6-3所示，问最佳更新期为多久？

表6-3 精密仪器残值与维持费数据表

年限	1	2	3	4	5	6	7
维持费用	2000	2500	3500	4500	5500	7000	9000
实际残值	10000	6000	4500	3500	2500	1500	1000

解：

根据式（6-17），分步计算过程如表6-4所示，在 $t_1=8\,000$，$t_2=7\,250$，$t_3=6\,500$，$t_4=6\,250$，$t_5=6\,300$，$t_6=6\,583$，$t_7=7\,000$ 中，$t_4=6\,250$ 为最小，故最佳年限为4年。

表6-4 精密仪器残值与维持费数据表

使用年数 t	累计维持费 $\sum C_i$	设备费用 $K_0-L(t)$	使用总成本	年平均成本 $C(t)$
1	2000	6 000	8 000	8 000
2	4500	10 000	14 500	7 250
3	8000	11 500	19 500	6 500
4	12500	12 500	25 000	6 250
5	18000	13 500	31 500	6 300
6	25000	14 500	39 500	6 583
7	34000	15 000	49 000	7 000
①	②	③	④=②+③	⑤=④/①

二、设备技术改造

（一）设备改造的含义

企业根据生产经营需要，应用现代化技术成果和先进经验，给设备装上新部件、新装置、新附件等，改变旧设备落后的结构，改善技术性能和功效，使现有设备升级到最新、更高水平的技术经济档次。

设备改造要立足现有条件，满足生产发展和工艺变化要求；有利于设备整体水平提升，促进企业技术进步；给企业带来更大的经济效益。相比设备更换，设备改造投资省、周期短、见效快。

（二）设备改造内容

设备改造由生产技术部门制订计划，由设备开发设计部门提出最佳方案，由工艺制造部门实施设备改造方案。

设备改造的主要内容有：

（1）通用设备改成专用设备，以满足新产品生产需求；

（2）增大设备容量、提高功率和转速，进而提高设备效率；

（3）对设备进行结构改造，降低设备能耗、物耗，降低生产成本，提高自动化水平，减轻劳动强度等；

（4）应用微机信息技术、控制技术、系统论方法，提高设备的可靠性、程控性和自控水平；

（5）改造部分零部件，使之标准化、通用化；

（6）改善设备的监控、保护装置，提高设备的安全性；

（7）改善设备的排放系统，使"三废"及噪声尽可能达标，保护人类生态环境。

（三）设备改造重点

（1）能耗高、效率低、精度差及不能满足工艺要求的陈旧落后设备；

（2）严重污染环境、危害人类身心健康的设备等。

第五节　全面生产维护（TPM）

TPM（Total Productive Maintenance）——全面生产设备维修保全，汉语称之为全面生产维护，是在日本企业传统管理吸收美国预防维修制的基础上，基于设备综合工程学发展起来的一种设备管理制度。

一、TPM 涵义

（一）TPM 的概念

TPM 的意思就是"全员生产维修"。这是一和全员参与的生产维修方式，关键点在"生产维修""全员参与"。通过建立一个全厂员工参与的生产维修活动，使设备性能达到最佳状态。TPM 的提出是建立在美国的生产维修体制的基础上，同时也吸收了英国设备综合工程学的思想。除日本国外，对 TPM 的理解是：利用包括操作者在内的生产维修活动，提高设备的全面性能。

TPEM（Total Productive Equipment Management）是全面生产设备管理，这种新的维修思想，由国际TPM协会发展出来。这是根据非日本文化的特点制定的，使得在一个工厂里开展TPM活动更容易成功一些。与日本TPM不同的是，它的柔性更大，也就是说你可根据工厂设备的实际需求来决定开展TPM的内容，这无疑是一种动态的方法。

TPM定义有两种，表6-5反映了TPM发展的两个阶段的两种定义。

表6-5　TPM发展的两个阶段的两种定义对比

阶段	定义
1971年，生产部门的TPM	以追求设备的综合效率（最高效率）为目标
	建立以设备一生寿命为保养对象的PM体系
	涉及设备的生技计划、运行操作、维修保养等所有部门都要加入PM体系
	从经营层到生产线作业员，全员参加
	以小集团自主活动来推动PM的机动式管理
1989年，全公司的TPM	以创造追求生产系统的极限（综合效率），以改善企业体质为目标
	基于现场设备及其布局，以生产系统全体寿命周期为对象，追求"零灾害、零不良、零故障"，并将所有损失事先加以防止
	从生产部门扩展到开发、营业、管理所有部门
	从经营层到生产线作业员，全员参加
	利用小集团重复活动，达成"零损失"目标

1.TPM活动的三大法宝

法宝一是从基础知识、问题事例、改善事例中获得三类学习心得；法宝二是活动看板；法宝三是小组讨论会。

2.TPM的最终目标

TPM的最终目的要达到四点：提高设备的综合效率；停机为零、废品为零、事故为零、速度损失为零，具体见表6-6；建立一套严谨的、科学的、规范化的设备管理模式；树立全新的企业形象。

表6-6　TPM最终目标中的四个"零"

四个"零"	内容
停机为零	计划外的设备停机时间为零。计划外的停机对生产造成冲击相当大，使整个生产匹配发生困难，造成资源闲置等浪费。计划时间要有一个合理值，不能为了满足非计划停机为零而使计划停机时间值达到很高
废品为零	由于设备原因造成的废品为零。"完美的质量需要完善的机器"，机器是保证产品质量的关键，而人又是保证机器好坏的关键
事故为零	设备运行过程中事故为零。设备事故的危害非常大，影响生产不说，还可能会造成人身伤害，严重的可能会"机毁人亡"
速度损失为零	设备速度降低造成的产量损失为零。由于设备保养不好，设备精度降低而不能按高速度使用设备，等于降低了设备性能

3.TPM 的 5S 活动

整理：取舍分开，取留舍弃；整顿：条理摆放，取用快捷；清扫：清扫垃圾，不留污物；清洁（或标准化）：清除污染，美化环境；素养：形成制度，养成习惯。营建一个"绿色"的企业！

4.TPM 与 TQM、JIT 关系理解

如果把企业比喻成一部车，则 TPM（全员生产维护）是驱动轮（后轮），TQM（全面质量管理）是前轮，JIT（适时生产）是离合器，而企业的文化则是方向盘。

（二）TPM 的三全

TPM 是以设备综合效率为目标，以设备时间、空间全系统为载体，全体人员参与为基础的设备保养、维修体制，即全效率、全系统、全员的"三全"。

1.全效率

全效率是指设备寿命周期费用评价和设备综合效率，即上述所运算的设备综合效率，包括设备整个寿命周期内发生的输入与输出之比。其中输入是指设备寿命周期内发生的一生总费用；输出是指设备安全生产条件下的一生总产量。

2.全系统

全系统是对设备一生进行系统研究和管理，是指生产维修系统的各种方法：PM、MP、CM、BM（详见本章第二节）等都包括在内，并有相应的生产维修保养方案作配套。设备一生分为规划研究阶段、设计制造阶段、使用运行阶段，相应采取系统分析、维修预防、预防性改善性事后性三结合维修。

3.全员

全员是指所有涉及设备的相关人员，最起码包括五类人：生产设备操作员、设备/系统维护保养员、生产管理人员、设备维护后勤人员和设备设计制造商，即设备的计划、使用、维修等所有部门都要参加，尤其注重的是操作者的自主小组活动。

二、TPM 的素质理念与目标活动思想

（一）TPM 要素素质理念

TPM 的目的是在各个环节上持续不断地进行改善，积小善为大善，最终达成整体上的创新飞跃；同时通过标准化活动，将创新取得的成果持久地加以保持。

TPM 的理念是组建强于设备的工作团队，为企业盈利目标研究、开发设备缺陷管理技术。在强化人员、设备、企业体质过程中，检修维护好设备/系统，追求无故障生产运行，如图 6-9 所示。

1.人的素质改善

1）激励机制的设计维护

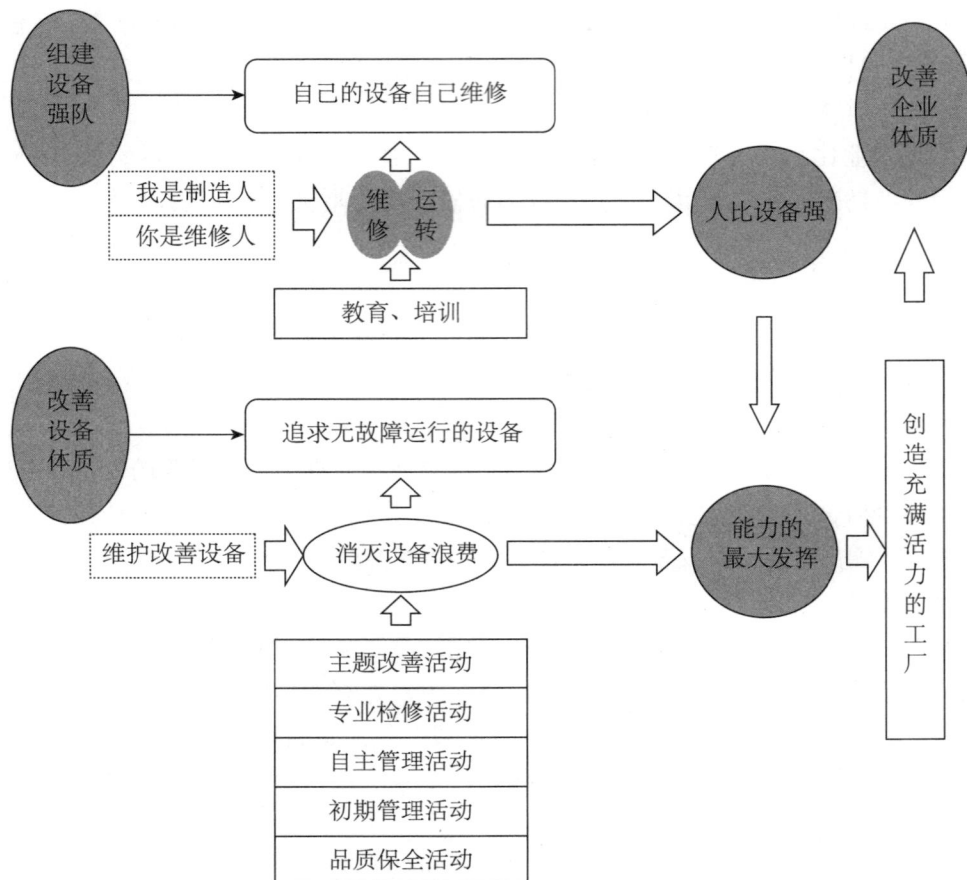

图6-9 人/设备/企业三体质的强化

在推行TPM时，要切实把握企业的现状，正确制定各个管理项目与管理指标，并长期进行跟踪。否则，一旦员工看不到改善活动的成果，就会失去积极参与的动力；企业领导看不到活动的成果，TPM也就得不到持续的支持。

2）改善人的素质

人的素质改善，就是要培养一批适应工厂自动化的人员。各种人员必须具备下列能力：

（1）操作人员应具备自主维修保养能力；

（2）检修人员应具备维修保养机电一体化设备的能力；

（3）生产技术人员应具备维修保养预防设计的能力。

2.优秀操作运转人员具备的条件

一级水准

（1）缺陷发现的能力；

（2）防止劣化的能力；

（3）消除缺陷的能力。

2）二级水准

（1）对设备的构造、机能的理解能力；

（2）准确快速点检的能力；

（3）发现异常的能力。

3）三级水准

（1）成本—品质关系的理解能力；

（2）预知品质异常与发现故障原因的能力。

4）四级水准

准确快速修理设备的能力。

3.设备素质的改善。

设备寿命周期费用（Life Cycle Cost，缩写为 LCC）是指设备在预期的寿命周期内，为其论证、研制、生产、使用、保障及报废处置和改造所支付的一切费用的总和。它表明一台设备一生要花多少钱，所以是设备的一个非常重要的经济参数量值。设备寿命周期费用因而也成为现代质量观念中的重要内涵与要素。

（1）改善现有设备，提高综合效率；

（2）实现新设备的寿命周期费用LCC（Life Cycle Cost）最低。

4.企业问题观察

考核企业文化高低至少应考量以下问题：

（1）全体员工不知道公司的发展方向？

（2）不做重要的事情，而做紧急的事情？

（3）缺乏"这儿不好""那儿不好"等找缺点气氛？

（4）管理效率不高，浪费多？

（5）部门间或人与人扯皮现象是家常便饭？

（二）TPM的目标内容

TPM的三大思想是指预防维修、零缺陷、全员参与活动，如图6-10所示。这也是TPM内容，而PM活动的三大要素是指硬件/软件的方法论——现况板、活动板、信息传递窗；实事求是的三现主义——现场、现物、现象；以人为本的三者主义——操作者、中层管理者、最高经营者。

（三）TPM活动的意义

开展TPM活动可使企业获得良好的经济效益和广告效应，可以使企业充分发挥设备的生产潜力，并使企业树立起良好的社会形象。

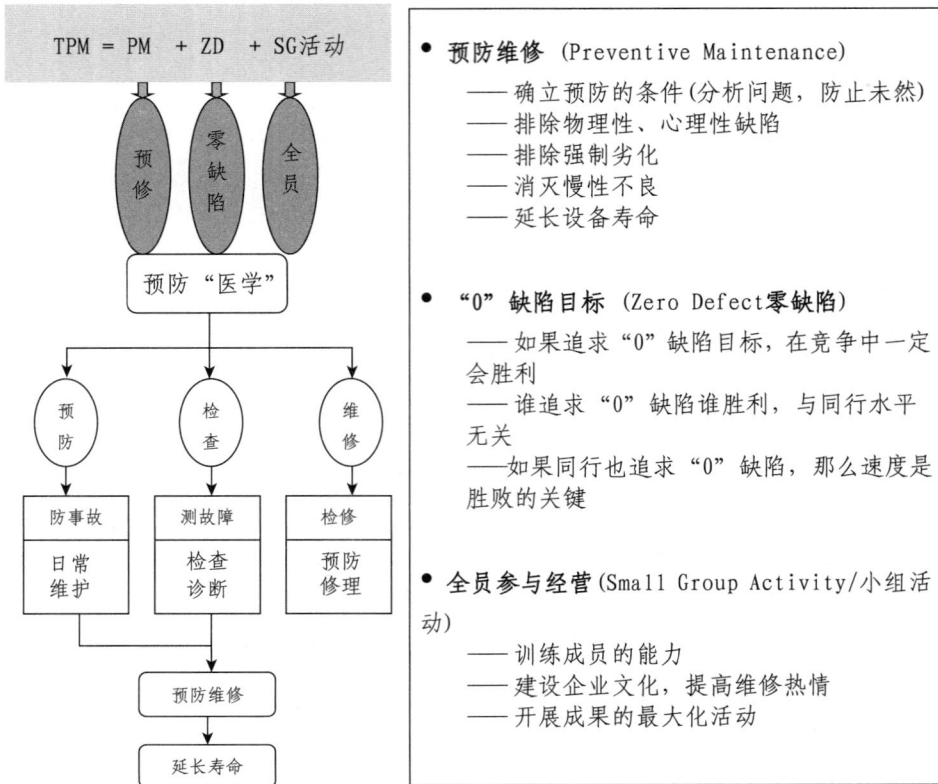

图 6-10　TPM = PM + ZD + SG

三、TPM 形成和 8 大活动支柱

（一）TPM 起源形成

图 6-11 反映了 TPM 的起源和发展过程。这种过程正是设备维护、保养、检修实践的经验总结过程。主要围绕故障后维修、故障点位规律、设备健康周期规律和追求零故障进展，直至 GE 公司提出了一套系统的维修模式 PM。

（二）TPM 8 大支柱活动

TPM 8 大支柱活动涵盖全面管理八大课题，体现全员全业务高效率。如图 6-12 所示，TPM 8 大支柱活动基于 5S 活动，分成两个阶段。

自主管理是指自己的设备自己维护，并培养具有设定条件能力、维持设备运行能力、处理故障及修理能力的专业操作者。主题改善是指设备、人或原物料的效率化，手法是 WHY 分析和 PM 分析。专业维修要求制订零故障的计划保养。技术情报包括开发容易制造的产品和容易使用的设备。教育培训重点是零故障及其相关知识、意识传播。品质保证是维护出 100% 良品的设备状态。还有事务间接部门效率化和安全卫生环境管理。

TPM 起源	起源于日本、美国和设备综合工程学，1980年后进入中国。
1—BM 事后维修 Break down Maintenance	1950年前常采用的方法，适用半自动、手动操作设备多，结构简单的年代。在设备出现故障后再维护。
2—CM 改良维修 Corrective Maintenance	1950年后，实践中发现设备故障总在某部位出现，因此维护时要去查找这些薄弱部位并对其改良。
3—PM 预防维修 Preventive Maintenance	1955年前后，实践中发现设备的许多故障是周期性出现的，于是对这类故障提出了维护方法。
4—MP 维修预防 Maintenance Prevention	1960年前后，工业技术不断进步使人们追求不发生故障的设备。维护从设计、制作、安装开始。
5—PM 生产维修 Productive Maintenance	1960年前后，美国 GE 公司综合上述维修方法，提出了一套系统的维修方案。即 TPM 的前身 PM。

图 6-11　TPM 形成过程

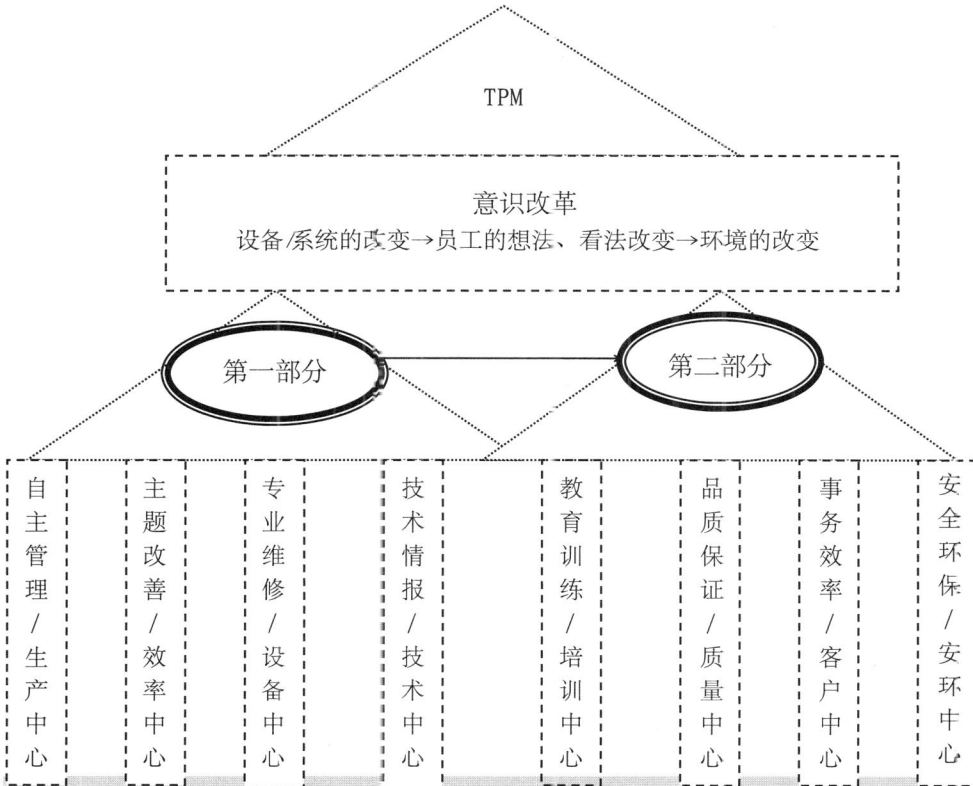

图 6-12　TPM 8 大支柱

图 6-13 反映了 TPM 活动规模从以产品制造为主发展到 TPM 集团活动，再扩展到以集团为核心的社会供销服务网络，跨国公司、跨地区联营，以品牌、资金、原材料和经营方法为线索的种种 TPM 方式。

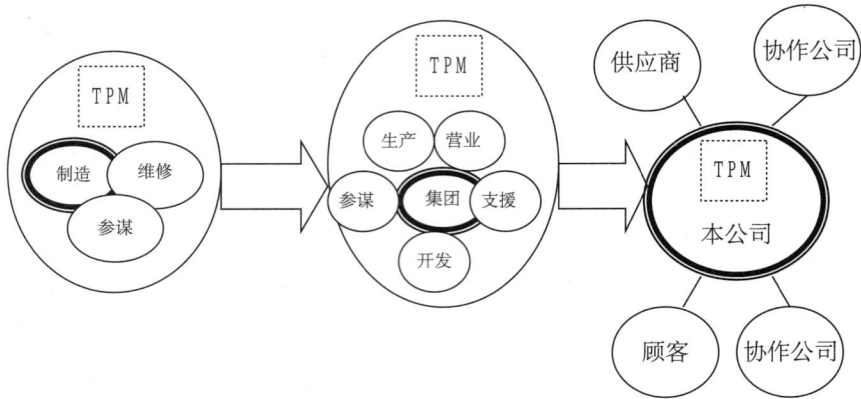

图 6-13   TPM 活动规模

四、TPM 展开要素与步骤

（一）推行 TPM 的要素

推行 TPM 要从三大要素上下功夫：

1. 提高工作技能

不管是操作工，还是设备工程师，都要努力提高工作技能。没有好的工作技能，全员参与将是一句空话。

2. 改进精神面貌

精神面貌好，才能形成好的团队，共同促进，共同提高。

3. 改善操作环境

通过 5S 等活动，使操作环境良好，一方面可以提高工作兴趣及效率，另一方面可以避免一些不必要的设备事故。现场整洁，物料、工具等分门别类摆放，也可使设置调整时间缩短。

（二）TPM 展开计划书步骤

TPM 展开计划书的步骤主要是推动 TPM 的动员活动和图 6-12 所示的 8 大支柱活动，具体见表 6-7。

（三）TPM 开展步骤

开展 TPM 不是一件容易的事，需要各方的大力支持，特别是企业高层的支持。具体开展过程可分为三个阶段十个具体步骤。

表 6-7 TPM 展开计划书的 12 步骤

区分	步骤	要点
导入准备阶段	高层导入 TPM 的宣言	在企业刊物上刊登 TPM 内容,召开 TPM 宣言会议
	TPM 导入教育与宣传	组织干部研修 TPM,大量放映幻灯片
	构建组织、设置职务推动 TPM 活动	组织架构和职务示范,委员会、专门管理科室、事务局、职务设置等
	设定 TPM 目标与方针	基准、目标、效果预期
	制定 TPM 的展开主计划书	从准备导入到接受审查
导入开始	TPM 实施大会	接待:进货厂商、关系企业、外包公司、地方或行业有关监管单位负责人
导入实施阶段	建立企业效率化体制,其中自主保养、个别改善、计划保养、操作技能训练四点属建立生产部门效率化体制的第七步	自主保养:以步骤方式进行诊断并颁发合格证书; 个别改善:专案组活动与生产现场团队活动; 计划保养:改良保养、定期保养、预知保养; 操作技能训练:小组长集中培训与面向组员的传达教育
		建立新制品新设备的初期管理体制:开发容易制造的产品、使用方便安全的设备
		建立品质保养体制:不发生不良产品的条件环境与管理方法
		建立管理、间接部门的效率化体制:支援生产、本部门效率化、设备效率化
		建立安全、卫生与环境管理体制:建立零故障、零灾害、零公害体制
落实阶段	TPM 完全实施与水平的提高	PM 接受审查并向更高目标挺进

1.三个阶段

1)准备阶段

此阶段主要是制订 TPM 计划,创造一个适宜的环境和氛围。可进行如下四个步骤的工作:①TPM 引进宣传和人员培训。主要是向企业员工宣传 TPM 的好处,可以创造的效益,教育员工要树立团结概念,打破"操作工只管操作,维修工只管维修"的思维习惯。②建立组织机构推动 TPM 成立推进委员会,范围可从公司级到工段级、层层指定负责人,赋予权利、责任,企业、部门的推进委员会最好是专职的脱产机构。同时还可成立各种专业的项目组,对 TPM 的推行进行指导、培训、解决现场推进困难问题。③建立基本的 TPM 策略和目标。主要表现在三个方面:目的是什么(What);量达到多少(How much);时间表(When),也就是什么时间在哪些指标上达到什么水平。考虑问题顺序可按照如下方式进行:外部要求→内部问题基本策略→目标范围/总目标。④建立 TPM 推进总计划。制订一个全局的计划,提出口号,使 TPM 能有效地推行下去。逐步向四个"零"的总目标迈进。

计划的主要内容体现在以下五个方面:改进设备综合效率;建立操作工人的自主维

修程序；质量保证；维修部门的工作计划表；教育及培训、提高认识和技能。

2）引进实施阶段

此阶段主要是制定目标，落实各项措施，步步深入开展工作：① 制定提高设备综合效率的措施，成立各专业项目小组，小组成员包括设备工程师、操作员及维修人员等。项目小组有计划地选择不同种类的关键设备，抓住典型总结经验，起到以点带面的作用。项目小组要帮助基层操作小组确定设备点检和清理润滑部位，解决维修难点，提高操作工人的自主维修信心。② 建立自主维修程序。首先要克服传统的"我操作，你维修"的分工概念，要帮助操作工人树立起"操作工人能自主维修，每个人对设备负责"的信心。推行5S活动，并在5S的基础上推行自主维修"七步法"。③ 做好维修计划。维修计划指的是维修部门的日常维修计划，这要和小组的自主维修活动结合进行。并根据小组的开展情况对维修计划进行研究及调整。最好是生产部经理与设备科长召开每日例会，随时解决生产中出现的问题，随时安排及调整维修计划。 ④ 提高操作和维修技能的培训。培训是一种多倍回报的投资，不但要对操作人员的维修技能进行培训，而且也要对他们进行操作技能的培训。⑤ 建立设备初期的管理程序。设备负荷运行中出现的不少问题往往在设备设计、研造、制造、安装、试运行阶段就已隐藏了。因此，设备前期管理要考虑维修预防和无维修设计，在设备选型（或设计研制）、安装、调试及试运行阶段，根据试验结果和出现的问题改进设备，具体目标是：在设备投资规划的限度内争取达到最高水平；减少从设计到稳定运行的周期；工作负荷小；保证设计在可靠性、维修性、经济运行和安全性方面都达到最高水平。

3）巩固阶段

此阶段主要是检查评估TPM的结果，改进不足，并制定下一步更高的目标，为企业创造更大的效益。

2.十个步骤

（1）TPM引进宣传，并按不同层次进行不同的培训；

（2）建立TPM推进机构，成立各级TPM推进委员会和专业组织；

（3）制定TPM基本方针和目标，提出基准点和设定目标结果；

（4）制订TPM推进总计划；

（5）制定提高设备综合效率的措施，选定设备，由专业指导小组协助改善；

（6）建立自主维修体制，小组自主维修；

（7）维修计划和维修部门的日常维修；

（8）提高操作和维修技能的培训，分层次进行各种技能培训；

（9）建立前期设备管理体制，进行维修预防设计；

（10）全面推行TPM 总结评估，找差距，制定更高目标。

五、TPM两种类型及内涵

（一）TPM原始内涵

如图 6-14 所示，TPM活动内涵至少包含以下五个方面：

（1）以最大限度地提高设备效率（综合效率化）为目标；

（2）以生产设备一生为管理研究对象，确立整个PM系统；

（3）涉及设备的计划、使用、维护等所有部门；

（4）从企业老总到第一线工作人员的全体人员都要参加；

（5）设法启动员工管理生产的动机，以小组的自主活动推进PM。

	TPM	生产维修	预防维修
追求经济性"挣钱的PM"	●	●	●
整个系统"MP-PM-CM"	●	●	
员工的小组自主管理活动	●		

图 6-14　TPM活动类型

（二）集团TPM活动的意义

如图 6-15 所示，集团TPM活动的内涵至少包含以下五个方面：

	集团展开	TPM	生产维修	预防维修
追求经济性"挣钱的PM"	●	●	●	●
整个系统"MP-PM-CM"	●	●	●	
员工的小组自主管理活动	●	●		
所有部门参加的集团活动	●			

图 6-15　集团TPM活动类型

（1）以构筑企业或经济组织结构，追求最高经营系统效率为目标；

（2）以生产体系的LC全体为管理研究对象，确立预防"灾害、故障、不良"等浪费体制；

（3）涉及生产、开发、管理等所有部门；

（4）从总裁到第一线工作人员的全体员工都得参加；

（5）依靠重复小组的活动达到浪费为 0。

六、自主管理 TPM

（一）推进自主管理的必然要求

1. 分工要求

传统上的生产分工是：我管生产，你管设备；我管操作，你管维护。设备运行由操作人员负责，设备坏了是维修部门的事。推行 TPM 自主管理，发现、确认缺陷和保养、维修设备由运行操作者与诊断检修者共同完成。

2. 协作要求

按照传统上的生产分工、考核制度，会出现鹬蚌相争、渔人得利，设备三不管等局面。因此要推行 TPM 自主管理，实行运行操作员、诊断检修员、生产技术监管员三部门封闭式协作、评价工作的机制。

3. 学习要求

按照传统上的生产分工，个人技能要求单一，设备处理能力、择业危机重重。通常，经营者或管理者因不知操作者的潜力和可能性而低估他们的操作技能。多数人做了一辈子的单纯反复作业，习惯一、二种岗位，为赚取生活费并没感觉到有多大痛苦。如果推行 TPM 自主管理，给人们展现才华、发现自己潜能的机会，员工在竞技状态发挥出来的力量和取得成果必然更大更可观。这样，争先学习多种技能，甚至突破难点获得发明发现，就会形成人才自然流动，使人力资源合理配置，大大改进社会分工。

（二）TPM 自主管理定义

自主管理活动是以制造部门、设备操作维修为中心的操作/检修者的活动。通过保持设备的基本状态（清扫、注油、紧固），遵守使用规定，根据总点检来进行劣化的复原，把"培养熟悉设备的工程师作为目标，根据 7 阶段程序展开教育、训练和实践的 PDCA循环来实现，如图 6-16 所示。这种由操作员/检修工按照自己制定的基准来维持管理生产现场和设备的活动就叫做自主管理。简言之，TPM 自主管理定义为：通过员工对自己的操作、管辖的设备/系统和负责的生产现场自觉地进行维持和改善活动，从而实现并维持现场、设备呈最佳状态。图 6-16 表明，作业者如果进行小部分的紧固和注油、清扫，就可以事先防止故障，而且在接触设备的过程中可以感知其异常，也可以事先防止其故障的发生。

编制自主管理体系少则 3 年，长则需要 4 年。虽然重点改善在短时间内能获得结果，但其效果是局部的。自主管理是以工厂全体为对象的活动，虽然需要很长的时间，但相对取得的效果或利益是相当可观的。

步骤/STEP	推进目的	推进内容
№1：初期清扫	训练发现缺陷的能力	用第5感发现缺陷
№2：寻找缺陷发生源/困难点位	培养改善设备的能力	确定改善设备、清扫
№3：制订准基准	培养防止劣化的能力	制定作业者自觉遵守
№4：总点检教育	培养理解设备构造、正确点检的能力	理解设备的机能及构造，理解作压点加工点的水平
№5：自主点检	工序正确的操作方法，处理异堂的能力	理解工序的性能、调整方法、异动发生常时的对策方法，提高操作可靠性
№6：品质保证	管理4M和品质原因系约能力	理解设备和品质的关系，在不良发生之前解决问题
№7：自主管理	构筑设备及现场管理的免疫体系	1 ～ 6 STEP的体制化、习惯化

图 6-16　7STEP强化训练体系

（三）自主管理的7STEP体系和方法程序

1.自主管理的7STEP体系

7STEP体系的目的：培养强于设备、过程或工序的工作人员。

7STEP体系的方法：见图6-16所示，构筑设备及现场管理的免疫体系，推进自主管理，需要实行7STEP体系制度化习惯化。

2.自主管理的方法程序

自主管理的着眼点由六大浪费组成，如图6-17所示，相应地有六大攻击方法和六大展开程序。六大展开程序基本反映了图6-16 7STEP强化训练体系。

（四）运行部门的自主管理活动

设备相关部门的自主管理活动分三阶段，按照图6-16、图6-17、图6-19进行，自主管理活动含意诠释、内容见表6-8。

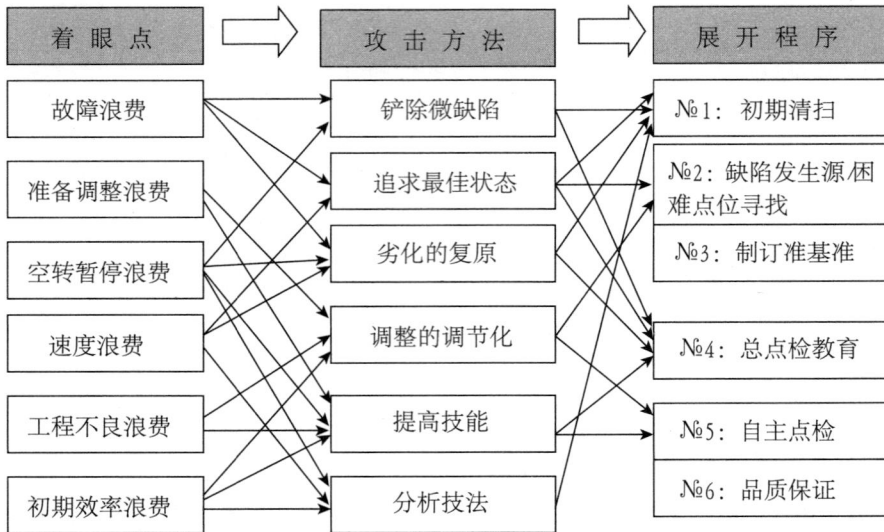

图6-17 自主浪费管理方法程序

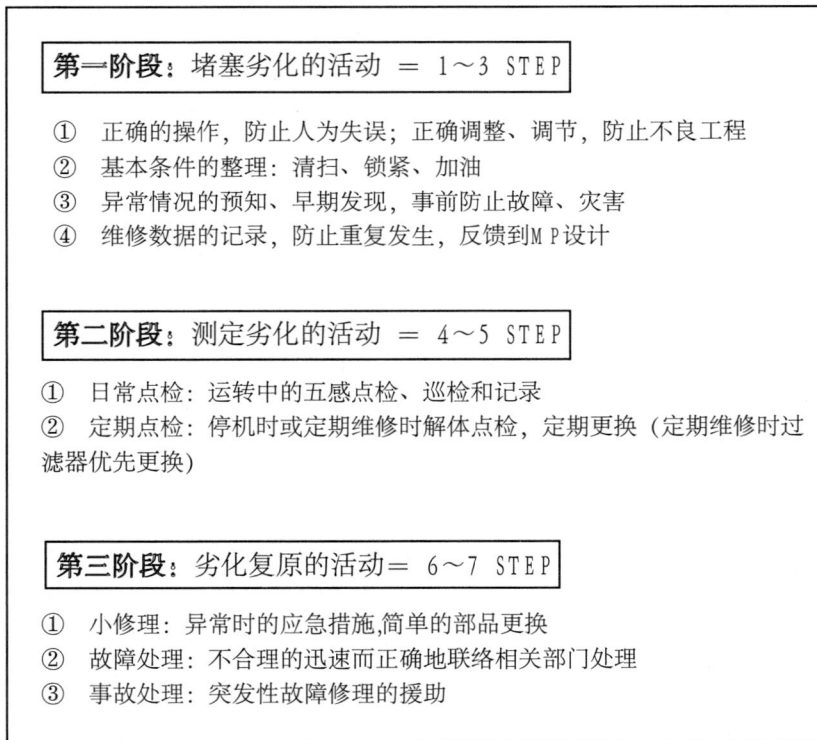

第一阶段：堵塞劣化的活动 ＝ 1～3 STEP

① 正确的操作，防止人为失误；正确调整、调节，防止不良工程
② 基本条件的整理：清扫、锁紧、加油
③ 异常情况的预知、早期发现，事前防止故障、灾害
④ 维修数据的记录，防止重复发生，反馈到MP设计

第二阶段：测定劣化的活动 ＝ 4～5 STEP

① 日常点检：运转中的五感点检、巡检和记录
② 定期点检：停机时或定期维修时解体点检，定期更换（定期维修时过滤器优先更换）

第三阶段：劣化复原的活动＝ 6～7 STEP

① 小修理：异常时的应急措施,简单的部品更换
② 故障处理：不合理的迅速而正确地联络相关部门处理
③ 事故处理：突发性故障修理的援助

图6-18 自主管理的阶段步骤

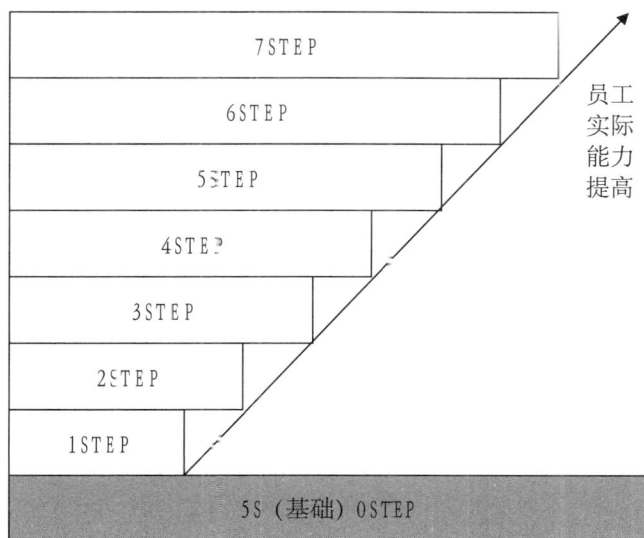

图 6-19　自主管理活动 7 STEP 体系图

表 6-8　自主管理活动 7 STEP 的诠释表

阶段步骤	定义	活动内容	目标	备注
大整理	全体人员把本区域没用的东西彻底清除	• 明确担当区域； • 选定整理对象→大整理	使生产场所只留下有用的东西,必要物品随手能取到	
0 阶段：5 S 活动	将不必要的东西清除掉,有用的则放在近处	• 区分为必要 / 不必要； • 不要物品丢弃； • 使有用的能够容易使用	使用场所只放置有用的物品	活 动 AREA MAP
1 阶段：初期清扫	通过感官彻底去除灰尘、酸碱、污染环境	• 彻底去除灰尘、污染； • 制定 4 个 LIST：发生源、困难部位、不合理、疑问点	彻底去除粘在设备上的酸碱、油污等	列出不合理 LIST
2 阶段：发生源困难部位对策	去除、改善缺陷发生源 / 困难场所	• 提出发生源对策； • 改造清扫困难部位,缩短清扫时间	去除污染发生源；去除或改善清扫困难部位	不合理对策书（PM 分析…）
3 阶段：制定准基准	为方便进行清扫、注油等活动制定行动基准	• 润滑、教育及总点检； • 制定在规定时间内能够清扫、注油的基准	设定短期清洁度目标,防止润滑、注油不良	• 标准制,修订项目 LIST； • SUB-Theme 登录； • OPL（One Point Lesson）

阶段步骤	定义	活动内容	目标	备注
4 阶段：总点检	点检设备的所有部位，使之复原	• 进行点检技能教育； • 总点检，改善点检方法、设备及制定基准	实施短期点检，复原所有不合理的部位	• 各种标准书； • 要素作业 Manual； • 点检 Manual
5 阶段：自主点检	随时实施清扫、注油、点检、复原	• 自主维修基准，对设备进行日常维修，以"0"故障为目标	短期内实施所有清扫、注油、点检、复原	•system flow chart； • 自主点检 check sheet
6 阶段：品质保证	以设备为中心向周边扩展，开展品质保证活动	• 产出不良零化； • 工程、设备不良零化以保证品质	只生产良品的工程、设备；落实品质保证的思考方式	•CPK 管理表； • F M E A，FTA...
7 阶段：自主管理	按制定的基准及目标自主进行管理	• 现在 TPM 水平； • 继承、维持、改善	切实明白并遵守 PDCA 周期	• 自主管理 sheet； •Mtbf，Mttr 管理 sheet； • 设备综合效率管理 sheet

（五）TPM 小组自主活动及成功十二要点

1.TPM 中的小组自主活动

TPM 小组自主活动最好纳入到组织系统柜架中，其主要活动内容及目标是四"无"：无废品、无故障、无事故、无工作差错，主要特征就是全员参与，把以前由少数人做的事情变成全体人员的自觉行动。

（1）小组的组成及活动方式：

小组是车间下属的基层组织，一般为 3～10 人，组长由民主选举产生，每周要开一次例会，时间在 30 分钟，公司的 TPM 大会每年要召开两次，对优秀的小组进行奖励。

（2）小组活动的主要内容：

①根据企业 TPM 总计划，制定本小组的努力目标；

②提出减少故障停机的建议和措施，提出个人完成的目标；

③认真填写设备状态记录，对实际情况进行分析研究；

④定期开会，评价目标完成情况；

⑤评定成果并制定新目标，小组活动在各个阶段是有所侧重的，TPM 实施初期，以清洁、培训为主。中期以维修操作为主，后期以小组会议、检查和自主维修为主。

（3）小组活动的行为：

小组活动的目标和要公司的目标一致，就要把完成公司的目标变成每一位员工的需要。此点能否做好，主要看管理思想。"参与型"管理比较注意个人的利益、成就感和上进心，生产率的提高是长期的。

（4）小组活动的评价主要看四个方面的情况：

①自我发展阶段，自觉要求掌握技术，有自信心；

②改进提高阶段，不断改进工作及技术，有成就感；

③解决问题阶段，目标与企业目标互补，自觉解决问题；

④自主管理阶段，设定小组更高目标，独立自主工作。

2.自主TPM成功的十二要点

不断地按以下十二点反省、盘查是自主管理TPM成功的要点：

（1）导入教育方案能否使员工完整地理解TPM；

（2）部门之间的协助，尤其是相关部门对生产一线的援助协作能否做得很好；

（3）按规程运作的各种小组活动能否保持重复不断进行；

（4）自主维修就是作业本身的思考方式是否常识化；

（5）不受形式或管理的制约，身体力行解决问题；

（6）按照各阶段目标，是否进行着教育训练；

（7）按照各阶段目标，是否有实质性效果；

（8）能否拥有自己制定应遵守的事项的能力/权力；

（9）在自主维修诊断时，管理者的诊断与指导是否贴切；

（10）样板的选择方法是否合适，管理者的指导是否良好；

（11）工事处理或改善能否迅速进行；

（12）能否彻底地落实7STEP的实质性活动。

七、TPM中的设备点检制

设备点检制见本章第二节（三、故障监测诊断技术）。

（一）点检制定义

点检制是以点检为中心的设备维修管理体制。点检制的医学内涵就像人要做身体检查一样，利用一些检查手段，对设备进行早期检查、诊断和维修。每个企业可根据自己的实际情况制定自己的点检制度。

（二）"三位一体"点检制及五层防护线的概念

"三位一体"是指岗位操作员的日常点检、专业点检员的定期点检、专业技术人员的精密点检三者结合起来的点检制度。五层防护线是指第一层防护线：岗位操作员的日常点检；第二层防护线：专业点检员的定期点检；第三层防护线：专业技术人员的精密点检；第四层防护线：对出现问题进一步通过技术诊断等找出原因及对策；第五层防护线：

每半年或一年的精密检测。

（三）点检制的特点

点检制的特点就是八"定"，如表6-9所示。

表6-9　点检制的八"定"

序号	定点	内容
1	定人	设立操作者兼职和专职的点检员
2	定点	明确设备故障点,明确点检部位、项目和内容
3	定量	对劣化侧向的定量化测定
4	定周期	不同设备、不同设备故障点给出不同点检周期
5	定标准	给出每个点检部位是否正常的依据
6	定计划	做出作业卡、指导点检员沿规定的路线作业
7	定记录	定出固定的记录格式
8	定流程	定出点检作业和点检结果的处理程序

（四）点检的分类

按点检的目的划分：倾向点检和劣化点检；按是否解决划分：解体点检和非解体点检；按周期和业务范围划分：日常点检、周期点检和精密点检。

八、TQC 与 TPM 的 比 较

表6-10比较了全面质量管理与全面生产管理的特点，而图6-20试图融合两种管理模式，创造出兼顾质量与成本先进管理模式。

表6-10　TQC 与 TPM 比较表

区别点	TQC	TPM
目的	改善企业的体质,建设高效益和令人心旷神怡的企业文化	
管理对象	品质：PQCDSM：OUTPUT 结果,见图6-20	4 M：INPUT 原因,见图6-20
标的物	管理体系化（系统化、标准化）→ Soft 件	准备符合要求的现场现物→ Hard 件
手段	管理技术中心：QC 手法	固有技术中心:设备维修技术
小组活动	自由的业余活动（放任型）	职制＋小组一体活动（指导型）
目　标	PPM 订单的品质	彻底排除浪费（零浪费志向）

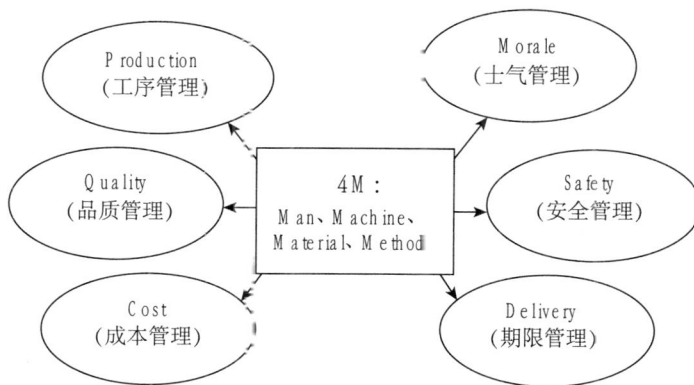

图 6-20 4M管理与PQCDSM管理

第七章 ISO9000 质量体系认证

第一节 ISO9000 族标准的产生发展

一、ISO9000 族标准的产生

ISO9000 系列标准是综合各国科技、社会、经济、文化等逐渐形成和发展起来的，是全球经济一体化的要求。其产生、发展背景和内容如表 7-1 所示。

表 7-1 ISO9000 的产生原因

背景条件	产生原因
科学技术的突飞猛进，为 ISO9000 质量标准的产生创造了物质条件	随着科技进步，为适应生产发展需要，各国纷纷出台产品质量管理和产品质量保证的标准，用以指导企业生产，不断提高质量水平。但由于各自为政，各国质量标准不一致，在国际贸易中遇到越来越多的麻烦和困难，ISO9000 标准产生的客观条件就出现了
世界各国企业在质量管理上的实践探索奠定了 ISO9000 质量标准形成的理论基础	二战期间，美国应军事需要率先对军备产品的生产提出了质量保证方面的标准要求。美国在质量管理方面的实践，不仅丰富了质量管理的经验，降低了质量缺陷的发生频率，还开发出一系列行之有效的质量管理技术，成功地将数理统计引入质量管理实践中，为质量管理理论的形成、完善奠定了坚实的理论基础
全球一体化趋势推动了 ISO9000 质量标准在世界范围推广、传播	随着全球经济一体化发展，为保护和平衡全球各地消费者、经济体的利益，必须在不同国家、企业之间确立技术合作、经济交流和贸易往来的规范，确定全世界共同遵守的质量标准、规范。事实上，ISO9000 质量标准一推出就得到了各类组织的推崇和认可，受到了各国政府的高度关注和支持，成为促进产品质量、强化质量管理的行动纲领与指南

正是在表 7-1 所述背景下，国际标准化组织于 1979 年成立了"质量保证技术委员会"（TC176），1987 年更名为"质量保证和质量管理技术委员会"。

二、ISO9000 族标准的发展

ISO 通过它的 2 856 个技术机构开展技术活动。其中技术委员会（简称 TC）共 185

个，分技术委员会（简称 SC）共 611 个，工作组（WG）2 022 个，特别工作组 38 个。对 ISO9000 族标准的修订，TC176 组织分工如图 7-1 所示。

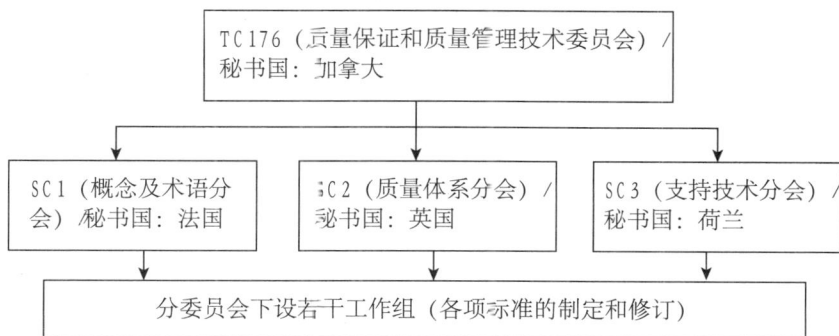

图 7-1　国际标准化组织架构

ISO9000 族标准的制定与修订组织简称国际标准化组织（ISO），经过多年的艰巨工作，国际标准化组织于 1986 年开始发布 ISO 质量标准，主要有六项，见表 7-2。

表 7-2　ISO9000 系列标准

序号	发布时间	标准名称
1	1986 年	ISO8042：《质量——术语》
2		ISO9000：《质量管理与质量保证标准——选择和使用指南》
3		ISO9001：《质量体系——设计开发、生产、安装和服务的质量保证模式》
4	1987 年	ISO9002：《质量体系——生产和安装的质量保证模式》
5		ISO9003：《质量体系——最终检验和试验的质量保证模式》
6		ISO9004：《质量管理和质量体系要素——指南》

国际标准化组织承诺，他们会定期对 ISO9000 标准进行评审、改进和更新，体现各国和标准使用者对质量管理方面的要求，不断提升各类经济组织的质量管理水平。至今，ISO9000 标准已经历了两个阶段的修改，大大增强了标准的针对性和实用性。修订版本见表 7-3。

表 7-3　ISO9000 系列标准修改版本

版本号	标准数	特点
第一阶段：1994 年版	16 个标准	有限修改
第二阶段：2000 年版的 ISO9000 系列标准（现行通用的 ISO9000 质量体系标准）	5 个标准	总体结构和技术内容上的全新修改：识别、理解质量保证及质量管理领域中顾客的要求；制定有效反映顾客期望的标准；支持 ISO9000：2000 标准的实施，并促进对实施效果的评价

ISO 的 2 856 个技术机构技术活动的成果（产品）是"国际标准"。ISO 现已制定出国际标准共 10 300 多个，主要涉及各行各业各种产品（包括服务产品、知识产品等）的技术规范。

三、ISO9000 论证的意义

ISO9000 的论证对人类经济活动至少有如下几个益处：

（1）强化顾客满意管理，提高服务水平。节省第二方即使用者、消费者的精力、费用，使生产活动真正服务人类，放心消费、满意消费，提高人类生活品质和幸福指标。

（2）有效地避免产品责任。强化品质管理，提高企业效益，增强客户信心，扩大市场份额，推动经济发展。

（3）规范企业内部管理，提高管理水平。强化企业管理，稳定经营运作，减少员工变化对技术质量的波动，扩大企业形象。

（4）在产品品质竞争中永远立于不败之地。经济市场的竞争本质是价格和品质的竞争，引入ISO可使企业在竞争中取得主动，立于不败之地，通过获取国际贸易的通行绿卡，消除国际贸易壁垒，互通有无，互补互惠，推进全球经济一体化。

（5）有利于国际合作与交流，资源共享，形成共同语言、同一认识、同样基础。

第二节　ISO9000：2000 系列标准

现行ISO9000：2000 系列标准由 4 项核心标准及其一些支持性标准和文件构成，具体内容见表 7-4。

表 7-4　ISO9000：2000 系列标准结构内容

	编号	名称
4 项核心标准	ISO9000	《质量管理体系基础和术语》
	ISO9001	《质量管理体系要求》
	ISO9004	《质量管理体系业绩改进指南》
	ISO19011	《质量和环境管理体系审核指南》
支持性标准、文件	ISO19012 等	《测量控制系统》等一些支持性报告

一、质量管理体系基础和术语

GB/T 19000—2000 idt ISO9000：2000《质量管理体系基础和术语》表述质量管理体系基础知识，并规定质量管理体系术语。包括：

（1）8 项质量管理原则

（2）12 项质量管理体系基础

（3）80 个术语和定义。

ISO9000：2000《质量管理体系基础和术语》是 ISO9000 族标准的基础，主要界定了质量管理体系的基本原理和术语标准，有利于不同民族文化、不同语言、不同思维方式的各国、各地区、各族的 ISO9000：2000 标准用户建立相互理解、合乎逻辑、便于沟通的技术经济语言平台；有利于促进对其他质量管理核心标准理解、推广，了解质量管理的基本原则。ISO9000：2000《质量管理体系基础和术语》结构分为四部分，见表 7-5。

表 7-5　《质量管理体系基础和术语》构造

结构层次	内容摘要
引言：质量管理八项基本原则	这质量管理八项基本原则立足于质量管理的丰富实践，以高度概括、易于理解的语言描述了质量管理的最基本最通用的一般性规律，为质量管理标准的制定和实施奠定了理论指导基础，确立了有效的质量管理思想基础
质量管理体系基本原理	通过阐述 ISO9000：2000 系列标准中的基本原理，同引言中质量管理八项基本原则形成了鲜明的呼应关系；提出了十二条基本原理，对质量管理体系中的目的、意图、方法、评价、改进进行了全面系统的说明，与质量管理八项基本原则一起共同构建了 ISO9000 质量管理标准的基础
术语和定义	对 ISO9000 系列标准中质量管理体系中的术语进行了界定和说明
附录	解释了 ISO9000：2000 系列标准中术语的使用方法，表述了概念图（与质量管理体系相关的特定概念领域里术语间关系及其有效理解方法）

二、质量管理体系要求

GB/T 19001—2000 idt ISO9001：2000《质量管理体系要求》，规定质量管理体系要求，用于证实组织具有提供满足顾客要求和适用法规要求的产品的能力，目的在于增进顾客满意。这一标准是最关键标准，是认证审核的依据和其他标准的基础。

根据 ISO9001：2000《质量管理体系要求》中的质量管理要求，可以让经济组织证实自身具有稳定地提供满足客户要求和适用法律法规要求的产品能力，帮助客户了解生产者、产品销售者的能力、信誉和服务水平。特别是经济组织可通过遵守该标准的质量管理体系要求，持续地改进企业自身的质量过程，保证符合顾客要求和适用法律法规要求的产品/服务，日益满足顾客不断上涨的要求。

该标准构建了以过程为基础的质量管理体系模式结构，鼓励经济组织在建立、实施和改进质量管理体系进而提高其有效性时，以过程方法满足顾客要求，实现不断提高顾客满意度的目标、宗旨。过程方法的优点是，通过对质量管理体系中诸多单项过程间联系、组合和相互作用的连续控制，达到企业自身质量管理体系持续改进的根本目标。

三、质量管理体系业绩改进指南

GB/T 19004—2000 idt ISO9004：2000《质量管理体系业绩改进指南》，提供考虑质

量管理体系的有效性和效率两方面的指南。该标准的目的是促进组织业绩改进和使顾客及其相关方满意。

ISO9004：2000《质量管理体系业绩改进指南》超出了ISO9001要求的指南和建议，不用于认证与合同目的，也不作ISO9001的实施指南，而是以质量管理八项基本原则为基础，帮助经济组织应用有效和高效的方式识别、满足顾客和其他有关组织的需求与期望，引导生产、服务组织考虑如何提高质量管理体系的效率和确定有效性，进而实现业绩改进目标。

该标准在结构上也应用了以过程为基础的质量管理体系模式，鼓励经济组织在建立、实施和改进质量管理体系进而提高其效率确定其有效性时，以过程方法满足顾客要求，不断提高顾客满意度。该标准给出了自我评定示例，通过5个等级评价经济组织质量管理体系的成熟程度；给出了持续改进方法和过程示例，帮助经济组织寻求改进机会，使相关诸方从中受益。

ISO9001和ISO9004两个标准相辅相成、互为补充，构成了质量管理体系中一对协调统一的质量管理标准。ISO9001旨在给出产品质量保证并提高顾客满意度，而ISO9004则通过使用更广泛的质量管理观点、方法提供业绩改进指南。两者对比见表7-6。

表 7-6　ISO9001 和 ISO9004 的特性对比表

分类		ISO9001	ISO9004
相同处	根本目的与宗旨相同	关注顾客满意度,强调识别顾客需求与期望;实现持续的顾客满意,实现整体业绩的不断完善、改进	
	理论基础和编写结构相同	建立在质量管理过程、方法模式上,编写结构大致相同,彼此相容	
	评价方法基本相同	包括内部审核、管理评审两类质量管理体系的评价方法	
不同处	目的不同	着重强调有效性,目的在于满足顾客能力、适用法规要求的能力	涉及组织质量管理体系更广范围目标,包括持续改进整体业绩、全面提高有效性和效率
	用途不同	用于内部审核、外部认证的依据,用于合同目的	只能作为经济组织改进自身业绩,追求卓越并进行自我评价的依据
	管理内容不同	以实现顾客满意所需的基本要求作为管理重点,只要达到了这一要求则说明已具有提供顾客满意产品服务和符合法规要求的能力	超越 ISO9001 标准要求,以便指导经济组织寻求更多的业绩改进机会,实现持续改进
	评价质量管理体系的方法不同	内审、管理评审	内审、管理评审、自我评价

四、质量和环境管理体系审核指南

GB/T 19011—2000 idt ISO9011：2000《质量和（或）环境管理体系审核指南》，提供

审核质量和环境管理体系的指南。

五、八项质量管理原则

ISO9000 有八大管理原则：以顾客为中心、全员参与、系统管理（木桶原理）、PDCA循环（策划、实施、检查、处置）方式的持续改进、基于事实的决策方法（用事实和数据说话）、过程方法、企业或经济组织高层领导作用、与供方互利的关系。

（一）顾客为中心

生产服务企业或经济组织依存于用户/顾客。因此，企业或经济组织应理解顾客当前的和未来的需求，满足顾客要求并争取超越顾客期望。顾客是每一个企业或经济组织存在的基础，顾客的要求是第一位的。经济组织应调查和研究顾客的需求和期望，并把它转化为质量要求，采取有效措施使其实现。这个指导思想不仅企业或经济组织高层要明确，还要在全体职工中贯彻、宣传。

顾客满意度是所有企业的推动力。为了评价产品是否满足顾客的要求与需求，应对顾客的满意度进行评价。ISO9001 所确定的质量管理体系是基于以过程模式和顾客为中心的质量管理原则。这一原则的采用有利于提高企业或经济组织满足顾客要求的能力和信心。

（二）全员参与

各级人员是企业或经济组织的细胞组织，只有调动他们充分参与，才能发挥各自功能，使他们的才干为企业或经济组织带来最大的收益。所以，组织的质量管理不仅需要最高管理者的正确领导，还有赖于全员的参与。这无疑要对职工进行质量意识、职业道德、以顾客为中心的意识和敬业精神的教育，更要激发他们的积极性和责任感。

（三）系统管理（木桶原理）

针对设定的目标，识别、理解并管理一个由相互关联的过程所组成的体系，有助于保证企业或经济组织行为的有效性、提高企业或经济组织效率。这种建立和实施质量管理体系的方法既可用于新建体系，也可用于现有体系的改进。实施此方法可从四方面受益：一是保证各个分组织各个部分各个环节相互配套、功能配合、寿命同齐；二是提供对过程能力及产品可靠性的信任；三是为持续改进打好基础；四是使顾客满意，最终使企业获得成功。

（四）PDCA循环（策划、实施、检查、处置）方式的持续改进

P—策划：根据顾客的要求和企业或经济组织方针，建立提供结果所必要的目标和过程；

D—实施：实施实现结果必经的最佳过程；

C—检查：根据方针、目标和产品要求，对过程和产品进行监视和测量，并报告结果；

A—改进：采取必要而简洁的措施，以持续改进过程业绩。

PDCA循环持续运行是全面质量管理的基本特征，持续改进基本上是PDCA循环运行。

持续改进是企业或经济组织的一个永恒的目标，以注重企业管理的有效性和效率，实现其质量方针、目标为方法。持续改进基于持续地强调以一系列彼此衔接的步骤进行改进的思想作指导，通过满足顾客日益增长的需求和希望来确保质量管理体系的不断进步。在质量管理体系中，改进主要是指产品质量、过程及体系的有效性、效率的提高等，持续改进包括：了解现状，建立目标，寻找、评价和实施解决办法，测量、验证和分析结果，把更改纳入文件等活动。

企业或经济组织一旦选择了ISO9000国际质量体系作标准，就走上了一条不得不"持续改进"的万里长征之路——"追求卓越、质效提高无止境"的阳光大道，企业或经济组织自然会在或主动或被动地不断改进中持续享受成功。

（五）基于事实的决策方法（用事实和数据说话）

对数据和信息进行逻辑分析或直觉判断是有效决策的基础。以事实为依据做决策，虽然动作慢，但能够大大减少决策失误。在对信息和资料做科学分析时，统计技术可用来测量、分析和说明产品和过程的变异性，统计技术可以为持续改进的决策提供一定的依据。

（六）过程方法

对相关资源和活动作为过程进行管理，可高效地获得近于期望的结果。过程方法不仅适用于某些简单的过程，也适用于由许多过程构成的过程网络，是过程自动控制技术的引用。过程方法应用于质量管理体系时，2000版ISO9000族标准建立了一个过程模式。此模式把管理职责，资源管理，产品实现，测量、分析和改进作为体系的四大主要过程描述其相互关系，以顾客要求为输入，提供给顾客的产品为输出，通过信息反馈来测定顾客满意度，评价质量管理体系的业绩。

任何有输入和输出的活动或操作都可视为过程。制造产品或提供服务的各个活动和操作基本上都是过程。企业为发挥其职能，就必须确定各种内部相关的过程并对其实施管理。通常，一个过程的输出就是下一个过程的输入。对企业内部的各种过程的标识和管理，特别是对过程接口的标识和管理就构成了"过程方法"管理体系。ISO9001标准遵循质量管理原则正是依赖这种过程方法实现的。

（七）企业或经济组织高层（领导）作用

高层的作用即经济组织最高管理者应具有决策和领导组织的能力并发挥关键作用。企业或经济组织高层必须将本企业或经济组织的宗旨、方向和内部环境统一起来，并创造使员工能够充分参与实现组织目标的平台。为营造一个良好企业活动环境，最高管理者应建立质量方针和质量目标，密切关注顾客要求，切实建立和实施一个有效的质量管理体系，确保资源有效利用，并随时对比组织运行的结果与目标，根据情况决定调整质量方针、目标的实现措施，修改持续改进的措施。在领导作风上还要做到透明、务实和以身作则。

（八）与供方互利的关系

通过互利关系增强经济组织及其供方创造价值的能力。供方提供的产品对经济组织向顾客提供满意的产品将产生重要影响，因此处理好与供方的关系，影响到经济组织能否持续稳定地提供顾客满意的产品。对供方不能只讲控制不讲合作互利，特别对关键供方，更要建立互利关系，这对组织和供方都有利。

六、贯标与贯标步骤

贯标，是依据 ISO9001 标准，规范企业或经济组织的行为，以满足消费者满意度为本，达到经济组织目标。

管理，即建立企业质量管理体系，获得质量体系认证，并按照该体系运作，通过提高设备质量、服务质量、工作质量来提高顾客满意度，换取企业最大效益、提升企业形象的活动。

第一步：质量体系的策划与设计。

本阶段主要是做好各种准备工作，包括教育培训、统一认识、拟定计划、组织落实；确定质量方针，制定质量目标；现状调查和分析；调整组织结构，配备资源等方面。

第二步：质量体系文件的编制。

除质量手册需统一组织制定外，其他体系文件应按分工由归口职能部门分别制定，并提出草案，再组织审核；要加强文件的层次间、文件与文件间的统一协调。编制质量体系文件的关键是讲求实效、不走形式，既要从总体上和原则上满足 ISO9000 族标准，又要在方法上和具体做法上符合本组织单位的实际。

第三步：质量体系的试运行。

质量体系文件编制完成后，质量体系将进入试运行阶段。其目的是通过试运行，考验质量体系文件的有效性和协调性，并对暴露出的问题采取改进措施和纠正手段，以达到进一步完善质量体系文件的目的。

第四步：质量体系的审核与评审。

1.审核与评审的主要内容

（1）规定的质量方针和质量目标是否可行；

（2）体系文件是否覆盖了全部的主要的质量活动，各文件之间接口是否清楚；

（3）组织结构能否满足质量体系运行的需要，各部门各岗位的质量职责是否明确；

（4）质量体系要素的选择是否合理；

（5）规定的质量记录是否能起到见证作用；

（6）所有职工是否养成了按体系文件操作或工作的习惯，执行情况如何。

2.体系审核特点

（1）体系正常运行时的体系审核，重点在符合性，在试运行阶段，通常是将符合性与适用性结合起来进行；

（2）为使问题尽可能地在试运行阶段暴露解决，除组织审核组进行正式审核外，还应有广大职工的参与，鼓励他们在试运行实践中，发现和提出问题；

（3）在试运行的每一阶段结束后，一般应正式安排一次审核，以便及时对发现的问题进行纠正，对一些重大问题也可根据需要，适时地组织审核；

（4）在试运行中，要对所有要素审核覆盖一遍；

（5）充分考虑对产品和服务的保证作用；

（6）在内部审核的基础上，由最高管理者组织一次体系评审。

3.贯标中员工的行动

（1）充分认识贯标工作的意义，养成关注安全、质量、收益的习惯；

（2）提高质量意识，注重设备质量、服务质量、工作质量；

（3）认真踏实做好本职工作，配合好经济组织的整体需要；

（4）配合有关部门做好文件编写、流程再造，充分发挥本岗位的正常功能；

（5）在工作中按程序、流程做事，遵守生产活动规律；

（6）自觉、真实、及时地填写好作业记录，促进生产档案管理；

（7）参加质量管理活动，开展PDCA循环，在贯标中持续改进生产活动。

4.贯标的意义

（1）贯标是公司"管理年"的一项重要活动，每年都应召开年会；

（2）贯标是为了提升公司的整体管理水平，更好地服务消费者，以更高的顾客满意度提升企业形象；

（3）贯标是公司增强企业核心竞争力的重要举措，要推动企业持续改进发展；

（4）贯标是公司脚踏实地争创一流企业的需要，能促使生产活动中的一系列问题得到解决。

第三节　ISO9000质量体系认证的操作示范

贯标的最好方式是进行ISO9000质量体系认证，以在第三方监督下，朝国际水平提升自己。下面通过一些操作案例介绍ISO9000质量体系认证过程与方法。

一、质量认证

供应商为了推销产品，往往采用"合格声明"；随着科技发展，新材料新产品鉴别的复杂性提高，出现了质量认证；质量认证早期是认证产品，接着是认证保证能力并定期监督；到 20 世纪 70 年代，质量认证制度发展到对供方质量保证体系进行评定。

（一）质量认证概念

质量认证即合格认证，是指：按照一定程序，对符合规定要求的产品、过程、服务等企业活动能力给予某种书面保证（合格证书）的行为。质量认证概念要点：认证依据是特定的标准或技术规范；认证工作由第三方进行；认证结果以颁发认证资格证明文件加以确认。质量认证的特点是督促供方持续地保证所生产的产品或提供的服务符合质量标准。

按照ISO组织的定义，质量认证是由可以充分信任的第三方证实某一经鉴定的产品/服务符合特定标准或其他技术规范的活动。包括两方面内容：产品认证和质量体系的认证；认证机构的认可。

（二）质量认证制度

质量认证制度是为了进行质量认证工作而建立起来的一套程序和管理制度的总称，包括产品质量认证制度和企业质量体系认证制度。

1.产品质量认证制度

由公正的第三方（站在国家立场上的技术权威机构）依据产品标准（国际水平）和相应的技术要求，对产品质量/服务进行检验、测试、确认，并通过颁发认证证书和准许使用认证标志的方式来证明某产品符合要求的制度规定。譬如，按照中国法律规定，产品认证分为安全认证和合格认证。

2.企业质量管理体系认证制度

依据一定的标准和要求，由认证机构对企业质量体系进行审核和评定，确定企业是否符合标准和要求，对符合的颁发认证证书加以确认。

3.认证制度的意义

对于通过认证的企业或产品，有利于提高这种产品供应组织的信誉；对欲通过认证的组织，质量管理体系要求和改进指南，以及认证过程都会大大促进企业完善质量体系；有利于企业降低成本，提高效益，增强竞争优势，不断提高客户满意度；企业的持续改进必然制造出高科技产品，为客户提供物美价廉的产品，不断提高产品的生产安全和使用安全，有利于保护消费者利益；ISO认证书作为国际贸易的通行证，使全球企业按照统一标准设计、制造、安装和使用，有利于优势互补、全球交流，不断促进全球经济一体化。

4.质量认证的类型

按照质量认证所包含的认证要素，可将质量认证分成 8 种类型，见表 7-7。

表 7-7 质量认证的 8 种类型比较

认证类型	认证过程方法	特点
型式试验（样品实验认证）	按照规定的试验方法对产品样品进行试验,以判定样品是否符合标准或技术规范	认证机构只证明所提交实验样品符合标准要求,并不表明其他未经检验的产品也符合标准。只发证书,不允许使用合格标志。只进行一次实验,费用低,所提供的信任度和适用范围极其有限
型式试验+认证后监督	监督办法是从市场上购买样品或从批发商、零售商的仓库中随机抽样进行检验,以证明认证产品的质量特性持续符合标准或技术规范的要求	任意市场抽样检验或随机抽样,客观性、可靠性、实时性强
	与第二种认证方法相似,要求从工厂发货前的产品中进行随机抽样检查	工厂抽样检验,可以使用认证标志,认证费用低。表明生产企业本身的产品检验设备、生产条件等也符合或达到了一定要求
	综合了第二、第三种方法,监督力度更强	市场和工厂抽样检验,可以使用认证标志,表明产品具有更高的质量保证
型式试验+工厂质量体系评定+认证后监督	对申请认证的产品,生产企业进行质量体系的检查和评定。在获准认证后的监督中,对生产厂商的质量体系进行复查	质量体系复查加市场和工厂抽样检验。认证相当完善和严密,能对顾客提供更高质量的保证。产品可使用认证标志
只进行工厂质量体系检查、评定和复查	通过对产品生产厂按照所规定的技术标准生产产品的质量体系进行检查和评定的方法,最终证实生产厂具有按既定的标准和规范的要求提供产品的质量保证能力	评价企业质量体系而不涉及产品,不能在其出厂的产品上使用产品质量认证标志,而是由认证机构给予企业注册登记,发给注册证书。适用面广、灵活性大
批量试验	依据规定的抽样检查方案,对企业生产的一批产品进行抽样试验的认证	由供需双方协商一致后才能有效地进行,一般只对通过认证的那批产品发给认证证书,不授予认证合格标志。局限于一些相互信任度较高的组织间
全数检验	由经认可的独立检验机构对认证产品作100%的检验合格后,发给认证证书	认证费用高,一般适用于法律法规专门规定的产品,应用范围有限

二、样式案例：维美天力公司ISO论证文件编制指导讲座

[案例 7-1]

申请ISO论证可按照贯标步骤,参考如下程序、内容、纲要编写文件并准备检查验收,以求全面提高生产经营管理水平和产品品质。维美天力公司ISO论证文件编制如下。

编制目录

第一章　ISO9000 文件系统

1.如何将品质系统文件化

（1）定义责任与权利（To define responsibility & anthority.）；

（2）阐明产品、服务、作业标准（Explicit product/service/operation standaris.）；

（3）一致性方法途径（Consistency approach.）；

（4）书写式的沟通（Written communication.）；

（5）训练的目的（Training purpose.）；

（6）保存作业明确（Know-Hows.Preserve operation Know-Hows.）；

（7）稽核凭据（Use it to audit.）；

（8）客观证据（Objective evidence.）；

（9）分析与改善方向的基础（Ground for trend analysis & improvement.）；

（10）ISO9000 的要求（Requirements for ISO9000.）；

（11）增强客户信心（To increase customer's confidence.）。

2.管理层级与文件层级关系图表

表 7-8 与图 7-2 共同反映了 ISO 认证文件的层级与管理组织层级间的关系。

表 7-8　不同管理层级的功能与对应的文件层级

组织层级	角色扮演/职能	文件层级	管理循环
经营层	远景规划、策略管理、战术政策	品质手册	P
管理层	机能（P.Q.C.D.S.M）管理、流程规划与管理、部门管理	作业程序	PDCA
监督层	异常管理	作业指导	CDC
作业层	日常（习惯）管理	表单	D

3.内部文件管制模式

首先确定起草者、相关参与人员、文件管理和权责者，然后按照图 7-3 进行申请、起草、审议、标准化和发布实施、保存文件等工作。

起草部门/人　　　相关单位　　　文管室　　　权责主管

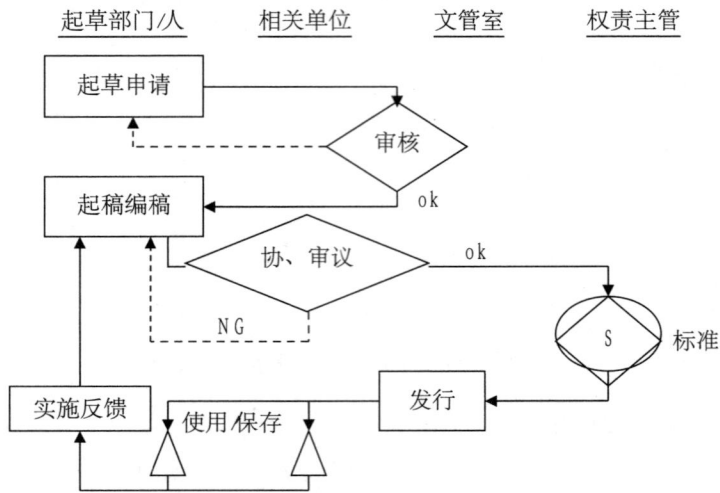

图7-3　内部文件管制流程图

4.外部文件管制模式

对外来文件，首先要确定收发者、使用者、文件管理者和权责者，然后按图7-4分发、使用、保管。

收文处　　　使用单位　　　权责主管　　　文件管制室

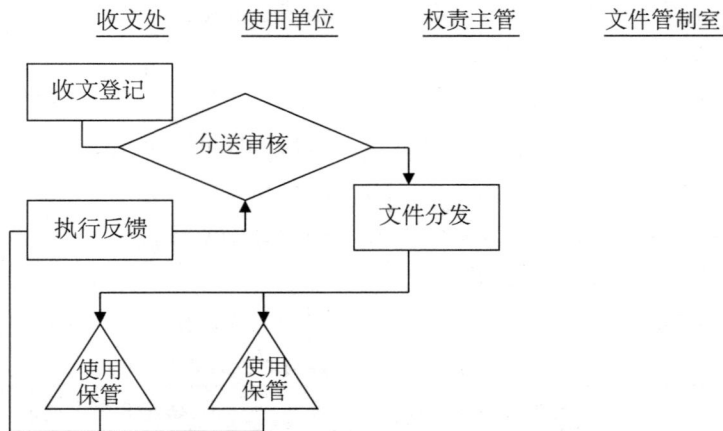

图7-4　外部文件管制流程图

5.文件制作基本要求

（1）文件名称：要能体现文件的内容；

（2）文件编号：在公司品质系统文件中，不得有重复编号出现；

（3）文件版本、页次：要能反映文件使用的版本状况；

（4）文件制定、审查、核准的权责人员，要在文件相应处签名；

（5）文件内容具备可操作性。

6.品质手册作业大纲

（1）封面；

（2）文件修订记录页；

（3）目录；

（4）公司简介及手册范围；

（5）品质政策及目标、承诺；

（6）组织架构；

（7）部门职责；

（8）ISO9000 条文与各部门职责分工；

（9）作业要项说明；

（10）公司程序文件索引。

7.作业程序制作大纲

（1）目的；

（2）范围；

（3）权责；

（4）定义；

（5）作业内容；

（6）参考文件；

（7）使用表单；

（8）附件说明。

8.三阶文件类别

（1）作业指导书；

（2）QC工程图；

（3）产品规格（图纸）；

（4）仪器操作说明类；

（5）仪器校正指导规范类；

（6）制程工艺参数；

（7）点检基准书；

（8）检验规范类；

（9）保养基准书类；

（10）产品检验标准；

（11）作业程序运作细则类。

9.品质文件与品质记录

如图7-5所示，产品品质活动要遵循品质文作规定，依据品质文件内容开展品质活动过程中要做好品质记录，以便监督修正提高。

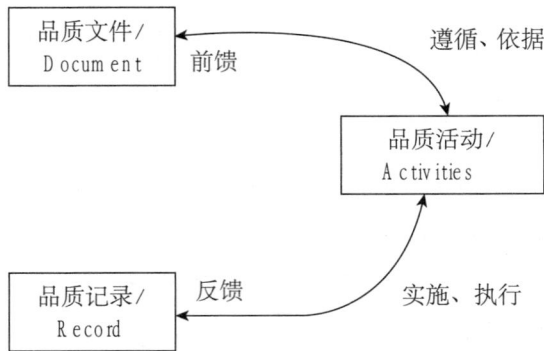

图 7–5 品质活动与品质文件记录关系图

第二章 制作品质手册

1.品质手册

1）品质手册来源

"品质手册"不仅是ISO9000国际标准的明文要求，而且是产品用户的普遍要求，其重要性不言而喻。ISO9000国际标准条文 4.2.2 品质手册中提到："企业或经济组织须建立与保持一份品质手册，其内容包括a.b.c项。"唯有透过这种文件，产品企业的客户才便于对其品质管理系统作业进行全面、系统的了解。

品质手册属于公司中一项重要文件。它是品质管理系统的构成要素，能显示出公司的品质政策及品质系统，记录了许多非常有用的资讯及很多有价值的资源。它是经过公司内部主要人员对部门间、组织间的互相沟通和运作所产生出来的一套制度。品质手册的大小、内容的多寡和复杂度也将跟着该公司组织的大小而变化。一个大公司可能有单一手册，它包含公司品质管理系统的每一种情况；在非常大的公司内，品质手册可能是一些相关部门的品质手册，这些文件是基本的索引，能指引出系统的其他文件。

2）品质手册之目的

品质手册的基本目的在于呈现一家公司品质管理系统的全貌和提供施行及保持系统的资讯。这份文件可使员工清楚地了解到他们的工作职责，使用品质手册可以帮助职员快速、准确地熟悉工作，减少培训学习花费的时间费用，不中断工作地自学，因而是一份适当的教材；一份经妥善编辑的品质手册还有助于推进销售工作，因文件内容系统地叙述了公司为满足顾客需求的企图，以及对顾客提供的产品或服务所采取的各项措施，因而品质手册被称为一家公司的品质橱窗；品质手册可用以说明公司满足"符合需求"标准的意图，对有购买潜力的顾客来说，就像在商店采购一样，可对该公司投下资本，并利用稽查该公司方案的方式来验证该公司是否履行其对品质的承诺。

因此，品质手册概略地叙述了公司为确保品质的作业方法之外，也确定了作业过程中有关的人、事、时、地、物、流，还包括了执行该项工作的原委说明。

2.品质手册的格式与内容

品质手册并没有特别规定的格式，其文件的表达方式取决于个人的选择，但设计上应考虑到易于更新修订。因此，其格式、架构应尽可能保持简单、清晰的框架样式，具灵活性，易于扩展。品质手册格式、内容至少涵盖以下 10 个方面：

1）封面

（1）手册类型：如"品质手册""××（产品）品质保证手册""××部门品质手册"等。

（2）公司名称：使用中、英文两种文字写明公司名称全称（不得使用简称），涉及企业的品质手册还应写上国名。

（3）手册实施（发行）时间：一般写实施年月日或年月。

（4）注明品质手册的发行版本、版次。

（5）品质手册编号和文件编号规则：赋予文件唯一编号。

（6）文件管制发行章：由主管部门管制发行，加盖发行章。

（7）文件审查、核准人签名：由管理代表审查，由公司最高主管核准，以表达品质手册的权威性，一般在文件封面设立一栏位注明；有的也可由公司最高主管制定一批准页，以"通告""通知"或"命令"形式发布。必要时，在封面上可绘上企业厂徽、厂标等图案。

2）修订记录页

文件每次修订时，应在修订记录页上记录以下几项内容：

（1）文件修订申请单编号，填写该次文件修订申请单的编号；

（2）修订内容摘要：简要记录文件的修订内容；

（3）修订日期；

（4）修订人。

3）目录

注明品质手册正文中的各章名称及其所在的页数，供使用者查阅。

4）公司简介及手册范围

主要内容：公司概况，主要产品及其品质水平，编制品质手册的目的、经过、范围等。

5）品质政策

品质政策或质量方针是由组织的最高管理者正式颁布的该组织总的质量宗旨和质量方向。它是企业长期或较长时间内生产经营活动的指导原则。品质政策的内容应用十分简练的语言，阐述企业品质工作的指导思想，产品应达到的品质水平，与用户的关系及赔偿责任等。其内容应清楚明白，不容被误解。如：

维美天力质量方针：

精益求精，追求卓越品质。以合理价格及优异服务，满足客户需求。

IBM 品质政策：

我们把零缺点、有竞争力的产品和服务准时交给顾客。

克劳斯比公司（PCA）品质政策：

我们将为顾客和本公司完成零缺点的工作，我们彻底了解工作要求以及支持我们的制度，我们将永远合乎要求标准。

某公司品质政策：

珍惜每一次服务机会，一次做好。

6）品质目标及承诺

品质目标：产品、工程或服务质量，在一定时间内要达到的水平。目标值应该是明确而又切实可行的，既包括产品使用功能的技术指标，也包括经济性方面的指标。如：

某公司的品质目标为：

（1）进料检验样合格率达到99.1%；

（2）制程中一次合格率达到99.5%；

（3）成品出厂合格率为99.9%；

（4）每月客诉案件8件以下。

品质承诺：最高管理者对企业发展的远景规划，给顾客以品质保证的信心。如：

维美天力公司品质承诺：

维美天力因品质过硬而受益，因此我们郑重承诺：无论市场如何变化，对品质的精益求精，将是维美天力永恒不变的追求。

广州顶益国际食品有限公司（康师傅）品质承诺：

推行ISO9000认证，实现品质管理国际化，以优良的产品、完善的服务，塑造一流的品牌；以中国人的情怀、顶益人的特质，创造世界级企业。

以上内容，在品质手册中，应由最高管理者亲自签署。

7）公司组织架构图

应依据公司的组织大小，决定组织架构图的级别。组织架构图应注重其完整性、对称性等。岗位安排既要考虑工作规划需要，也要考虑个人特长和团结合作的需要，如：

维美天力管理架构，见图7-6。

某公司组织架构，见图7-7。

8）公司各部门职责

按照组织架构图中的部门设置，明确规定其在品质管理活动的职责。如：

某公司总经理的品保职责为：

（1）制定并颁布公司的品质政策、目标、承诺；

（2）指派公司品质系统管理代表；

（3）核准公司的品质手册、作业程序书；

（4）担任管理审查会议主席；

（5）提供适当资源，确保品质管理系统正常运作。

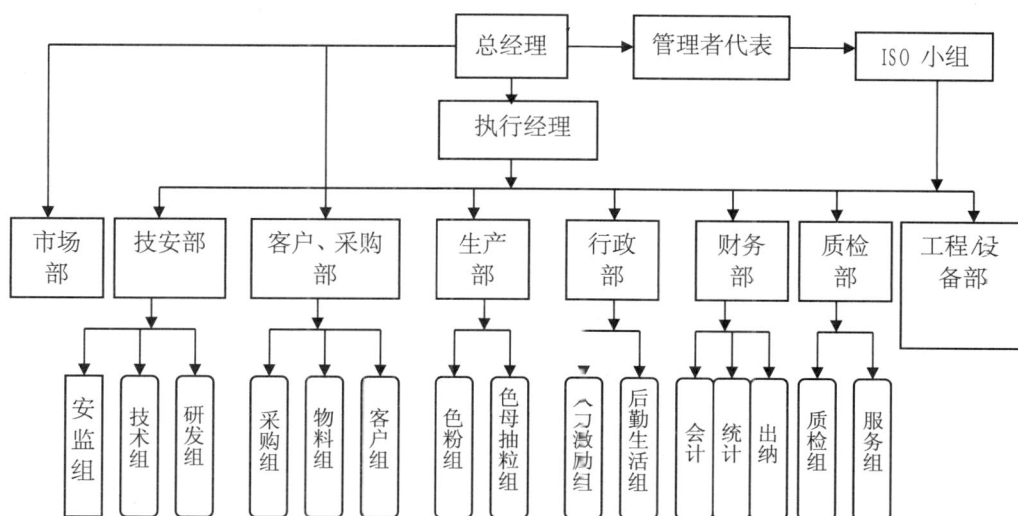

图 7-6　雅美天力公司组织架构实例图

注：根据高层特点特长，总经理重点监管市场、ISO/企业文化建设、兼顾客户，执行经理承担几乎全部内务，相当国家总理。

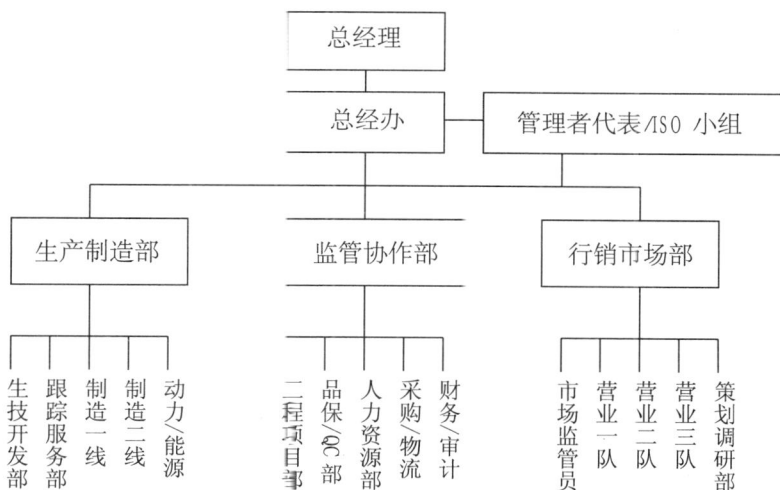

图 7-7　某公司组织架构实例图

注：总经理谋划能力强，推行能力欠缺，多数事务通过总经理办公室下达、落实。由总经理指派管理部门主管或合适人选担任该公司品质管理系统的管理代表。

9）ISO9000 作业要项与公司及部门职责对照表的制作

制作 ISO9000 作业要项与公司及部门职责对照表，应根据 ISO9000 条文要求及公司各部门职责，界定每节 ISO9000 条文中的主办者及协办者，然后用表格表示出来。

ISO9000 作业要项是品质手册的主体部分，根据 ISO9000 条文要求，分章节说明公司应做的工作事项。具体书写格式如下：

①目的；②范围；③权责；④定义；⑤内容；⑥相关文件。

除⑤项外，其余内容与相关作业程序书相同，⑤项内容应按照相关作业程序书的作业内容简要地叙述于品质手册中。因此，品质手册该部分内容一般是在公司作业程序书完成之后再编写。

10）作业程序书索引

根据ISO9000条文，公司编写的作业程序书的名称与编号及制定部门，一般以程序文件一览表方式表达。

第三章　制作作业程序书

1.作业程序书

1）作业程序书概念

作业程序是管理阶层应当加以管制的内容，因而作业程序书是一项作业内容及其执行步骤的文件，亦称之为作业方法。它详细叙述与作业程序相关人员所进行的工作，将工作可能发生的时机，由谁以何种方式来执行某项特定工作，也包括何地与何时执行，在可能状况下，甚至将为何执行这项工作都予以说明，常以"5W1H"方法叙述。

2）作业程序书格式

有统一的表达方式与相同的项目内容，才可使作业程序书发生效用，一般以"作业程序制作大纲"的内容为参考格式。

3）作业程序书的结构与内容

按照七段式的书写方式为参考，作业程序书的编写方式为：

（1）目的。

清楚地叙述文件的目的或意图，若这份文件为"文件与资料管制程序"而编写，其内容为："使品质系统所使用的文件与资料正确流通，从而确保各相关部门能适时获得适当有效的最新版本文件。"

（2）范围。

重点摘述作业程序书所适用的区域、部门组织与人员岗位。如编写"文件管制程序书"的范围是：自合约订立到原物料采购、生产、检验、储运，直至交货及服务诸阶段的作业中，无论是本公司内部还是外部均可提供相关文件与资料予之使用。

（3）权责。

主要阐明执行这项活动的人员或部门，如"文件管制程序书"的编写则要说明公司各阶文件，包括一阶文件、二阶文件、三阶文件、四阶文件的制定、审查、核准的权责人员，以及收发管制的部门或单位；外部文件收发管制的权责人员及部门等。

（4）定义。

主要说明一些不常用的字句、名词和英文单词缩写或行动之意义。如"文件与资料管制程度"中的"文件"定义为：包括单一或合定之作业程序书、规范、图表、工作说明及联系文书。

（5）作业内容。

依逻辑之先后次序给出每个作业，此时文字应保持清晰易懂，避免使用艰涩文字，且行句简短，而语义必须肯定，勿模棱两可。此部分通常先以流程图的方式表达。

（6）参考资料、文件。

罗列出有关的作业指导书及相关的文件，如编写"文件与资料管制程序"的参考资料为：

文件名称　　　　　　　文件编号

品质手册　　　　　　　XYZ-0-001

品质记录管制程序　　　XYZ-2-4.16.01

内部品质稽核程序　　　XYZ-2-4.17.01

（7）附件及使用表单。

在这里，应将程序书中所提及的任何附件及作用表单逐一列出，并注明附件编号及表单编号。这是执行此项作业所产生的结果、记录所用表单格式，复制这些文件附于作业程序书中，并编制与程序书相关的编码，管制就更加便利了。

2. 作业流程图

1）作业流程图的优势

（1）容易了解程序的逻辑顺序是否合理；

（2）容易看出程序中两个要素间的相互关系；

（3）可省掉不必要的冗长文章。

2）流程图的绘制

（1）流程符号（注意与图3-1流程元素符的区别）如图7-8所示。

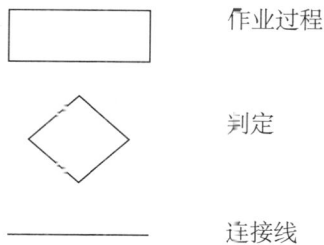

图7-8　流程符号

（2）按事务发生的顺序绘制，使流程线的交叉部分尽量少。

（3）作业流程图一般在文件正文的后面，常作附件处理。

3. 编写作业程序书的责任分工

作业程序书必须由单位负责人认定，通常在建立品质保证方案时，由资深的管理阶层考量整个组织作业状况，进而决定作业程序书。至于建立、执行作业程序书的工作必须由熟悉该项作业与功能管制的人担当。但不幸的是，品质保证部门意志被误认为是应负责编写作业程序书，事实上真正能由品质保证部门有效编写的作业程序书应该是与检验、改正行动、稽查员之资格认定等有关之作业程序书。

正常的运作应由品质保证部门通过与各单位或组织的联系，协助提供作业规定建议。总之，管理阶层一旦决定了作业程序书的项目名称与负责编拟人员后，作业程序书即依照核定的统一格式编写，并由文件制定人员负责作业内容的实施与文件的修订。

4.作业程序书编写流程

作业程序书编写流程如图7-9所示，大体分为六个阶段：分析调研、按照ISO9000标准制定部门职责、建立程序文件一览表、完成文件初稿、修订出版发行、实施与跟踪检查。

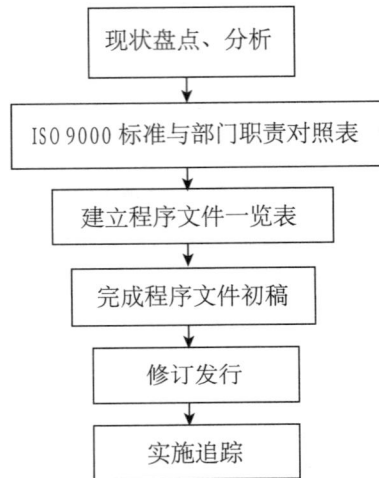

图7-9 作业程序书编写流程

5.品质手册及程序文件书写格式建议

（1）书写时统一使用A4直式文件标准用纸。

（2）章节条文叙述依据下列方案排列：

1.××××××××××

1.1 ××××××××××

1.2 ××××××××××

1.2.1 ××××××××

1.2.2 ×××××××××

A.×××××××

B.××××××

a.××××××

b.××××××

①文件提到相关文件需引述时，以【×××××××】方式书写文件名称，并在相关文件、资料段中列出相关文件名称及编号。

②文件中提到使用表单名称需引述时，以"×××××××"方式书写使用表单名称，

并在文件最后列出相关表单名称及编号。

③如文件中提到附件名称，一般以"×××　×××"方式书写附件名称，在其名称后加（如附件××），并在文件最后列出相关附件名称。

④文件用纸应采用一种统一标准格式，所有字体及字号应一致。

第四章　制作作业指导书

1.作业指导书

1）作业指导书概念

正如品质手册可看作是"品质橱窗"，可告诉潜在顾客：我们的产品的品质是什么样子的，是通过什么方式制造出来的，作业程序书则是在叙述管理阶层"所欲加以管制的工作"，进而说明该工作为适应"符合管制"的执行步骤和所牵涉人员的权责。但作业指导书主要用来指导作业者如何做好该项业务，以确保各作业的品质。

因此，若说品质手册是给客户或者经营者看的，那么作业程序书则是给一般管理阶层的人员看的，而作业指导书则是给第一线从业人员看的。

2）编写作业指导书的必要性

一位专职从业人员一天到晚反复地从事某项工作，其工作方法、要求标准和注意事项等皆已耳熟能详，还真有必要再建立作业指导吗？换言之，作业指导书对生产管理真的有必要吗？在ISO9000中4.9制程管制一节中特别提到：当缺乏书面的作业指导书而会导致品质出现不利影响时，则应有书面的作业指导书"。虽然并非强制性要求一定要有作业指导书，然而要确保一个人认真工作而不出差错，或者一个非熟练工作人员，乃至新进厂人员能够掌握品质，唯有靠书面的作业指导书。这也是对现职人员不断再教育的"教科书"，更是公司的技术精华所在。

2.作业指导书分类

作业指导书具有广义的概念，对一个企业来说，其作业指导书有多种类型。列如生产操作类、质量检验类以及质量程序运作细则类等。

1）生产操作类（SOP）

生产操作类作业指导范围广泛，涉及内容繁杂，是指导规范和要求作业人员正确操作、保证产品品质的重要文件，其具体内容包括：

（1）作业指导书。

将作业工序中的各工序的作业要点加以详细说明，指导作业人员正确作业而避免犯错。

（2）QC工程图表。

依据各类产品的生产流程，规划其管制要项及检验项目、频率等，是制程管制的纲领性文件。

（3）制造规格类。

生产产品所需的工程图表、材料配方、物料需求、测试条件等内容。此规格可能参考外来文件与资料，或是本公司研发部门设计开发的项目产品。

（4）机器操作说明书。

将生产作业中的机器设备操作过程叙述出来，指导作业员正确操作机器设备或系统。

（5）保养基准。

规定机器设备的保养项目、内容、周期等。

（6）点检基准书。

规范机器设备日常须检查的部位及内容等。

（7）仪器校正指导书。

仪器仪表校正人员进行仪器校正的作业依据。

（8）制程工艺管制。

将制程中各工序的条件加以管制。

（9）检验规范。

规范、引导执行人员依据检验标准对产品进行检验的作业指导。

2）产品检验标准类（SIP）

（1）原材料检验标准；

（2）在制品、半成品检验标准；

（3）成品检验标准；

（4）抽样检验标准；

（5）工程质量评定标准；

（6）首件检验标准。

3）作业程序运作细则类

质量体系程序文件的运作细则是程序文件的支持性文件，也是程序文件的子程序。它较详细地表述一项工作如何开展，这类文件与体系标准有对应关系。按照ISO9001标准4.1部分，可能有的三阶文件为：

（1）品质政策制定流程；

（2）各部门岗位职职；

（3）管理审查会议议程。

3. 作业指导书基本内容

作业指导书内容一般包括下列项目：

1）作业目的

作业目的是指完成此项工作所要达到的目标和结果，也就是为什么要进行此项作业。技术指导书要明确列出作业要求和目标等。

2）作业前的准备和确认事项

作业前的准备和确认工作主要包括：对设备状态的确认，对作业图纸和工作指令的确认，对各种基准的确认和作业前工具的准备、作业台的整理等。

3）作业流程

作业流程是指导完成该项作业应遵循的标准化作业顺序及步骤，作业流程规定了每一步骤的具体操作要求和操作内容等。

4）作业注意事项

作业注意事项是指基于理论分析与经验教训，完成每一步骤应注意的问题，特别要写明不注意以上的要求可能发生的不良现象。还包括特别注意事项及特殊事项，即写上处理异常事件的程序以及对于关键问题、特殊需要确认等的规定。

5）工作圈

在作业指导书中的正文部分，可以适当的穿插必要的图示加以说明。如有必要可以附上工作圈或作业圈，尤其对于装配型的生产用途说明尤为有效。

4. 特别说明

（1）所有的作业指导书都不是强制要求制定的，只有当没有这些文件会影响质量时才制定编写。

（2）作业指导书、游戏程序文件运作细则，有时可以放在程序文件中，有时也可以作为单独文件，具体安排应视工作方便需要而定。

（3）也许，制定了作业指导书可以减免程序文件，或制定程序文件可以减免作业指导书。

（4）作业指导书格式应依据实时操作需要来设计，以作业内容表达完整为原则。

第五章　文件系统管理

一、维美公司文件系统管理手册

1. 目的和适用范围

对质量管理体系所要求和使用的管理性文件进行有效控制，从而确保各有关场所均使用管理性文件的有效版本。

本程序适用于本公司质量手册、程序文件及管理性作业文件的控制和管理，包括用于质量管理体系使用的来自外部的管理性文件。

2. 引用标准

GB/T 19001—2000 idt ISO9001:2000

3. 职责

（1）管理者代表负责组织手册和文件的编写、审核和部门、外部文件的批准。

（2）各部门编写、审核与本部门有关的文件。

（3）来自公司外部的管理性文件由相关部门经理审核，管理者代表批准。

（4）公司办公室负责所有体系管理性文件的发放及管理。

（5）在管理者代表的领导下，生产技术部组织管理性文件的评审和修改。

4.程序内容

1）体系管理性文件的分类

（1）质量手册。

（2）程序文件。

（3）作业文件中管理性作业文件包括：工作流程、规章制度、工作指导书、质量计划、来自公司外部的管理性文件等。来自外部的管理性文件包括：ISO9000 系列标准、国家的法律法规等。

（4）文件发放部门将以上文件列入《受控文件一览表》。

2）质量管理体系文件的编号方法（见图7-10）

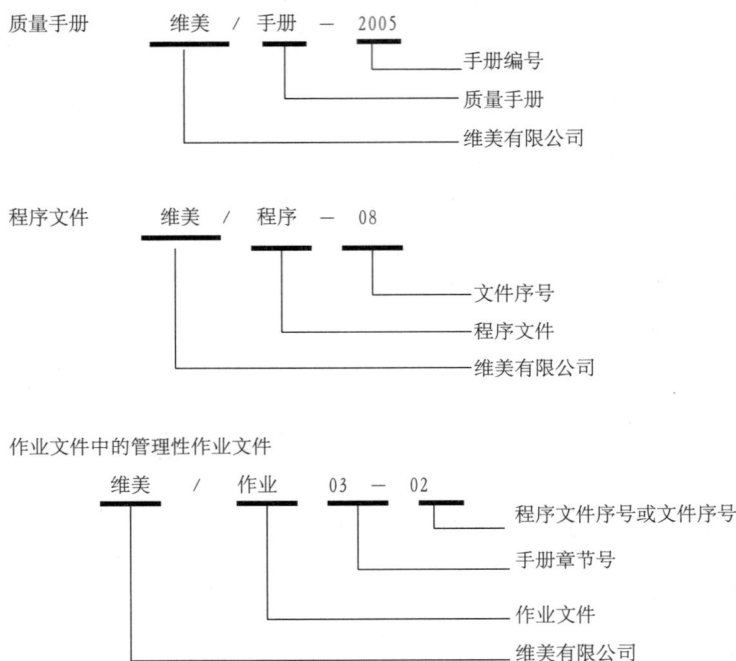

图 7-10　质量管理体系文件编号方法

3）文件的编制和审批

（1）质量手册和程序文件由管理者代表组织编写，其中质量手册由管理者代表审核，总经理批准，程序文件由分管部门经理审核，管理者代表或总经理批准；

（2）第三层作业文件由各相关部门编制，部门经理审核，管理者代表批准；

（3）各部门审核来自本公司外部的管理性文件的适用性，报管理者代表批准。

4）文件的发放及管理

（1）体系管理性文件由公司办公室负责发放，填写《文件发放表》，确保使用部门得到相关文件的有效版本。文件领用人在《文件发放表》上签收。

（2）所有受控的体系文件应加盖"受控文件"红色印章，执行《印鉴使用管理制度》。发放份数超过1份时，应标注分发号，以区分各部门使用的同样文件。

（3）受控文件不得随意复印，如有领用需求时，可向发放部门提出申请，经发放部门负责人批准后增加发放份数。

（4）当文件破损严重，影响使用时，到发放部门办理更换手续，交回破损文件，更换新文件。新文件的分发号沿用原文件分发号，发放部门将破损文件销毁。

（5）若文件出现丢失时，应写"丢失报告"，到发放部门办理领用手续，经发放部门主管批准后补发文件，发放部门在补发文件上给予新的分发号，并注明丢失文件的分发号作废，将作废文件的分发号通知各部门，防止误用。

（6）文件发放部门和文件使用部门均应确保文件清晰，便于识别及检索。

5）文件的修改、标识及作废

（1）生产技术部控制体系管理性文件的修改，各部门如需要修改体系管理性文件时，向生产技术部提出申请，生技部填写《文件修改单》，说明修改原因，报文件的原审批人员核准后实施修改。

（2）修改后文件的发放手续按本程序4.3条款执行。同时将作废文件（页）收回销毁。

（3）当文件局部修改时，应对修改部分换页，改变此页的修改状态码，按0，1，2，3，……顺序标识，并将修改情况登入每个文件的修改记录页中，以便提示使用人员。

（4）文件经多次修改或有重大变动时，经文件审批人决定，可以全文换版，版次按1，2，3，……顺序标识。文件换版应更新《受控文件一览表》。换版后的修改状态从0开始。

（5）作废文件由发放部门按照《文件发放表》收回集中销毁，如需要留作参考，应在作废文件上加盖"作废文件"红色印章，妥善保管。

（6）生技部定期组织体系文件的评审，对不适宜或不全面的各类文件予以修改补充，不断完善体系文件。

6）外来文件的控制

（1）来自本公司外部的管理性文件及标准（包括质量管理体系标准、国家法律、法规、来自公司外部的有关塑胶颜料的公文等）由相关部门经理审核其适用性，管理者代表批准后发放使用。

（2）由生技部编制《法律法规一览表》，并负责跟踪以上标准和法规更新版本的信息，确保本公司使用有关标准的最新版本。

7）文件可使用不同媒体形式

如：软盘、硬盘、光盘等，应制定控制手段，确保其得到批准，并控制其发放及修改。

8）文件的控制执行程序

本公司设备工艺改造、产品开发、市场开发等的设计、施工、监理、配方、实施、验收等文件的控制执行《工程项目文件控制程序》。

5.相关文件

《工程项目文件控制程序》　　　（维美/程序—02）

《印鉴使用管理制度》　　　　　（维美/作业01—01）

《法律法规一览表》　　　　　　（维美/作业01—02）

6.质量记录

《受控文件一览表》　　　　　　（维美/记录01—01）

《文件发放表》　　　　　　　　（维美/记录01—02）

《文件修改单》　　　　　　　　（维美/记录01—03）

7.附件（见图7-11）

"受控文件"红色印章　　（附1）

"作废文件"红色印章　　（附2）

```
ISO 维美公司 9001
受 控 文 件
```

```
ISO 维美公司 9001
作 废 文 件
```

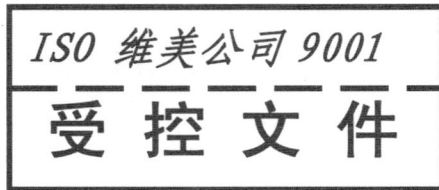

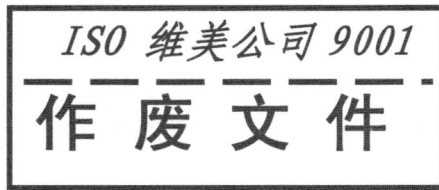

图 7-11　红色印章标志

二、文件编号及版本、版次管理

公司内部品质系统文件应使用统一规则的编号系统，分文件应赋予唯一的文件编号，并且在公司内部文件中不得有重复编号出现。如原文件废止后，其文件编号应列管，一年内不可重复使用。

1.文件修改记录

文件修改应填写表7-9，质量记录管理文件控制应填写表7-10。

表7-9　文件修改控制表

修改记录编号	修改状态	修改页码及条款	修改人	审核人	批准人	修改日期

表 7–1⓪　质量记录管理文件控制表

文件编号：		生效日期：2008.6.20		受控编号：	
密级：秘密		版次：Ver2.2		修改状态：	
总页数	6	正文	5	附录	0
编制：李一		审核：张三		批准：张三	

2.规章制度控制（见表 7–11）

表 7–11　电站缺陷管理规章制度控制表

制度名称	南海电站设备管理制度					
制度编号						
版本	签发日期	下次评估时间	起草人	部门审核	审核责任人	签发人	是否修订
2008	2008.5	2009.6	王三	许五五	多多一	何大一	是
此次修订的主要内容	为配合设备系统的改造工程,对设备缺陷管理内容及考核方法部分进行了修订、调整。						
解释部门/人	集团公司生产技术安全部						
实施/完善执行人	检修公司总经理						
备注							

设备缺陷管理制度见本教材第九章第五节（"二、设备缺陷管理制度范例"）。

第六章　品质记录管理

一、质量记录编制

1.质量记录概念

质量记录是对产品达到所要求的质量和质量体系运行的证实，是体系文件的组成部分。对需要控制的质量记录，参照图 7–12 管理程序操作，可分为下列两种类型：

（1）质量体系运行记录，包括：

质量体系审核报告，质量成本报告，设计评审报告，设计验证记录，设计更改记录，工艺更改记录，合同评审记录，质量培训、考核记录等。

（2）产品记录，包括：

产品鉴定报告，产品审核报告，产品验证报告，质量检验记录，产品试验记录，不合格品处置报告，产品让步记录等。

2.质量记录的作用

质量记录是质量管理的重要基础工作，是质量体系中的一个关键，其作用主要有：

（1）作为信息管理的重要内容，没有及时、真实的质量记录，信息管理就没有实际意义。

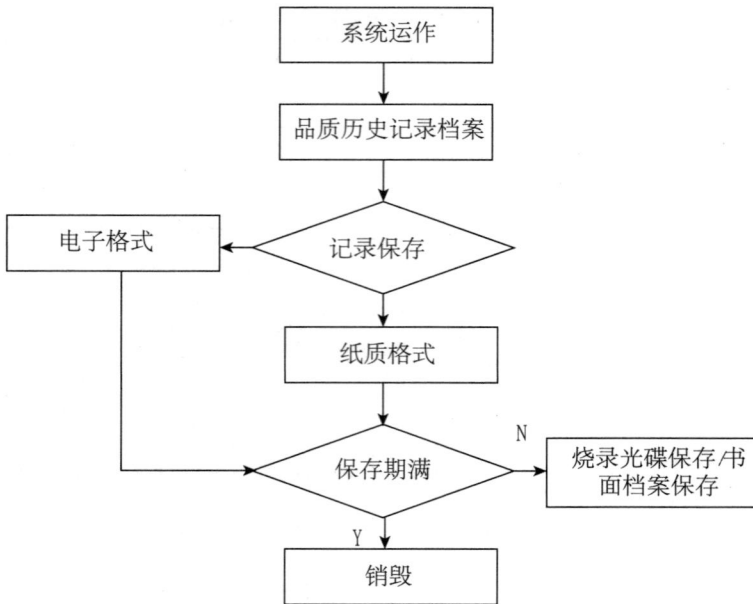

图 7-12　质量记录管理程序

（2）质量记录是记载生产过程状态和过程结果的文件。

（3）质量记录是一种客观数据，是质量保证的证实文件。

（4）质量记录为预防措施和纠正措施提供依据。

（5）质量记录有利于产品标识，从而提供可追溯性。

二、案例：某物流公司质量记录手册

1. 目的和适用范围

对质量记录进行有效的控制和管理，证明企业质量管理体系运行有效，对已完成的各质量管理体系过程相关的活动的结果提供证据。

本程序适用于在软件和/或系统集成，以及与质量管理体系有关的所有记录的管理，包括来自供方的质量记录。

2. 职责

（1）项目管理部门：负责管理质量记录的统一编号，并指导各部门建立、保存和管理项目开发及相关过程中形成的质量记录。

（2）质量保证部门：质量记录的归口管理单位，负责保存和管理质量体系的维护和改进活动中形成的质量记录。

（3）软件营销部门：负责保存和管理与合同管理相关的质量记录。

（4）采购物流部门：负责保存和管理与采购仓储、物流过程有关的质量记录。

（5）客户服务部门：负责保存和管理客户信息与服务方面的质量记录。

（6）开发部门：负责保管与开发有关的记录及与客户交往过程中使用的往来文件。

（7）其他部门：负责保存和管理本部门中质量记录。

（8）本程序对记录的填写、传递、保管、归当、借阅、保存期限和销毁等做出了具体规定；各部门负责按本程序规定的要求具体实施记录的控制；各单位的有关责任人员负责各自归口的质量记录及认证产品记录的标识、收集、编目、查阅、归档、储存、保管、处理工作。

3. 作业程序

1）记录的控制范围与分类

（1）记录的控制范围：各质量管理体系文件中规定提供的记录，以及在质量管理体系运行中形成的其他记录，包括声像记录、磁带、照片、软盘、文字资料等；也包括来自供方的记录。

（2）记录的分类：各项管理记录、各项操作记录、各种检验记录和各种报告等。

2）记录的填写

（1）按记录设置的项目逐项填写，不得缺项。某些项目不需要填写时，必须用'/'明示。

（2）填写记录时，一律用钢笔或签字笔填写。填写时字迹要清晰、整齐、能准确识别，填写人员签名时必须签全名，签字时应同时填写签字日期。

（3）质量记录可以是书面的，也可以是电子或其他媒体形式，认证产品的质量记录要能起到证实产品的符合规定要求的作用。记录的内容要完整、齐全，提供的数据、资料要准确，语言要简练。收集和保存的记录用原件（包括记录表格本身规定的复写件），不能使用复印件（顾客提供的记录部分除外）。

（4）各项管理记录和各种报告要及时填写，各项操作记录、监视和测量记录应随时整理，不得后补、伪造。

（5）记录一经填写完成，原则上不允许任何部门或个人涂改，以确保其原始性、可追溯性和证明作用，并为制定纠正、预防措施提供依据。如系笔误或经证实原有记录不准确，可在原始记录上采用"划改"形式进行更改，但应保留原有记录的可识别性。凡涂、贴、刮方式改动的记录一律作废。本公司质量记录由规定负责人签字后方成为有效质量记录。

3）记录印制的规定

记录原则上采用表格方式（特殊情况除外），记录必须有规定的编号和顺序号，表格中一般应设置编制、审核、核准及日期栏目。各程序规定的记录表格及各部门自用的记录表格均应按体系管理部的要求进行印制，统一编号备案。

4）质量记录的标识

（1）本厂有固定表格形式的质量记录采用给定名称和在记录右上角统一编码的办法进行标识。记录名称由各使用单位给定，由质量部审核后，报管理部按规定统一部门编码并存档空白样表各一份在质量部和管理部。

（2）各单位不需要固定格式的质量记录，如会议纪要、通知等，按《文件管理》的要求进行编号。

5）记录的收集、归档

（1）各负责提供质量记录的单位，指派专人负责收集并及时向该记录的归口单位提供；多联记录还需向相关单位提供，归口单位及相关单位指派专人（文件管理员）进行管理。

（2）凡要求按月（季）提供的质量记录，提供单位文件资料管理员应在次月（季）初五日内提供。

6）记录的编目、查阅

（1）各归口单位及相关保存单位的文件资料管理员应建立本单位存放记录的登记表。各单位对所归口负责的记录，每年年末报一份目录清单给质量部备案（若本年度无新增记录表格则不需上报清单），由质量部建立企业质量记录台账。

（2）文件资料管理员将收集的各类记录按单位编码进行编目，以便查阅。

（3）公司内部人员借阅质量记录须经过登记，借阅重要的机密文件或外部人员借阅本公司文件时必须经相应负责人批准。原则上质量记录不得借离保存地点。对于只有唯一版本的记录不准借出，如特殊需要，须经该质量记录存放单位的负责人批准，并办理借阅手续，按归还日期送还。借阅的记录不得丢失、涂改，到期不还由文件管理员收回。

7）质量记录的储存、保管

质量记录一般情况下保存三年，对顾客特殊要求的或另有规定的按规定保存期办理。

8）质量记录的处理

质量记录超过保存期限时，记录单位文件资料管理员应及时填写质量记录处理审批单，经归口单位负责人批准后销毁；对于认证产品的质量记录经技术中心批准后销毁；不经批准的质量记录不得私自销毁。

4.质量记录文件种类

1）质量记录处理审批表

2）质量记录台账

5.术语和缩略语

质量记录：在软件和/或系统集成以及质量管理过程中，执行质量体系文件而产生的对各项活动的实施情况的记录。

6.引用文件

1）《文件编号规定》

2）《文件编目与归档指导书》

3）《档案管理规定》

第四节 任务驱动：贯彻ISO9000族标准的"5阶段12步骤"

实践证明，按"5阶段12步骤"进行贯标活动是成功通过ISO认证的基本途径。以下是维美公司通过ISO论证任务的实操案例。

[案例 7-2]

一、第一阶段：培训和职责功能分配

1.步骤 1 教育培训

首先，进行ISO9000基础知识全员培训，培训大纲见表7-12。

表7-12　ISO9000基础知识培训大纲

培训目的	学习内容	参与人员
（1）了解 ISO9000 族标准的内容； （2）了解 ISO9000 族标准的基本要求； （3）了解 ISO9000 族标准的实施办法； （4）企业推行 ISO9000 意义和计划	（1）什么是 ISO9000 族标准； （2）ISO9000 基础和术语； （3）八项质量管理原则； （4）ISO9001 标准的要求及其理解	全体人员,特别是相关管理人员

其次，重点培养企业骨干，培训大纲见表7-13。

表7-13　企业骨干培训大纲

培训目的	学习内容	参与人员
（1）了解 ISO9000 族标准的基本内容； （2）领导在质量体系中的作用； （3）了解为什么要推行 ISO9000； （4）了解如何推行 ISO9000	（1）ISO9000 族标准的结构、原理和内容概述； （2）重要质量术语； （3）实施标准的指导思想； （4）领导在体系中的作用； （5）体系建立、维护、认证和不断改进的过程	公司总经理、副总经理、各有关部门经理和主管

第三，训练文件编写技能，培训大纲见表7-14。

2.步骤 2 组织架构建设

首先，成立领导小组——组建厂为ISO9000委员会。

推行ISO9000，领导作用是关键。企业领导应作正确决策，通过以下行动积极地带头推动这项工作：

（1）带头学习ISO9000基础知识。

183

表 7-14 文件编写技能培训大纲

培训目的	学习内容	参与人员
（1）掌握文件编写方法； （2）如何结合本公司实际编写有关文件	（1）质量体系文件总论； （2）质量手册编写； （3）程序文件编写； （4）作业指导书编写； （5）质量计划制订； （6）质量记录	企业各有关部门领导、ISO9000 工作小组内的成员，专职质量管理人员

（2）积极推动公司工作；

（3）给出人力和物力支持；

（4）成立领导小组，企业领导主要成员都应当参加；

（5）任命管理者代表，负责标准中规定的职责；

（6）及时处理有关重大问题；

（7）组织管理评审。

其次，成立工作机构——组建贯标办（质管部）。

为推行ISO9000，公司应成立专门工作机构，负责全公司推行ISO9000组织协调工作，作为一个具体办事机构。应保证如下：

（1）所有相关部门都能参与工作小组；

（2）设有专职人员；

（3）骨干人员应对ISO9000有较全面系统的学习，最好有一定相关工作经历。

第三，任命管理者代表。

（1）公司应按标准要求任命管理者代表；

（2）管理者代表应由最高管理者任命；

（3）管理者代表应承担如下职责：

①确保按标准要求建立、实施和保持有效的质量管理体系；

②向最高管理者报告质量体系的运行情况，以便评审和改进质量管理体系；

③确保在整个组织内提高满足顾客要求的意识；

④就质量管理体系方面的事宜与外部机构的联络。

3.步骤 3 系统调研分析——诊断

首先，通过诊断，达到以下目的：

（1）现有质量体系与标准的符合性。

（2）找出与标准之间差距。

（3）找出形成这些差距原因。

（4）确定合适的质量体系范围及其补充要求：

根据公司运作需要、合同要求、产品特点等确定ISO9001中各项要求的适用性。

（5）识别、确定对现有质量管理体系进行调整的内容：体系要素确定、机构调整、文件清理（清单）、需新编制的文件（清单）。

其次，诊断工作一般应遵照质量管理体系标准、主要合同和本单位的基本法规进行。根据各单位具体情况，诊断的依据可以归纳成如下几个方面：

（1）质量管理体系标准 ISO9001 的要求。

（2）合同：质量管理体系应能基本满足客户的各项要求。

（3）本公司基本规定、规程：如有关标准化方面的、有关计量方面的、有关安全方面的等。

（4）社会及行业有关法规：

质量管理体系不仅要满足质量管理体系标准、合同和公司有关规定的要求，更要符合国家、地区、行业有关法律、法规、规章制度的要求。

诊断时应考虑有关法规：安全法规、计量法规、环保法规、劳动法规等。

第三，实施诊断的可以是公司习部的人员，也可以是公司委托的外部机构的人员，如咨询人员。因此，实施诊断的人员可以有如下几方面：

（1）咨询人员：如果公司聘请了咨询人员，诊断工作可以其为主进行。为此，咨询机构可以委派专门的诊断、检查工作人员，制订计划，在企业确认的基础上按计划进行诊断。

（2）内部审核员：如果公司有经培训合格并胜任该项工作的人员，可以授权其进行诊断工作。

（3）第三方审核机构的人员：可以聘请外部审核机构的审核员为公司进行诊断。

第四，诊断工作的实施过程。

（1）成立诊断小组。

（2）确定诊断依据和诊断对象。

（3）制订诊断计划，编制诊断工作文件。

（4）现场诊断检查，包括：与现场人员交谈，了解情况；检查现场文件和记录；如实记录体系运行现状。

第五，提交诊断报告

（1）不合格报告；

（2）诊断结论；

（3）体系文件清单；

（4）需新编制和修订的文件（清单）。

4.步骤 4　职责分配——体系设计

第一，制定企业质量方针。

第二，任命 ISO 管理者代表。

第三，确定体系是否存在剪裁。

第四，设计调整组织机构。

（1）各部门职责应覆盖标准要求；

（2）各部门有清楚的职责；

（3）各部门工作之间有合理的衔接；

（4）职能分工形成书面文件，并经充分讨论；

（5）应把有关质量的策划、控制、协调、检查、改进工作都反映出来。

第五，确定新体系中的文件结构。

二、第二阶段：编写文件并试运行

1.步骤 5 编写文件

第一，列出文件清单。

（1）质量手册，内容包括：

质量管理体系的范围；职能的分配；过程的相互关系说明；剪彩细节及其合理性说明；体系程序或对其的引用。

（2）程序文件，内容包括：

需编制哪些程序文件；每个程序文件对应标准中哪个要素；各程序文件之间有无重复、有无遗漏；各程序文件形成的记录；有关支持性文件。

（3）工作文件，主要有：

作业指导书；工艺文件等技术类文件；管理文件；报告和表格。

第二，明确哪些现有文件作废、哪些现有文件保留。

第三，分配文件编写任务。

（1）各部门承担具体编写任务；

（2）贯标办（质管部）负责协调和汇总。

第四，起草文件。

（1）工作流程；

（2）描述准确、简捷易懂；

（3）语言规范；

（4）文件格式。

第五，文件讨论。

（1）内部讨论确定文件的适宜性；

（2）外部检查确定文件的完整性。

第六，文件批准发放。

（1）审核、批准；

（2）复印、装订；

（3）受控、登记；

（4）发放、签收。

2. 步骤 6 体系试运行

第一，体系交底。

（1）质量手册：特点、使用、保管要求；

（2）程序文件：特点、注意事项、形成记录、各程序之间接口；

（3）作业指导书：需要掌握关键问题如何记录，报告不合格品。

第二，培训与宣传。

（1）岗位培训，包括：特殊岗位培训考核；管理人员程序文件培训；全员质量方针、目标培训。

（2）宣传质量方针，包括：试运行计划；ISO9000 认证计划；体系文件内容介绍。

第三，其他配套工作。

（1）计量检定；

（2）对合格供方评定；

（3）标志制作。

第四，试运行。

（1）补充完善基础工作：边运行边完善第三层次文件；

（2）修改体系文件：边运行边修改不合适的文件；

（3）形成记录并保存，以备提供证据。

三、第三阶段：内部审核、正式运行

3. 步骤 7 内部审核和管理评审

第一，内部审核。

至少进行一次内部审核，按标准要求制订审核计划、审核清单、审核报告、不合格项记录表等。有关活动的记录和文件应保存完好，以便认证时检查。

第二，管理评审。

至少安排一次管理评审，以评价质量管理体系的适宜性、充分性和有效性。同时积累一次管理评审活动记录，评审按程序文件要求进行。

4. 步骤 8 正式运行

通过内部审核、管理评审，对体系中不切合实际或规定不合适之处进行及时修改。在一系列修改后，发布第二版质量手册、程序文件，进行正式运行。

四、第四阶段：模拟审核，提出认证申请

1. 步骤 9 预审

为减少一次通过认证中可能存在的风险，在由第三方正式审核之前，可以由内部审核组成类似的外部机构进行一次模拟审核，或聘请已确认的认证机构进行预审。

10.步骤 10 合适认证机构的选择

企业选择对自己有利的认证机构，应从以下四方面考虑：

（1）主要客户的要求；

（2）企业所在地区；

（3）认证机构的认证范围和有效性；

（4）费用。

五、第五阶段：正式审核，体系维持并不断改进

1.步骤 11 接受正式审核

2.步骤 12 体系维持与持续性提高

（1）通过定期开展内审及管理评审，维持和持续改进体系；

（2）在体系正常运行过程中加强协调监督工作。

第八章　计算机集成生产管理

　　人类进化发展过程可以说是劳动工具和自动化程度提高的过程。自 16 世纪哥白尼 "日心说"、1628 年哈维出版《血液循环论》，尤其牛顿 1687 年出版的《数学原理》和 100 多年前达尔文的《物种起源》乃至 20 世纪初爱因斯坦的《相对论》、1948 年出版的《控制论》以及电磁的发现、计算机的发明应用、原子能的发现和利用、太空遨游……，在不到 400 年间，一座宏伟的自然科学殿堂矗立落成。科学大幅度技术化并转化为生产力，目前人类社会已跨入电脑自动化时代。总结人类历史，本教材将自动化发展过程大体上分为六个阶段：机械工具/手艺、设备/装置自动化、生产线自动化、遵循规律理论的管理运行、人的自知自觉的经济行动、全面管理自动化。以下章节自设备/装置自动化开始，重点在生产线自动化、遵循规律理论的管理运行、人的自知自觉行动，并由之概括出企业管理自动化。

　　现在流行的企业管理理论与方法局限于对国际著名企业公司的运作典范与实践案例归纳。ISO 是以保证准入国际市场的产品质量为目标而规范企业生产经营行为的产品生产国际指标管理体系，局限于对工商实践活动的教训总结。即使时尚的 MBP/MBA 也没有数量化技术化，不见管理观的总原理总规律，没有明确的科学哲学和物质理论依据。社会、经济、金融、行政管理更是如此。西方经济学以资源有限而欲望无穷作为经济问题的总根源，长期以来代替了能力有限而欲望无穷的社会矛盾经济问题之本质根源。

　　人是宇宙的一分子，从天人合一的宇宙高度上讲，管理学是关于人与人、人与环境关系协调技巧的管理观与管理法的泛称；寻找人性规律的同时应密切联系自然物质规律，结合实物质（对自然科技进行研究的物质基础）规律研究虚（拟）物质（指人文社科进行研究的物质基础）规律。企业管理的核心就是基于人性对于生产线作用的一种运动分析。生产线能否自动运转取决于生产过程自动化、更取决于使操作员自觉性生效的管理机制。生产自动化由设备、工艺和智能仪器仪表开发而成，员工自觉性的发生由人力资源开发结合企业文化建设（职业道德规范教育）形成。

第一节　计算机集成制造管理系统

自 1960 年以来，科技经济的迅速发展，人们生活对产品要求向多样化、个性化发展，引起全球性经济竞争逐浪高涨。这表明企业竞争优势不再限于成本、价格、质量等传统范围，在很大程度上取决于企业能否提供多品种、小批量产品，快速满足消费者日益增长的多样化需求的能力。面临着这样的动态、快速、多变的复杂市场环境，在微机网络技术十分发达的今天，计算机集成（制造）管理系统（Computer Integrated Manufacturing Systems——CIMS）凭借快速、批量、储存、复制、准确地处理复杂事务的能力，取代传统生产运作管理模式是自然而然的事。

综上，计算机集成制造管理系统（CIMS）是一种运用计算机信息技术、运作管理技术、生产制造技术，为优化生产活动、提高效益、增强竞争力，对企业生产运作的整个流程进行集成管理，如将经营系统、人力资源系统和制造技术系统集成起来的生产管理技术。CIMS特点是信息管理，即在正确的时间点将准确的信息完整送到目的地，使相关部门密切配合、协调运行，最大限度地发挥企业的整体效益。

一、CIMS集成过程

CIMS 由 CIM（Computer Integrated Manufacturing）发展而来，基本思想是：产品自研制到售后服务全程一体化；整个生产过程是一系列数据的处理过程，最终产品可看作是数据物质化。其集成概念有别于单纯的生产环节、工艺技术的连接，也不是简单的自动化加计算机的拼凑，而是包括似乎没有联系或联系不紧密的单元所组成的具有一定功能的紧密系统，并且以人的集成、信息与物流的集成为核心。

CIMS 的核心是集成，主要是企业外的市场信息集成、企业营运活动集成、生产运作系统/环节集成、生产线运作技术集成、企业内组织/个人间联系集成。按照集成过程，可将CIMS分为三个阶段，见表 8-1。

表 8-1　CIMS集成层次过程

层次名称	定义/特点	案例/诠释
物理系统集成	用通信网络将生产活动中的各个自动化孤岛相互联结起来，实现数据和信息的相互交换。 建立系统内部的网络配置和管理，并制定相应的数据交换协议	例 1：将 CAD 系统直接与 CAPP 和 CAM 相连接，使零件设计结果直接提供给工艺设计，再编出数据加工程序送到柔性制造单元进行加工。 例 2：启动管理信息系统，运行 MRP Ⅱ 软件，编制出月度生产运作作业计划，分送到生产车间/单元控制器，再分解成详细的周计划或双日滚动计划

续表

层次名称	定义/特点	案例/诠释
应用软件集成	系统内部各个应用软件及其用户,包括人员和机器/系统间的控制和信息的大集成	必须建立公共数据信息库,通过系统内/间通信联络,以共享方式处理各种信息资源。相应地,建立一个技术的基础结构或集成平台,来完成在全系统范围内存取所有生产经营需要的有关信息
经营与人的集成	从技术上实现包括三方面:生产运作与过程仿真;自动化经营过程监控;借助知识库、数据库、模型库、方法库,支持企业高层决策	其一,对基层生产运作过程进行物理过程动态调度的仿真与优化;其二,利用全企业范围内的综合数据采集与统计分析系统,供经理人随时随地掌握采购、生产运作、销售诸营运过程;其三,基于知识决策支持,借助企业内分布式数据库、专门模型库、知识库、方法库,支持高层决策

显然,集成围绕人进行,人的集成是最重要的。据美国先进制造研究公司(AMRC)的统计研究,在实施CIMS障碍因素中,70%来自人,21%来自成本评估准确度,9%来自技术因素。

二、CIMS集成基础与构素

(一)CIMS集成基础

CIMS是在自动化技术、信息技术、生产技术基础上,应用计算机及其软件将制造业全部生产活动所需的各种分散自动化单元集合起来的,高效率、柔性化的智能制造系统。CIMS是集产品开发、设计、工艺、组织和微机技术、网络通讯结合发展的产物。集成基础见表8-2。

表8-2　CIMS集成基础

观察视角	结构特征
融合科学技术成就、创造发明的高科技密集型系统	系统工程、管理科学、微机技术、通讯网络、软件工程、制造技术的高度综合体
生产管理、营运管理一体化大型管理系统	将市场预测分析、经营决策、产品开发、工艺设计、加工制造和销售服务、经营运作集成为一个良性循环系统
发挥计算机、网络技术,利用数据共享的管理信息系统	将物流、资金流、技术信息流、管理信息流等集成一体,由企业共享的运作管理平台
计算机管理方法与技术的整合	将 MIS、MRP Ⅱ、CAD/CAPP/CAM、CE、GT、LP、JIT 等技术部分或全部集成起来

(二)CIMS集成构素

1.CIMS三构素

人/组织、经营、技术可看作成CIMS的三个构素,如图8-1所示。图中三个构素相交重叠而呈现共集或交集，通过相互作用、相互支持使企业生产运作过程最优化。处理好图8-1中的CIMS三构素间关系，需解决图中的四类关系问题，见表8-3。

表8-3　CIMS三构素的集成问题处理

集成问题	问题处理方法
技术与人/组织集成	在人/组织间建立工作联系的技术平台,使个人、部门间相互配合、协调一致、互动提高。如通过数据库共享,使产品设计者跟踪产品制造过程,了解到生产反馈信息
人/组织与经营集成	通过改进组织机构、培训以提高人员素质,设计人性激励机制,实现技术人、技术团队高精专,从而轻易达到经营目标
技术与经营集成	充分应用微机技术、网络信息技术、自控技术、制造技术等现代科技手段,缩短产品设计与开发周期,减少库存,降低劳动强度、确保安全生产,保证产品质量,从技术上支持企业经营目标的完全实现
人/组织、技术与经营集成	充分整合CIMS三构素,实现系统功能的放大效应

2. CIMS 的基本技术构成

CIMS由管理信息系统、质量保证体系、自动制造装置、工程设计体和微机网络、数据库等组成,如图8-2所示。表8-4对图8-2的技术组成进行诠释。

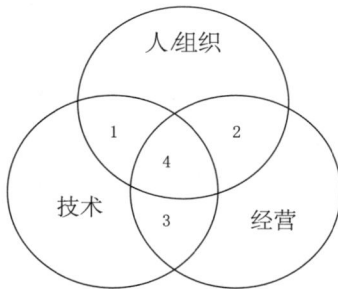

图8-1　CIMS三构素及四类集成问题　　图8-2　CIMS的技术组成

表8-4　CIMS技术元素诠释

技术元素	技术元素定义	功能目的
管理信息系统 / MIS	从制造资源出发,以MRP Ⅱ 为核心,以计划和控制为主体形成的一体化生产经营管理信息系统。作为CIMS的神经中枢,指挥控制着其他构素和相关部分有条不紊地运行。参见图8-3所示的MRP微机信息管理系统	开展信息收集、传递、加工、查询等信息处理,进行事务管理,提供辅助决策
质量保证体系 /QAS	基于全面质量管理的基本内容,在系统集成的整体安排下,通过质量信息的采集、分析、反馈等环节形成一系列质量控制,实现有效的自动化全面质量管理	检测、采集、存储、评价与处理生产运作全过程中的大量质量数据,然后围绕数据对质量进行分析评价、决策规划、跟踪控制

续表

技术元素	技术元素定义	功能目的
自动制造装置/MAS	在计算机控制、指令下，按照 NC 代码将毛坯加工成零件，再装配成部件，最后组装成产品，同时将制造现场信息反馈到相应生产、管理部门。MAS 作为 CIMS 中信息流和物流的结合点，是 CIMS 产生效益的实体，可由数控机床、加工中心、清洗机、测量机、运输车、立体仓、分布式微机控制系统组成	生成作业计划、进行优化调度控制，生成工件、刀具、夹具等的需求计划，进行系统状态监控和故障诊断处理，完成生产数据采集与评估。要求优化产品制造活动，周期短、成本低、柔性好等
工程设计系统/CAD/CAPP/CAM	在产品开发中引入的计算机技术，由 CAD、CAPP、CAM 三大软件集成，包括概念创意设计、工程与结构分析、工艺方局与数控编程	实现产品开发活动高效、优质、自动地进行
数据库	在逻辑上统一、物理上分布的，支持 CIMS 分系统并覆盖企业全部信息的数据库系统	实现企业数据共享和信息集成，整个生产经营过程就是数据采集、传递、加工处理的过程
微机网络	采用国际标准和工业标准规定的网络协议，用通信线路连接分散在不同地点具相对独立功能的多个计算机系统，以数据通信、资源共享的计算机、网络设施组建，支持 CIMS 各个分系统的开放型网络通信系统	基于计算机网络通信平台，实现各种条件下的通信，满足各应用系统对网络支持服务的多样需求，支撑系统集成、共享

三、CIMS 集成系统的开发

将 CIMS 集成系统的开发工作计划划分成若干阶段，分步按程序执行，见表 8-5。为防止设计等阶段性问题影响 CIMS 的成功开发，引入 CIMS 开发过程的结构模块化和标准化，实行项目管理方法。

表 8-5　CIMS 集成开发步骤内容

开发阶段	主要任务	主要内容
可行性论证	了解企业的战略目标、开发环境，确定 CIMS 总体目标与主要功能，拟订集成总体方案和实施技术路线，从技术、经济和社会角度论证技术方案的可行性，制定投资规划和开发计划，编写可行性论证报告	（1）调研企业市场环境、经营目标与策略；（2）分析企业生产工艺、经营活动流程和信息流、资金流等，调查设备系统、计算机网络平台、组织人员状况；（3）确定 CIMS 目标与功能，确认企业改造方案；（4）拟订 CIMS 集成方案和实施技术路线，确定 CIMS 开发的关键技术和途径；（5）弄清楚 CIMS 对组织机构变化的要求及其要能造成的影响；（6）拟订系统开发计划；（7）概算投资及成本效益初步分析；（8）编写可行性论证报告

开发阶段	主要任务	主要内容
初步设计	确定 CIMS 系统需求;建立目标系统功能模型;制作信息模型实体及相关联系;提出 CIMS 系统实施技术方案;深入到子系统层面,形成初步设计报告和设计附件	(1)系统需求分析;(2)系统总体结构设计;(3)系统功能及技术性能指标设计;(4)制作信息模型实体及联系;(5)确定系统配置,列表系统集成所需的内外接口;(6)明确拟采用的方法与技术路线;(7)找出关键技术、拿出解决方案;(8)编写详细设计任务及进度计划;(9)规划 CIMS 环境下组织机构;(10)经费预算、技术经济效益分析;(11)编制设计报告与文档
细化设计	对初步设计产生的系统方案进一步完善、细化。这一阶段主要完成:数据库系统的概念、逻辑和物理结构设计,应用系统的软件结构、算法、代码编写说明,硬件安装设计,确定组织机构、人员配置,制订培训计划,形成详细设计总报告和子系统详细设计报告及附件	(1)确定系统详细需求;(2)应用软件系统设计;(3)数据系统设计;(4)系统资源设计;(5)系统组织机构调整与确定;(6)确立技术标准;(7)拟订系统实施计划;(8)投资预算及资金规划;(9)编写详细设计报告
工程实施	对详细设计进行物理实现,产生一个可运行系统。这一阶段主要完成:数据库、网络及生产设备的安装调试,应用软件编码、安装、调试,组织机构成立、人员定岗,CIMS 系统可运行并为用户所接受,提交项目合同书、各项测试验收报告、数据库维护规程、用户使用手册及 CIMS 工程开发总结报告	(1)数据库系统实施:软件、硬件安装→建立实验数据库并用典型数据加载→调试数据库→数据库加载→与应用系统联调→数据库系统测试、鉴定验收;(2)应用系统实施:制定编程约定→建立数据文件和临时试验数据库→编制程序→程序调试和测试、完成测试报告→子系统与分系统联调和测试、完成子系统测试报告→组织系统鉴定验收→总系统联调和测试→编写总系统测试报告→完善各类文档,编写各类手册;(3)生产设备与微机网络平台:计算机系统安装、测试及验收→网络系统安装、测试、验收→生产设备/系统安装测试验收;(4)组织机构实施:组织机构调整→人员定岗→培训、教育→人机结合实操
系统运行维护	对投运的 CIMS 系统进行调整、修改,改进设计开发、调试各阶段的错误和不切合实际的地方,使系统完全适应外界环境变化,进一步扩充功能、改善性能。对系统运行效果进行评估,提交系统运行报告、软件问题报告、软件修改报告、系统评估报告、评审意见书及意见处理汇总表	(1)制定软硬件系统操作规程;(2)制定各类维护手册;(3)系统维护人员操作员培训;(4)系统运行状况记录;(5)系统软件维护、修改;(6)应用软件维护、修改;(7)数据库和数据文件维护;(8)硬件资源维护;(9)机构与人员调整;(10)系统评价

四、计算机集成生产系统

计算机集成生产系统（Computer Integrated Producing System，缩写为CIPS）属于一种类控制论系统，即工业生产控制论系统。其主要硬件系统除经典生产系统中的自控装置，如DCS，PLC等外，还有计算机网络构架、服务器、网络交换机等。

软件系统除各相关的系统软件及数据库系统外，应用软件的开发是CIPS的主体，包括三大类：

1. 管理信息系统类

生产计划管理，营销合同管理，生产调度管理，物资及库存管理，产品质量保证体系，厂务管理、人事财务管理等。本章第三节介绍有关管理信息系统方面的制造资源计划（MRP Ⅱ）和企业资源计划（ERP）。

2. 信息存贮、综合统计类

市场信息管理，包括原材料、燃料，产品价格信息，工程数据库，生产过程数据库，质量数据库。

3. 生产过程优化及管理决策类

企业系统物料平衡模型，企业能量平衡模型，企业投入产出动态经济模型，企业生产运行和管理优化系统。

第二节　柔性制造系统

为了提高制造业的柔性和劳动生产率，缩短产品生产周期、降低成本，使中小批量生产具有大批量生产的优越性，柔性制造单元、柔性制造系统、计算机集成制造系统、柔性自动化系统应运而生并得到迅速发展。

一、柔性制造系统的类型

柔性制造系统是指在计算机控制平台上，能适应加工对象变化的制造系统。柔性制造系统类型大体上有三种，见表8-6。

二、柔性制造系统的组成

柔性制造系统由加工、物流、信息流、软件等构成，具体情况见表8-7。

表 8-6　柔性制造系统类型

类型名称	定义结构	功能特点
柔性制造单元（FMC，Flexible Manufacturing Cell）	制造单元基础上发展起来的具有柔性制造系统部分特点的一种单元。作为柔性制造系统（FMS）的基本单元，或规模最小的 FMS，通常由 1～3 台具有零件缓冲区、刀具换刀及托板自动更换装置的数控机床或加工中心与工件储存、传输装置组成	适合加工多品种零件，一般有几十种。根据零件工时组成 FMC 的机床数量，年产量高达 10 万件，是 FMS 向廉价化、小型化发展的产物，自动化程度略低于 FMS，但投资少得多而效益相近，因而更适合财力偏弱的中小企业。目前众多厂家都将 FMC 列为发展重点
柔性制造系统（FMS，Flexible Manufacturing System）	由若干数控设备、物料储运装置和计算机控制系统组成的，能够根据制造任务和生产品种变化及时调整的自动制造系统。FMS 通常包括三个部分：独立工作的数控机床或加工中心（5～20 台规模）；机床、装卸站、缓冲站之间运送零件、刀具的传送系统；使系统中各部分协调工作的计算机控制系统，包括设计规划、工程分析、生产调度、系统管理、监控与通讯子系统	在柔性制造系统中，加工零件被装夹在随行夹具或托盘上，自动地按加工顺序在机床间逐个输送。专用刀具和夹具等在计算机控制下自动调度和更换。零件质量可在测量工作站上检查，还实现加工质量的反馈控制。操作员只负责系统启停和工件装卸，能做到夜班无人作业。FMS 适合多品种、中小批量生产，每批 200～2 000 件中批量生产厂家采用 FMS 比较经济合适，多数零件都用 FMS 方式加工，但投资较大
柔性自动生产线（FML，Flexible Manufacturing Line）	将多台可以调整的机床（多为专用机床）连接起来，配以自动运送装置组成的生产线。一种处于一般品种、批量规模的生产线，加工设备可以是加工中心、CNC 机床，也可采用专用机床或 NC 机床，生产率较高	以离散型生产中的柔性制造系统和连续生产过程中的分散控制系统（DCS）为代表，特点是实现生产柔性化自动化。柔性程度低的 FML 在性能上接近大批量自动生产线；柔性程度高的 FML 则接近小批量多品种自动生产线
柔性制造工厂（FMF，Flexible Manufacturing Factory）	将多条 FMS 连接起来，配以自动化立体仓库，通过计算机系统联系，采用从订货、设计、加工、装配、检验、运送到发货的完整 FMS。它包括了 CAD/CAM，使用计算机集成制造系统，实现了生产系统柔性化自动化	将制造、产品开发、经营管理的自动化连成整体，以信息流控制物流智能制造控制系统为代表，特点是实现工厂柔性化自动化

表 8-7　柔性制造系统组成

构成元素	元素定义
自动加工系统	以成组技术为基础,将外形尺寸和重量大体一致、工艺相似,但材料相同的零件集中在一台或多台数控机床或专用机床等设备上加工的系统
物流系统	由诸如传送带、轨道、转盘及机械手等多种运输装置组成的,供给传送工件、刀具等的系统。这是柔性制造系统的主要组成部分
信息系统	收集、变送、处理、反馈零件加工和运输过程中所需的各种信息,通过微机控制或其他控制装置(液压、气压),对机床或运输设备实行分级控制的系统。这实质上属智能仪器仪表部分
软件系统	用微型计算机对柔性制造系统进行有效管理所必需的组成部分,包括开发设计、运筹规划、生产控制和系统监控等软件

三、柔性制造系统的关键技术

关键技术不外乎自动化、计算机控制、网络通讯、智能仪器仪表等，详见表 8-8。

表 8-8　柔性制造系统关键技术

关键技术名称	功能特点
计算机辅助设计	光敏立体成形技术直接利用计算机辅助设计;通过计算机控制激光扫描系统,将三维数字模型分成若干层二维片状图形,再按二维片状图形对池内的光敏树脂液面进行光学扫描,被扫描到的液面则变成固化塑料。如此循环操作,逐层扫描成形,并自动地将分层成形的各片状固化塑料粘合在一起。只设定数据,数小时内便可制造出精确的原型。 这项技术有助于加快开发新产品、研制新结构,而未来计算机辅助设计会引入专家系统
模糊控制技术	模糊数学的实际应用是模糊控制器,新开发的高性能模糊控制器带有学习功能,操作员可在控制过程中不断取得信息,进而自动地调整被控量,改善系统性能。人们尤为关注的是基于人工神经网的学习方法
人工智能、专家系统、智能传感器技术	专家系统利用专家知识和推理规则求解各类问题,包括解释、预测、诊断、查找故障、设计、规划、监视、修复、命令、控制。FMS 中人工智能乃基于规则的专家系统,能简便地将各种事实、验证的理论与经验知识相结合,为 FMS 增加了柔性。以知识密集型的人工智能(含专家系统)技术在(智能型)FMS 中将起关键作用,最具发展性。智能制造技术(IMT)将人工智能融入制造过程中,以模拟专家活动取代或延伸部分脑力劳动,自动监测制造过程的运行状态,在受到指令或激励时自动调节参数,以自组织能力达到最佳工作状态。智能传感器技术伴随计算机应用和人工智能产生,具内在决策功能,是智能化 FMS 发展的基础
人工神经网络技术	模拟智能生物神经网对信息进行并行处理的一种方法。在自控领域,神经网络不久将并入专家系统或模糊控制系统。作为一种人工智能工具,将是现代自动化系统中的重要组成部分

第三节 MRP计算机信息管理系统

现在是计算机网络信息时代，生产运作管理只有与时俱进才能利用科技优势大力发展自身企业。计算机数据库建立、MRP程序软件编写、外部环境与计算机的结合参照图8-3进行。由第二章图2-5和图8-3可知，MRP的生成主要由主生产计划（MPS）、物料清单（BOM）、库存记录和其他需求驱动。而库存记录来自库存管理数据；物料清单来自工艺设计。MRP生成后，由具体物料需求计划校对，并输出执行指令。

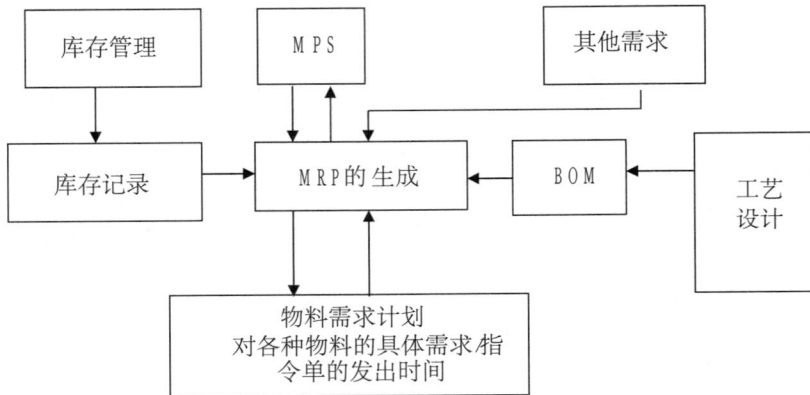

图8-3 MRP微机信息管理系统

一、MRP Ⅱ系统

MRP Ⅱ（Manufacturing Resource Planning Ⅱ）在MRP基础上增加了销售、财务、采购、成本、工程技术等环节，集成为一个综合性计划系统。MRP Ⅱ以MRP为核心，覆盖企业生产制造活动的所有领域、有效利用制造资源的运营管理思想的人—机应用系统。MRP Ⅱ应用系统观点，将企业当作一个整体来对待，从整体优化的角度出发，科学合理、高效地计划、组织、控制、协调企业的人财物资源和整合产、供、销活动。基于整体思想，MRP Ⅱ系统实现了两大集成。

（一）MRP Ⅱ系统实现了物流、资金流及其管理的集成一体

在MRP Ⅱ系统中，物料通过价值赋予货币属性，这就可实现三个物币转换：以由物料采购计划直接导出采购预算；由生产运作计划导出生产运作成本计划与库存资金占用计划；由销售计划导出销售收入和利润计划。这表明，生产运作活动可由财务活动控制，

生产运作管理接受财务管理调控，从而生产运作活动服从经济效益这一企业总目标控制。

（二）MRPⅡ系统实现企业各部门活动的集成统一

在MRPⅡ系统出现前，企业生产运作等诸活动子系统都是独立运行的，许多部门使用同类型数据、做相似相同工作，由于口径不一致，经常发生相互扯皮、埋怨的情况，造成管理上的混乱。无疑，员工都有加强沟通联系、共享数据与工作成果的愿望，但缺乏支持共享平台运行机制的有效系统，难能如愿。自从MRPⅡ系统出现以来，企业才能给出一个合理可行且完整、详尽的计划，为各部门相互联系、统一活动建立共享平台。MRPⅡ系统下企业运行机制见表8-10。

表8-10　基于MRPⅡ系统的部门协作机制

部门间关系	联动机制
营销——生产运作	通过主生产计划，营销部门与生产运作部门可建立密切关系。一则，营销部门要及时提供市场信息给生产运作系统，为维护和制订主生产计划服务；二则，营销人员可从MRPⅡ系统上掌握生产运作系统的生产安排，进而果敢地签订销售合同
生产运作——各部门	没有科学管理方法和工具、平台的支持，生产运作计划难以跟上变化，员工难以相信作业计划有效性，各个部门都有批评、指责生产运作部门。MRPⅡ系统大大增强了计划的完整性、周密性和应变能力，在简化工作的同时提高质量管理水平，使生产管理从经验向科学、从随便到规范方向发展
采购——市场、生产	过去，采购人员通常以过早订货、多订货方式应付不可预知的生产需求，具有很大的盲目性。MRPⅡ系统可使采购部门及时获取供货、需求信息，提前相当长时间酝酿未来需求，做到及早安排、从容地采购和供应必需的各种物料
财务——生产运作	过去，财务部门是独立进行工作的。有了MRPⅡ系统，各部门数据共享，财务报告可以在生产运作报告的基础上直接生成。当生产运作计划发生变更时，对财务和企业经营计划、目标等的影响立即反映出来
技术——各部门	过去，技术部门的工作与生产现场没有实时联系，多数是独立性参考性的。在MRPⅡ系统环境下，技术部门负责提供MRPⅡ系统赖以运行的数据，是一种控制信息。这要求技术支持下的产品结构清单准确度达到98%，加工路线准确度必须达到95%～98%，库存记录准确度达到95%，修改设计和工艺文件必经严格的手续，MRPⅡ系统才能运行得比较好

二、ERP系统的组成和实施

随着MRPⅡ的应用发展，企业在物资供应、各种协作、产品开发等方面与其他企业、科研院所形成了动态联盟，有人称之为虚拟工厂。作为虚拟工厂的支持系统，ERP（Enterprise Resource Planning）在MRPⅡ系统的基础上，增加了支持物料流通体系、支持生产保障体系、支持跨国经营体系、支持工作动态模型变化与信息处理程序命令，及其他与企业相关的资本营运体系，从而发展成为企业资源计划。ERP系统主要包括财务管理、生产运作管理、分销与后勤管理及其他模块。这是一种先进的计算机管理系统，更是一种自动化管理模式，如表 8-11 所示。

表 8-11　ERP 系统组成模块

管理模块		操作功能
财务管理	财务会计	一般分类账、支付款、由用户定义的子分类账的自动管理和汇报,具体有总分类账、付款、收款、专用分类账、合法兼并、会计信息系统等功能模块
	管理会计	描述企业成本和收入情况,具体有成本中心会计、工作预定会计、项目会计、产品成本分析、盈利分析、活动费用、企业控制功能等模块
生产运作管理	资产管理	管理、监督复杂资产的单个因素,具体有技术资产管理、工厂维护、投资控制、投资管理、传统资产会计等模块
	项目管理	支持目标明确、长期而复杂的项目规划、实施、控制、监督,能加速工作、数据流程,减少常规任务,具体有基金和资源管理、质量管理、时间控制、项目管理信息系统等功能模块
	工作流程	应用交叉技术、工具和设备,连接集成 ERP 应用模块,工作流程支持所有模块
分销与后勤管理	销售与分销	优化所有有关销售、分销的任务与活动,具体有预售支持、查询过程、应用过程、定购过程、分发过程、记账、销售信息系统等功能模块
	人力资源管理	规划和激励控制个人活动的完整集成系统,具体有个人管理支付会计、个人计划和发展、人力资源信息系统等功能模块
	工厂维护	支持工厂维护工程的规划、进展、完成等过程,跟踪维护资源、提供决策信息,具体有计划任务的运行、设施管理、时间与费用管理、维护信息系统等功能模块
	物料管理	支持日常采购,具体有原材料购买、存货管理、重新订购、发货确认、原料估价、货物售价、额外服务管理、购买信息系统和存货控制信息系统等功能模块
其他模块	行业方案	综合了 ERP 应用模块与附加行业的应用,具体有包装货物、设施与通信、银行、高技术、电子汽车等功能模块
	生产计划	规划控制一个企业的制造活动,具体有原料单、流程、工作中心、销售和操作系统、产品订单、产品时间、商务楼层控制、生产活动花费、重复制造、生产过程规划等功能模块
	质量管理	支持质量规划、产品制造监测、开支和过程控制的质量控制与信息系统,具体有质量检测、质量规划、质量管理信息系统等功能模块

ERP 的建立,需要强大的软件开发技术作支持,更需要企业高层的意志支持。关于 ERP 的实施应用的基本条件,首先是 3 R,即需要企业在管理思想上进行革命（Revolution）,在管理流程上重组（Reengineering）,在管理手段上改革（Reform）;另一个是将技术、数据、人作为 ERP 系统实施的三个关键因素。为什么呢?有关解释详见表 8-12。

表 8-12 实施 ERP 的三因素条件

因素	因素条件解释
计算机技术	没有计算机就没有 ERP，ERP 建立在计算机平台之上，来源于 MRP
及时准确的数据	ERP 所需大量数据取自于生产经营活动的各个环节，与工艺和部门人员密切相关，数据的及时性准确性完整性决定着 ERP 实施的有效性和高效率
人及其力	在实施 ERP 的所有因素中，人是本质因素，员工出力是否自觉地进行且正确有效取决于 ERP 系统的激励机制。ERP 系统既是个计算机系统，更是个团队，只有企业各级人员充分理解支持 ERP 系统，实施才会成功

为保证成功实施 ERP 系统，应遵循由简单到复杂的科学工作程序，不断升级 ERP 系统。具体步骤如表 8-13 所示。

表 8-13 实施 ERP 的基本步骤

步骤	操作内容
先行教育	先行教育对象为中层以上，先是总经理/副总经理等高层主管，其次是生产运作、计划、采购、营销、技术、数据处理等部门的主管。目的在于使企业高层和相关部门责任人了解 ERP，以求在实施 ERP 项目中，资金投入、工作指导、矛盾协调方面得到广泛理解、参与和支持
论证立项	实施 ERP 项目前要分析和评价其投入、预期效益及其他间接效果，从而作实施与否的决策。项目立项要形成一份正式书面文件，明确大致的时间过程和成本预算框架
项目小组成立	项目小组由未来负责 ERP 具体运作的主要人员组成，除少数专职人员外，大部分由部门主管兼任。项目小组的工作：制订项目计划、报告计划执行情况、及时发现问题、提出建议、随时确定任务优先级、决定资源调整等
确定专职人	项目负责人要选择素质好、能力强、经验丰富，具有一定声望信誉的专职人士担任。选择项目责任人不一定要：计算机系统人员或专家；聘请企业外专家；强调创新，用新手；岗位兼职
成立指导委员会	由高层主管和项目专责组成，对项目给予适时正确的指导、检查，发现问题时采取措施解决。如调整项目计划、重新安排资源、理顺各种关系等
教育、培训	对象是全体员工，在先行教育后进行。重点在增加员工知识、改变员工行为、握 ERP 系统的运行操控
试点运行	分三层次试点：计算机试点（运行、调试 ERP 软件）、模拟试点（操作者验证软件是否适合业务活动）、现场试点（确认系统运行正常）
实现 ERP	引入供应链管理和虚拟企业概念，扩展 MRP Ⅱ 功能，实现 ERP
持续改进提高	不断改进和完善 ERP 系统

三、 MRP → MRP Ⅱ → ERP

MRP、MRP Ⅱ、ERP 三者都是基于计算机平台，涉及库存控制管理的有关企业资源需求计划的管理技术，基本发展过程为：MRP→MRP Ⅱ→动态联盟→ERP。下面简述MRP如何发展到MRP Ⅱ，再提升到ERP的发展历史。

（一）MRP是ERP的起源

批量模型经济虽然改进了库存管理，但具有如下缺陷：盲目性，不能及时发现积压与消耗，造成库存时间长或供应不足的矛盾；高库存与低服务水平共存，即当所有配件都过量储存备用时，必造成工作量大、成本高，从而服务差；订货点法运作形成"波浪"式库存需求，与产品实际需求不一致，因为订货点法的运作规则是当达到订货点时就订货，从而使部件需求、原材料需求一波一波地批量产生，而不会随产品需求近似均匀变化。

针对订货点法这一问题，人们进行了大量的探索研究，基于计算机技术发展，开发出专门面向相关需求库存控制的方法——物料需求计划（MRP）。美国的约瑟夫·奥里奇于1975年出版的《物料需求计划：生产与库存管理的新方式》，标志着MRP理论方法的成熟。其主要观点见表8-14所示。

表8-14　奥里奇MRP的观点

库存管理技术对比	库存管理技术特点
零部件、原材料与最终产品库存管理对比	零部件、原材料的库存管理不同于最终产品的库存管理，其需求取决于最终产品，属相关需求
	最终产品需求一经确定，零部件、原材料需求量便可精确计算出来
订货点法对最终产品	应用订货点法对最终产品进行库存控制时，所引起的相关需求可能是不连续、不均匀的
计算机技术与物料需求计划的结合	基于计算机技术提供的平台，可准确而迅速地完成相关需求的计算

（二）MRP Ⅱ是MRP的发展

起初的MRP只是作为一种物料需求的计算工具，完成从最终产品需求计算相关需求的庞杂工作，只需交待何时订购或生产何种物料、数量多少、何时交货等事项，而不涉及订购或生产能否成为现实的问题。因此，MRP只不过是一个计算机软件系统，是一种计算过程，是一种编程计划的手段，并非计划的本身。

实践中，只给出相关需求的计算结果是不够的，还要进行可行性分析，将计划编制与实施的可行性问题综合考虑。这就是改进、扩展后的MRP，它增加了平衡物料需求与生产运作能力、确定各项订单或生产运作任务的相对优先度、反馈采购和生产运作实际运行等信息进而调整需求安排等。这时的MRP是一种科学生产运作作业计划管理系统，代表着已编制好的生产运作作业计划，并与计划的实施、控制相联系，称为闭环MRP。

为提高计划对企业战略、目标的支持度，保证计划成功实施，必须跳出生产运作作业计划和生产运作系统，以企业整体观指导和处理生产运作作业计划的编制、实施、控制。这就要对MRP作进一步扩展，将物料需求与企业其他资源（如人力、资金等资源）的平衡、生产运作计划与企业战略经营计划的协调，尤其是生产运作过程和财务分析、控制的结合等内容囊括进来。而且企业各部门要根据MRP平台信息编制、协调各自的计划。这种发展的MRP促进了企业内部制造资源的整合，统一了企业生产经营活动，称之为MRP Ⅱ。

（三）ERP是MRP Ⅱ的飞跃

1990年代，美国Gartner公司总结了MRP Ⅱ软件的发展趋势，发展出ERP概念。Gartner公司界定ERP为：超越MRP Ⅱ范围的集成功能；支持模拟分析和决策、能动的监控能力等；支持开放的客户/服务器计算环境。ERP在鉴定管理信息内容方面，更加广泛地包涵了企业全部管理信息，特别是在系统功能综合上，不是各自"自动孤岛"式的专业管理信息系统的简单联网，而是统一设计、有机集成的分布式管理信息系统。ERP以管理信息的高度集成，成为计算机集成制造系统的组成部分，已成当今制造业改进生产管理、构成CIMS的首选集成化管理信息系统软件。

第九章　面向生产线的一人监管自运转术

大家都知道，计算机可看作是自动运转的智能仪器，通常由一个人操作。随着自动化技术的应用领域扩展，特别是经济控制与管理自动化的形成发展，企业整体运作自管理信息系统经过CIMS发展成为一个庞大的智能机器，由一人操控是必然的发展趋向。一个人可以操作一台或几台机器，一个人可以操作一台或几台计算机，自然而然地，一个人就能够操控一条或几条生产线，乃至一个或几个企业。本书称这种在一人监管下生产线/企业自动运转的管理技术为"一人监管自运转术"，这正是企业管理自动化的核心内容。

顾名思义，一人监管自运转术要求在岗位设置中，监管生产的现场管理者只有一个人，生产线（或设备）及其操作员工间呈封闭式自动运转状态，由计算机处理一组（系列）表格所记录的生产运作数据、工艺流程中上下岗位和相关岗位相互配合相互考评数据等，进而综合处理的无人管理技术。下面围绕一人监管企业自运转结构回路、三种力与五级放大、动作指标量化激励、表格管理等对生产线自动运转技术进行研讨。

第一节　一人监管之下人—机—生产线系统自运行原理

将操作者与机器设备、生产工艺构成的生产线进行一体化设计，通过加入智能仪器仪表平台联络功能，提升成类似一台电脑的智能生产线。这种智能生产线具备自激励、自运行、自循环、自检修运作模式，由生产线循环圈外的一人监理或操控即可。

一、一人监管自运转基理

（一）管理目标的哲学思考

经济管理的目标是质量、效率与和谐，对政府而言是实现GDP、质量效益和社会公平三项指标及其平衡关系；对企业而言，是实现利润目标、质量效益和企业主劳动者消费者三方利益一致的三项指标及其平衡关系。三项指标集中反映了人性和社会经济问题，从而要研究人的思想行为及其惯性碰撞，实质上是研究人体物质及人性物质，广义地说是研究天道地理人权。人性物性应属虚拟物质范畴，称为虚物质。显然，研究物体运动的规律理论是物理学课题，对应研究虚物质规律则是研究物体存在法则（物体按层次结构存在于宇宙中，却始终沿最佳途径实现消费体系）的自然辩证法课题，研究人类社会关系及其和谐协作规律又是管理学课题，而追求协调运作效率就是经济学课题。换言之，研究两个以上物体关系的协调规律是管理学课题；追求事物间协调运作效率是经济学课题。这些研究内容归根到底都是研究虚物质规律，也就是研究物体存在法则的自然辩证法课题。

这基本上有三个范畴：首先，从哲学本体论开始，研究人性即虚物质，将虚物质控制物体的运行法则展开成理论而成为管理理论基础，使管理学直接同物质运动规律相通；其次，围绕沿测地线（最佳途径）实现消费体系（生存、发展、自由三层一体有机体系，其狭隘表现是衣食住行用）的目标所展开的规律理论和管理技术研究；三是，根据宇宙统一于能量之一元论，将社会、人文、政经和企业、金融等知识整合成统一范畴，依据531系统理论（即问题基础论点与531理论的对立统一矛盾体，其中问题基础论点是指概括社会矛盾经济问题成若干有限论点的社会健康诊断书，531理论是指遵循五大经济律、应用三大模件作为工具去达成责权利一致目标方法论）开发出具体的操作性强的行业管理法。

（二）关键原理：531 系统理论自身发生对称中和反应

物体存在法则使得每个人都成了能力有限而欲望无穷的矛盾体，从而衍生出社会矛盾经济问题。我们将种种矛盾问题的要点概括成若干个论点，即问题基础论点，并设为"−"。另一方面，531理论是指遵循五大经济规律应用三大模件工具去达成责权利一致目标，并设为"+"。531系统理论是问题基础论点和531理论的统称，其自身会内生对称中和反应，即"+""−"碰撞湮灭释放出能量驱动企业发展。换言之，"+""−"发生中和反应后，企业问题得以解决的同时，会释放出能量，进而促进企业发展。这样，我们总是看到企业问题在无形中得到解决。

所以，管理工作就像医务工作，首先是观察、分析企业问题，进而对问题（病情）诊断出几点要害；其次是根据531理论开出处理问题的方案（药方）；最后，如果下药对症的话，药物、病灶会同时湮灭而释放出能量驱动企业发展。通俗地说，就是通过及时正确的监管，使企业问题得以解决，进而发展企业。

（三）企业发展一般原理：物体存在法则

任何物体包括人都是虚、实两种物质的瞬间结合体，因而称物体为虚物质载体。虚物质的典型范畴为阴流子，乃一种集能力信誉和欲望需求于一身的币符抽象物。可见阴流子是由人体发射与接收并被货币传载的人性物质——一直以来被世人笼统地称为钱，是虚拟经济的物质基础。人体是阴流子的本质载体，规模大于人体的称为宏观人性物性载体，反之称为微观人性物性载体；层次相对高的称为高级人性物性载体，层次相对低的称为低级人性物性载体。

物体存在法则是指任何层次的物体，如总星系、恒星、地球、人体、分子、原子等均以一定规模存在于宇宙中，同时都欲沿测地线实现消费体系。显然，按层次结构存在于宇宙中使得人的能力有限而不可能百分百沿测地线（最佳路途）实现消费体系，但现实生活恰是由有限能力去实现消费体系的极值与最值的，从而引发效益、质量和缺陷问题。可见所有社会矛盾经济问题都是源于物体存在法则是个矛盾法则，但可通过对称中和反应原理将"矛"和"盾"湮没成能量进而生成企业利润。物体存在法则、对称中和反应原理是物质运动规律，设置人性管理制度、方法、技巧之"矛"同生产效益、质量、缺陷之"盾"相混一体，就是使经济管理同自然科技相结合形成企业公司由一人监管的自动化管理。

根据物体存在法则，高级载体（如电力企业）和低级载体（如电厂运行、检修两个部门人员）均要沿着最佳路途实现自身的消费体系，即企业要实现公司整体的安全生产、最大效率，员工个人更要实现工资、奖金和福利最大化。这表明高低级载体两者既矛盾又一致。矛盾发生在个人工资高则企业成本高；一致在于高、低级载体实现自身的消费体系均离不开合作完成生产经营目标，离不开共同为社会服务并从社会获取相应的回报。劳动服务质量和产出效率是衡量回报的直接参数，对企业来说就是要考核工作业绩和设备运行效率，降低成本提高利润。而工作结果和设备状况均可用完好率或缺陷率来表示，如电力生产设备运行维护状况常用缺陷（病态）概念和消缺率表示。当然，缺陷发生率越低越好，产出收益率越高越好。如果工资奖金能够自动地与缺陷的发生消除率、产品产出效益等经济指标联系起来，就意味着初步企业管理自动化形成。

就一般规律而言，只有当企业整体利益与员工个人利益相一致时，企业才会发展。因为这时的员工自觉劳动、主人翁心态基本能达到忘我境界，会表现出对公司的归属感、自豪感。人力资源管理原理就是要灵活理解《劳动法》，如何使个人利益与企业利益相一致，以极大地激发员工的劳动积极性。事实上，生产企业不仅要考虑消费者的需求，也要考虑员工的需求。只有实现企业主、员工、消费者三方利益一致时，才符合《劳动法》规定、满足ISO国际标准，在良好的社会信誉和政府支持下发展企业自身，在市场竞争中立于不败之地。

（四）物体存在法则——三种力与五级放大原理

如图9-1所示，物体存在法则是指物体无一例外地沿最佳途径实现消费体系而按层次结构存在于宇宙中，从而使得任何人都呈现欲望无穷而能力有限的矛盾状态。为充分发挥人之有限能力的效用，最大程度地实现消费体系，人自然会启动其智力的识别创造功能，以技巧战胜困难，处理好事物间关系，进而释放出人的智力效应与劳动行为。

图 9-1　三种力与五级放大回路图

人类智能劳动的突破性发展是计算机的发明应用，对环境信息进行智能处理的核心是CPU（微机中央处理单元），计算机控制与网络通讯按照人的意志去控制动力机械和原子能装置等。这种遵循人性规律的人机过程自动化结构见图9-1，于是得到三种力与五级放大原理。三种力是指智力、人力、动力；五级放大是指存在法则、智力、人力、CPU、动力，构素概念见表9-1。无疑，从物体存在法则的规律效应到智能启动，从人工借助计算机操控机器到能量的做功转换，每一级都是个放大回路，一环扣一环地逐级放大原理犹如电路放大原理。

物体存在法则——三种力与五级放大原理中的计算机发明应用，表明一人操控程序计算机的运作模式映射到企业管理中：一人监管生产运作自运转技术。操作计算机与操作企业二者完全可以类比研究并结合开发。开发的具体对象是围绕工艺流程将生产管理表格软件化程序化，在计算机平台上运作，抓手是设置消费者、企业主、劳动者三者利益一致的机制，千方百计地激发员工的劳动自觉性、形成劳动者为自己劳动的事实，进而培植员工的主人翁心态。

表 9-1　三种力与五级放大回路组成元素表

构成元素	功能与定义
动力	工艺质量、成本控制、操作规范等同安全生产相结合
人力	质量指标、产量指标、动作指标等的数量化体系同工资收入相结合
智力	仼务调控同收益、人事劳资考核与奖罚相结合
CPU	中央处理单元，将智力软件化的中心，也是企业公司存在法则的执行中心
存在法则	在市场竞争的狭缝中，沿测地线（最佳途径）实现公司利益而做大做强的目标

动力回路是指被劳动者操控的装置、系统，涉及工艺质量、成本控制、操作规范等，其考核围绕安全生产进行。人力回路是指劳动者的劳动付出，涉及质量指标、产量指标、动作指标等的数量化体系，其考核同工资收入相结合。智力回路是指人的脑力效应，沿测地线运动的技巧、效率是其思考的中轴，企业利润同个人收益、人事劳资考核与奖罚相结合是智能管理手段。CPU即计算机的中央处理单元，乃智力软件化的中心，也是企业公司遵循存在法则的测算中心。

无人企业公司的运行还是个人活动都毫不例外地要遵循物体存在法则。在市场竞争的狭缝中，沿测地线实现公司利益而做大做强的企业必受到能力有限的制约，从而创造出放大人的能力的智能处理器，发生利用自然力的经济管理法，即反映出思想指导行为，进而实现科技生产力连续五级放大所得到的天人合一回路，见图9-1。

精英组团，网络联系；资源共享，集中办公；规范程序，量化指标；激励为主，按劳分配；安全效益，电脑考核……这些正是三种力与五级放大回路所反映的一人监管就能使企业公司自运转的一些手段。

（五）一人监管自运转基理的三大要点

1.沿测地线实现消费体系

社会的个人的中心问题始终是沿测地线实现消费体系。消费体系是指一切同生命存在、同生命运动相关的基本需求，也是指在需求基础上的欲望或目标。这些需求、欲望目标自然可展开成政治的、经济的、文化的、技术的等种种形式。

2.问题基础论点

找出问题首先要从自身存在的困难点着手，其次要从环境中去诊断。企业内部环境：人力资源与岗位运作状况、财务收支、质量成本与价格、需求资源与产品、市场占有与开发等；企业外部环境（自然社会环境）：宏观上的政治法律、生产力技术、经济金融、人文习俗等；微观上的消费群体与中间商、资源与供应商、竞争者及状况、行业特点和社会利益集团等。

3."531"理论

"531"理论是对治理问题基础论点的五大律、三大模件、一个目标性原则（责权利一致）的综合简称。

五大律：消费体系矛盾律、生（存公有）发（展私有）律附带公私奇偶律、（生产）力—消（费）—（计划生）产顺序周期律、资金流二岸富律、三项消费运动律。如果分离出公私奇偶律和三项消费运动子律实际上有八个律。

三大模件：计消市产模式、产—消通道、阴流子金融手段等系三大模件或工具。三大模件是个有机体系。

二、管理自动化的关键技术

（一）基于人本主义的生产自运转术结构回路

一人监管自运转术的实施平台是计算机集成生产信息系统，目前计算机只是辅助作用。下面重点介绍设计思路而非软件开发。

对生产的管理细分起来比较复杂，但不外乎两条线索：一是，坚持人本主义划分和对待生产要素，以消费者、企业主、劳动者三方利益一致为核心控制生产诸要素，形成管理自动化体系。因为人既是消费需求者又是生产劳动者，是诸生产要素的操纵者，生产系统因人的生理需求而产生，为人类消费服务，离不开人去控制、参与，生产过程的成败取决于人的劳动自觉性。所以，管理好了人力资源就等于抓住了生产与消费这对经济基本问题，就能控制生产运作局面。二是，企业生产目标要逐级分解直至落实到具体责任人身上，从而实现生产活动中责权利一致，手段是按劳分配。这就要审慎地分配责权利并从编员定岗开始，围绕岗位将责任、职权和工薪三者统一起来，关键点是操作程序正确、业绩好效率高、公司利润丰厚，则员工才可能有可观的薪金收入。

企业效率问题、员工收入问题同企管方案（即责权利关系指标）、激励手段结合起来就会形成企业前进的动力。从物理哲学上讲，经济基本问题、利润效率和员工积极性等属问题基础论点范畴，而指标分解、责权利一致、薪金激励属"531"理论范畴。"531"系统理论恰是问题与方法的统一。据对称中和反应原理，企业问题与一人监管自运转技术相结合就会释放出驱动企业发展的能量。

图 9-2（a）所示为企业/公司的自运转回路。对于股份制公司，可由董事会议秘书做回路监理，国资单位可由纪委书记代回路监理。为使监理立于回路之外，隔断其与回路中权力人的关系，对回路监理的考核与工资发放要根据监理工作记录和监理效益二方面计提，也可发放固定数，至年终由董事会（通常由三人以上投票表决）签发年薪，多退少补。回路中，CPU 层为厂长/总经理岗位，也可以是董事会；执行单元是实现目标任务的生产、行政、服务等功能单位，对应于图 9-1 中人力回路；控制对象为生产工艺、系统设备、品质利润、市场占有率和财务审计等目标内容或装置系统，对应于图 9-1 中动力回路；信息储存处理单元是指咨信中心，即生产经营决策的提议、核查、数据采集、顾问和研究单位，对应于图 9-1 中智力回路。执行单元中应包括一位相当于传令官或称厂长发言人者，相当于厂长助理，任职条件为女性优先大学文化以上人士，同时负责监督和收集执行情况。图 9-2（b）所示为企业，岗位层次结构，上层：经营管理级，对应中央决策单元；中层：生产管理级，包括现场生产管理人员；基层：过程管理级，对应生产线的操作、维修者。对于一个 200 ～ 500 名员工的企业，配置 6 ～ 10 名中层以上监管责任人员就足够。

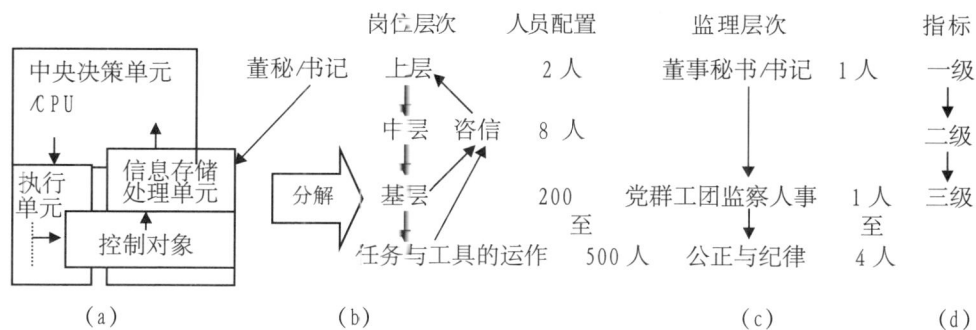

图 9-2　一人监管的企业公司自运转式结构回路分解图

智囊与 CPU、咨信中心独立封闭运转，其他部门应敞开集中办公；图 9-3 中，厂长/经理、咨信中心、客户部应封闭办公。

监理系统的层次有两级，见图9-2（c），总监理为董事秘书或公司集团书记，审查稽查单位为企业外事务所；执行监理为安全生产督察人员，由党群工团监察人事成员组成，1人专职，3人兼职。全厂指标分为三级，见图9-2（d），即将企业总目标分解成岗位目标，将总经理指标分解落实成员工个人指标。

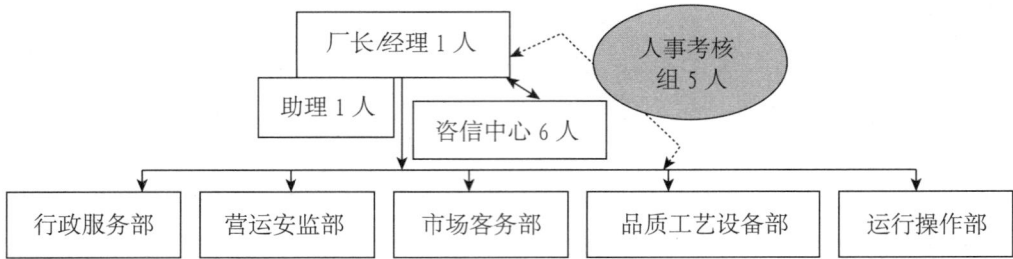

图9-3　生产经营管理架构一般模式

根据图9-2所示结构，可得到最简单的管理架构，见图9-3。如果是电厂，可去掉市场客户部，由咨信中心兼管市场客户工作，品质工艺设备部变为设备维修部；如果是制造厂，可去掉营运安监部，增加产品开发部，由咨信中心兼管安监工作。

高层顾问是咨信中心，行动助手是助理。人事考核组由人力资源专职1人和一线员工4人兼职组成。

（二）一人监管自运转系统的设计内容

1.内容设计

人—机—生产线系统中必须含有消费者、企业主、劳动者三方利益一致的核心控制设计，企业文化、劳动工资、职工福利必须设计到软件中去，反映劳动态度和业绩的员工动作数据、生产线运行数据、基于ISO标准的产品质量数据、客户评价反馈数据也必须进入系统软件。

2.监控方案形成

图9-4分成两个大回路，由表格组成。其中一人监管回路是指监理员（执行监理者）跟踪作业卡或缺陷单，按照岗位规范及评分标准或消缺情况、任务指标实现情况对包括厂长/总经理岗位在内的所有员工的计算机评分，然后根据工薪结构计酬并作出工资考核发放表。而自运转回路是指厂长/总经理跟踪生产报表、营销市场表、财务报表和公司利润情况调整生产经营运行方式，根据任务或计划指标完成情况核准具体收益分配方案的回路。

显然，一人监管自运转回路由人—机按程序关联，表达了岗位规范、监管方案程序化运转机制，使企业与员工均围绕自身利益的实现而不断自觉调整行为，是不需要鞭策、监工的方式，可减少企业内部和员工间内耗冲突，从而推行公正公平公开地对事不对人的自运行方式。起初，一人监管自运转回路由文员作只读（无权修改）操作，虽不是无人参与方式，却是纳入TMS网系（计算机网络应用为基础的生产与交换为中心的社会关联平台），设计出可过滤人情、偏爱等成分的意控式管理软件包的技术基础。

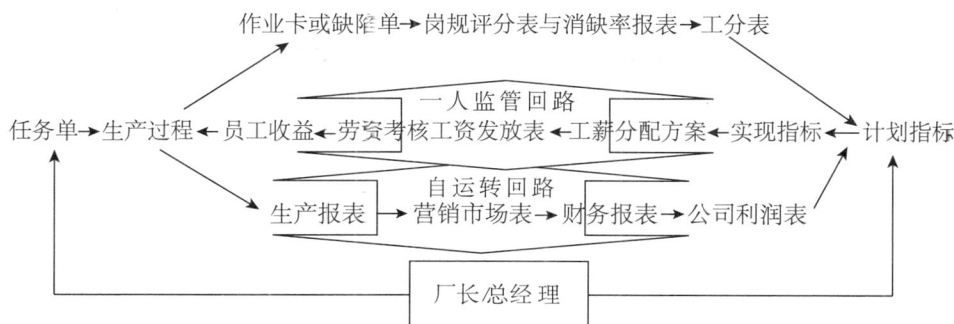

图 9-4　一人监管自运转激励机制图

3.编制软件程序

围绕安全产出效益几个重要指示确定最佳的实现途径或措施，编制出支持或违反安全产出效益途径和职工福利的具体条文，将条文按关联分块包装，编写成程序软件包，分步由手工操作、计算机辅助发展到计算机运行。

三、一人监管自运转术原理

人（物体）都是按层次结构存在于宇宙中而欲沿最佳途径实现消费体系的，称之为物体存在法则。按层次结构存在并沿最佳途径运动无疑是个能力有限而欲望无穷的矛盾法则。搞经管工作就是要处理这个矛盾法则产生的所有冲突与问题，也就是遵循物体存在法则，将表达无穷欲望的理想目标同有限能力的充分释放规律结合起来，从而需要研究人性和物质运动规律。企业公司作为一个物体，其目标实现和能力释放关系必须遵循物体存在法则，这就是要将总目标总任务分解并落实到各个工作岗位各个部门各个层面中去，让劳动者的人生价值、理想追求等崇高品质体现于按劳分配中，这就要建立来自人生价值的岗规标准同工薪分配结构间的函数变换，然后将这些生产经营表格数据输入电脑，通过人性化的"企业公司：一人监管自运转术"实现以有限能力去逐步满足无穷欲望。一人监管自运转术是指按照生产工艺流程，使设备、系统、材料输入、产品输出与操作者自成封闭体系，围绕企业目标、任务自运转，而工薪奖励计算、生产数据采集由电脑完成。封闭体系同电脑的连接由董事会委派一位责权利不介入封闭体系的人来完成并令之充当监理。

四、生产线自运转机制表格

生产线自运转机制贯穿于两组管理表格中。一组表格记录下生产线实时数据，或再输入电脑中，起到考核、激励作用；另一组表格记录下企业经营业绩好坏，给出可分配利润。

（一）作业卡管理

见表 9-4，以看板管理收集、运载生产线信息，将成本低效率高、品质合格、交货及时、服务周到等指标纳入员工收入函数变量中，而员工——企业关系就是这个函数中的常数。

作业卡功能就是实时记录生产线信息，为准确评价生产线系统、考核员工业绩提供历史数据，以监管功能激励员工自觉劳动，以电脑及时公布劳动竞赛成绩激发劳动兴趣。

（二）岗位规范与评分标准

岗位规范编制一般是将生产程序或步骤同经济指标的层次对应起来，并配之以量化工分，显示劳动业绩的高低水平。这样既规范了员工劳动行为，又对员工劳动状况给出了评价，是企业规划的基础工作。岗位规范同ISO接轨，是生产管理国际化的重要步骤。

有了作业卡和岗位规范，行为结果数据就可转换成考核工分，进而根据表9-5给出工资、奖励金额，由计算机自然生成工薪奖金的分配，不存在人工主观修改工资数据的情况，维持了公正公平。

（三）生产记录与统计表系列

只有确定了企业"馅饼"大小后，才能按工分分配劳动成果。因此，除了评价劳动表现计算员工工分外，还要对企业集体劳动总成果进行评估。这就要用到生产报表、品质报表、库存报表、成本核算等相关报表。

五、一人监管自运转术实践总结

[案例 9-1]

一人监管自运转术用于营销企业的治理，起源于电力企业管理经历。前者基本表格是作业卡、岗规评分标准，后者的基本表格是缺陷处理联系单、经济指标体系。在实际应用中，往往二类表格结合使用。

首先分解指标。一般地，企业公司总指标总任务要分解成三级指标体系，小型企业可分解成二级指标。在电厂，一级指标为上网电量、煤耗、安全，考核对象为厂长／总经理、运行部、检修部、咨信中心。一级指标分解出中间指标，如运行部门二级指标包括安全指标、二票合格率、补水率、厂用电率、能耗、发电量。二级指标实质为各部门主要目标或关键内容，如电厂检修部指标为安全指标、消缺率、材耗、电气主保护及自动装置动作率、热控保护及自动投入率、高加投入率，考核对象为人事监察考核组、咨信中心专业组、行政部、营运部、市场部、品质设备部班组、运行操作部班组。三级指标为岗位规范规程评分表所列与劳动动作相关的规定与要求，考核对象为全厂职工个人。

其次建立目标行为规范量化指标体系。行为规范和指标体系分为三类：一是行为或岗规规范量化表；二是公司收益或利润报表；三是员工工薪或奖励分配表。指标分解成三级后，接下来就是建立岗位规范来规范员工劳动动作并量化指标体系、评分标准，对行为动作的后果打分。表格应反映公司目标、任务、产权人思想，明确价值取向，引导职员行动方向；应能及时反映公司存在的问题，并可通过修改表格及时修正，表达鼓励、奖励的策略来激发人力资源的最大效用，达到齐出力的目的。作业卡、缺陷单、岗规评分表、生产营运报表、营销市场报表、财务简报、工薪分配结构、销售提成报表是主要表格。除图9-4所示表格外，其他配套表格还有：工作任务下达书、出车记录表、外勤单、特别任务卡、消缺率统计表、承包厂总工资提成表、生产考核奖金发放表。另外技术、质检、采购、客户部等的岗规与评分标准也是表格管理的基本内容。

第三，以利润指标为中心的分配激励体系。如电力企业，第一次奖金分配考核指标为上网电量、供电煤耗，补水率、安全生产作修正指标。第二次分配考核指标，电厂分检修、运行和服务部门三大类，具体内容与办法由运行、检修竞赛报表囊括。

承包厂/部门业绩指标考核薪金发放表围绕三个指标来设计，即生产任务完成配权0.4，确保产品质量并无退货配权0.4，投入产出率即成本核算结果配权0.2。薪金总额一般限制在公司税后利润的80%以下。各部门凭此三个指标计取薪金，个人凭工分领取薪金。工资按月发放，实行年终期权、离退休期权制。离职或退休期权可一次性兑现，一般应以购买养老、医疗和失业保险等方式发放。

第四，推销员的报酬和基本活动费用通常是底薪加提成方式包干，专职营销员实行提成制；鼓励司机等职员兼职推售，兼职营销员按专职营销员的5折提成。每开发一个客户交公司管理后可提成三年至五年，或一次性买断。具体表格文件有产品销售提成与发放标准表系列。

第五，在电厂，运行人员是机组操纵者，具用户地位；检修人员则是机组的维护者，为运行操作人员服务。因此，考核检修质量往往以运行人员的反馈信息为参考，从而应对运行人员发现有效缺陷予以奖励；同时，生产技术与安监部门通过跟踪机组运行的主要参数，围绕上网电量完成率、煤耗降低率、补水降低率等对运行操作进行考核。一人监管自运转术的关键是董事会决议进入电脑的无人管理，也即计算机网络记录运算执行按劳分配制度，可以及时地公正公平地运行表格管理。

第二节　消费者企业主与劳动者三方利益一致的自激励放大机制

工作设计有三个方面的目标，这就是：满足生产率和质量目标——企业与消费者目标；满足企业利润目标——老板与企业目标；提供工作安全、有激励性、员工有满意感的工作环境——企业与员工目标。企业效益取决于劳动生产率，劳动生产率的提高根本在于人的因素，主要是员工技能高低、企业对员工的报酬激励程度、员工对企业的依恋或认可度等。

　　一人监管自运转术的应用关键是，遵守《劳动法》规定，实现企业主、员工、消费者三方利益一致，注重加油激励、隐性鞭策以放大生产能力、提高生产效率，反对以粗暴的看管、鞭策和剥削方式提高生产效率，更不主张算计人工降成本、侵犯劳动者应得。这就要求朝表9-2所示的几个规律、原理和方法去下功夫。

表9-2　生产劳动和消费三方利益一致放大原理

原理类型	经济学涵义	企业战略战术
消费—生产的互利互生关系：生产充分服务消费原理	凯恩斯经济理论是基于国民收入一部分消费一部分投资的大众思想发展起来的，无疑违背了生产完全服务消费的原理。现代生产管理技术基于ISO标准，要求精细生产，以零库存运作，所有生产活动都是运用"5M1E"达成"Q、C、D"的成果。见本书第二章的"生产本质"	按照ISO国际标准发展企业，就是以全面质量管理、全面生产管理不断提高生产服务消费者的水平，将客户需求、消费需要放在第一位，生产方式则围绕消费方式运行。由此可见，企业利润发生原理是抓消费促生产，即唯消费市场或客户需求是目标，通过ISO方式和全面生产管理运作生产以求不断提高服务消费者的水平，自然而然地从消费者那里得到回报。 按照生产充分服务消费，所有产品都是经济、合格的，都会及时地完全用于消费。这为全社会产消平衡提供了企业保证，因而很难形成经济危机
企业—员工存亡一体关系：遵循生存公有规律和发展私有规律，实现共生存齐出力目标	私有构成公有，全社会公有就是配股票配社保，在最大的公有制度下参加公或私（个体）企的生产劳动。劳动者加盟企业就是入伙，企业主应以合伙的姿态去迎接、对待员工。一个战无不胜的组织就是将成员看作自己细胞，基于严明的纪律下共患难同享受。只有员工与企业一体化、利益一致，员工才会以主人翁的状态自觉生产积极劳动	按照按劳分配与按需分配相结合的原则，企业应遵守《劳动法》，更多承担员工福利，尽力消除员工后顾之忧，如有能力再适当承担社会援助任务，以此争取政府税负减少的奖励性支持；结合福利实惠开展员工—企业一家亲的文化建设，以情感行动规则制度，形成思想文化融合体。运用一人监管自运转术，通过计算机处理看板管理表等数据，应用有限能力与无限欲望相结合的技巧落实按劳分配原则，尽力提高员工工资。 当然，薪金高不一定驱动力大，因而要实现动作、业绩与薪金一体化考核制度，跟踪职工需求，以收入、文化调节手段激励员工充分释放自己的有限能力

原理类型	经济学涵义	企业战略战术
企业主—劳动者平行一致关系：责权利一致原理	为激励竞争促成齐出力就必须保护财产所有权上的差异，并遵循发展私有规律搞市场生产，即实行按劳分配。 激励员工自觉劳动要做好两方面。一是企业主要遵守《劳动法》，设计公平合理的劳动贡献量化手段，围绕生产工艺流程的维护成果，实现责任、权力、利益按正比例发展。收益分配能在承担共生存的同时激励齐出力就是遵守了责权利一致的分配配置原则。二是法规要维护私有财产的合法性，鼓励无产者通过配合企业主的积极劳动向资产者奋进	现代文明以和谐合作、多边共赢为特色，因而激励员工原理在于做大馅饼，成员多分多得，而不是损人利己式的我多你少。这首先要建设抓福利促生产，重奖励鼓干劲，彻底放弃剥削手段创造利润的文化氛围，以企业主同劳动者利益一致的文化制度激发劳动者的创造力。其次要不断调整生产岗位结构，正确分配责任、权力和收益。三要抓住生产要素中人的核心地位作用，在输入生产要素、输出产品的生产放大过程中，以人的自主性自觉性形成生产过程的自动化。最后是，按照责权利一致原理，合理准确地分配做大了的产品收益。总之，利益一致的分配制度会促成行动一致的生产活动，行动一致的自动化生产会做大做强企业，当所有员工感觉到自己收到应有份额，共赢局面也就形成，团结向上的新进程就会持续下去
三方利益放大分配机理——阴阳流子放大原理	劳动收益的取得是通过货币发行、流通来实现的，其依托是阴流子（集能力信誉一身的币符抽象物）和阳流子（纳米化网络上物流的产品，现在仍是火车、轮船、飞机等的运输产品）发生交换（碰撞）；其放大原理是，阴阳流子每发生一次完全弹性碰撞（交换、消费），就会按照 $M_n = M \times (1+Э)^n$ [1] 规律得到放大一次	企业主、员工、消费者三方利益一致的落实平台是阴阳流子碰撞放大平台。企业生产运作只要不发生资金链断裂，随着市场占有率的提高就会不断扩展、放大规模。市场占有率有两个成因：一是按 ISO 标准建设企业；二是公关。通常情况下，是这两种成因混合促成企业发展。 企业管理自动化运行机制基本属于按 ISO 标准进行生产运作管理，基于微机智能技术，将人—机—生产线整合成类计算机，由一人监管。然后在阴阳流子放大原理作用下，不断发展生产壮大企业

一、产—消关系：生产充分服务消费

生产者与消费者的关系集中体现在生产充分服务消费上。只有生产的产品完全被人们消费掉了才是生产的意义所在，这正是企业攻占市场的最高目标，也是企业得以盈利发展的实质保障。在人类进行商品交换的历史阶段，这反映了阴阳流子发生完全弹性碰撞，弹性碰撞运动越快，生产周期越短，生产效率越高，人民生活越好。所以，生产持

---

[1]　设 Э 为阴阳流子完全弹性碰撞一次的效率、n 为碰撞次数、M_n 为放大了的阴流子量、M 为货币最初所运载阴流子量值，则阴阳流子完全弹性碰撞一次有 $M_1 = M + MЭ = M \times (1+Э)$；二次时，$M_2 = M \times (1+Э)^2$；……$n$ 次时，$M_n = M \times (1+Э)^n$

续增长、企业不断发展、生产者工作顺利依赖于消费者对企业生产成果的接纳，对生产者劳动的认可。

从原理上讲，沿测地线实现消费体系以及生产服务消费的方向是不变的。走最佳途径实现消费体系的基础是生产充分服务消费。企业生产高效率低成本、安全轻易快速地响应消费市场的需求必然是生产完全服务消费的各项指标。坚持生产服务消费的方向，遵循生产充分服务消费的原则，企业管理应从消费端开始，即由客户端拉动生产运作，如图9-5所示。图中反映了产、消关系对生产运作管理系统的影响，属于以销定产为主的模式，正是生产者与消费者统一于生产运作的一种系统。

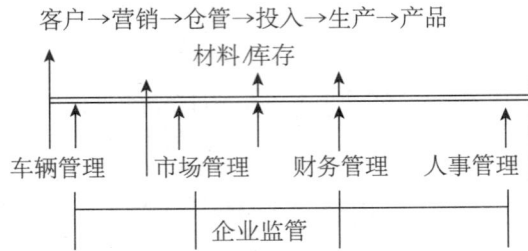

客户→营销→仓管→投入→生产→产品

材料/库存

车辆管理　　市场管理　　财务管理　　人事管理

企业监管

图 9-5　包括消费者在内的生产运作闭环系统

二、企—工关系：遵循生存公有规律，以共生存关系激励齐出力

（一）生存公有规律概念

生存公有规律是说，生存与公有相关联，具社会性、计划性和稳定性。即凡涉及社会安全共生存，包括有关社会全局和稳定的发展工程或经济体应实行计划消费分配制；凡不需要市场激发效益的生命、生理、生存需求的基础工程应由政府筹划财政支持。基础科研、基本医疗与就业创业等属共生存范畴，应按生存公有规律操作。上学就医、基础科研和创业就业是人类社会基础工程，关系到生存性、安全性、全局性，具不可分割性或只能局部分割。这些方面的需求产生及其需求量大小的发生对市场激励机制不敏感，但医院、学校提供服务质量的好坏却离不开市场激励机制。因而，这是生存公有与发展私有的混合体，不能完全产业化、市场化，虽然费用应由政府统筹解决，但谁能赚到这些钱由上学、就医者自己选择。

（二）以共生存关系激励齐出力

公有、私有是相对而言的，对全社会来说，企业和个人都是私；对企业而言，员工个体就是私。全民所有的最好形式是股市，股市集中股份公司成全社会性质，而股民通过股市成为企业股东。只要政府建立社会养老、医疗保险制度，政府按个人入市所投入基数给予股票与保险额度配置，真正意义上的全民所有就会形成。

在实际经济活动中，具体的时刻里的员工个体必须落户到具体的企业里。这时，企业最好按照员工投入或能力贡献配置一定的股份，即以工资形式每月发多少钱赠送多少股份作为职工劳动的报酬。这样，真正意义上的企业主人才会由企业主和劳动者构成。

总之，企—工关系的核心应是存亡一体，员工与企业整体归一，员工对于企业内生自我感；遵循生存公有规律，以共生存关系激励齐出力。

事实上，政府建立社会养老、医疗保险制度就是基于生存公有关系的正确决策，以使劳动者与企业双方呈双向选择互不制约的关系。双向选择使得企业难能强行剥削劳动者，劳动者不会成为企业负担。企业虽然分为无数集团公司，但本质上属社会细胞，通过纳税方式承担社会成员的基本生活；反过来，企业资金通过银行由社会提供，需要劳动者参与。

三、劳—资关系：责权利一致原理

谁是企业主谁是员工，应由个人所拥有的股份数和岗位作用决定。劳动者与资本家关系应遵循责权利一致原理，按投入比例与岗位分工关系分配责任、权力、利益。这种关系人权平等，付出与收益对等，能力贡献与劳动收益对等，表明参与劳动者都是不同层次的企业主人而不限于投资人身份，符合《劳动法》要求。

实现责权利一致是激励齐出力的人体内生力量。

四、三方利益一致放大分配机理：阴阳流子放大原理

消费者、生产者、劳动者三方应当利益一致地从事经济活动，从而使社会、企业、员工统一于一体。产、消一体，生产目的、消费目标才能同时实现，阴阳流子碰撞才能发生，企业、员工才会有收益，消费者才能生活得好。企、工一体，员工才能以企业主人姿态去劳动，在个人主义下发展企业，保证生产充分服务消费。每一位劳动者又是消费者，劳动力源是消费需求，消费需求催生劳动生产。

三方利益一致要求人类遵循生存公有规律和发展私有规律，正确区分处理人类生存公有与发展私有二类经济问题，对公私关系主张个人、地方、社会三方共同落实有关人类安全生存的基础项目费用。

按照 $M_n = M \times (1+Э)^n$ 放大规律，三方利益一致放大分配机理在于阴阳流子碰撞放大原理。只有馅饼越做越大，三方利益才有一致放大的基础。所以，现代生产管理技术除了管理好生产线外，更应注重发挥阴阳流子碰撞放大原理的作用，即运作好产消关系、企工关系、劳资关系。将生产线管理规程同人力资源激励机制结合建设才能形成现代生产管理技术的核心：一人监管自运转术。

五、南海电站奖金发放的调研报告

[案例 9-2]

南海电站分配结构中现有两项值得商榷：一是嘉奖开支；二是浮动、安全奖发放方

式。现讨论如下。

劳资关系应是企业主与职员间的关系，劳动者获得就业与报酬、奖励应首先感激企业主。这样才能自觉为企业卖力。如果嘉奖权不在老板手上，或其意图出在管理层，具体分配由中层管理人员控制，则多分多得者感谢操控人且双方附结于一体，就不能保证是老板的意志表达、企业利益的需要。事实是分配不公造成劳资矛盾，因掌权者（多为聘用的管理人员）侵占、转移支付劳动者应得而不能激励劳动积极性。结果是老板付钱买单，企业利益、老板形象受损。

（一）关于嘉奖开支

如果是厂内员工能够完成的工作任务，基本上就应属工作职责范围内，否则就是任务分管不当或者说是管理人员渎职。因此，南海电站嘉奖岗位责任的完成违反了公司资源节约化原则，在支付工资基础上重复开支，增加了公司人力成本。

对贡献特殊、完成额外任务员工的奖励应由董事长审批数额、等级，按公司章程发布嘉奖令，配以适当的宣传仪式或活动。人之所以为人就在于追求精神价值，对物质生活问题基本解决了的员工来说，董事长给予的精神奖励是有分量和效用的。因此，对职工的特别奖励应以精神奖励、职誉晋级为主，物质奖励为辅。

（二）关于浮动、安全奖发放方式

为改善劳资关系，加深老板与员工的感情，防止老板发出的奖金不合理地流入管理人员腰包或变相挪作餐费用，南海电站浮动奖金、安全奖的二次甚至三次现金分配不宜再由部门主任、班长等人员亲自分配，以免形成主任、班长个个是老板、人人是出纳、全成了办事员的丑态，也分散了管理人员的工作精力。如果建立人性化的体现董事长恩德的相关考核分配规定，按程序报出员工出勤、出力的考核表，再经个人确认、厂考核小组审核，在厂报上公示，最后由劳动人事制表发放，则既维护了部门主任、班长的领导权威和廉洁形象，又可使领导取信于员工，改善干群关系，大家一心一意工作。

另外，安全奖、安全天数奖从逻辑上看，是奖项重复，应二奖合一。

第三节　在塑胶公司设计实施一人监管自运转回路

一、营销企业：一人监管自运转术运用

生产和消费都是围绕人进行的，我们总是奢望付出少收获多。测地线就是最佳途径，

消费体系就是目标，沿测地线实现消费体系所表达的是以最经济最轻松方式生产加工出最适合人民的消费品。一人监管自运转回路实现的是最佳途径，建造的是测地线。具体操作起来就是，以公司企业的一人监管自运转术实现人力资源效用最高境界，即生产人员与工艺设备按程序构成自封闭生产运作体系，并将作业卡与计算机接口，由一人操作计算机。这就是通过在工艺流程相关程序中相互评价工作业绩，用监管表形成原始数据，并以此作为共同瓜分全体人员的劳动成果的依据。其直接效果是去除基层专职管理岗位，保留一位监管员负责输入、传送考核奖惩记录操作文件，以渲染鼓励、奖励的策略，进而激发人力资源的最高效用，达到齐出力的目的。监管员与其他职员地位、待遇平权，主要工作是操作计算机处理监控参数以得到考核数据。

（一）目标与战略

根据公司/企业当前所处的实际环境，制定出公司发展战略，包括远景规划、近期目标和眼前急需处理的事务。

发展战略应包括目标、实现目标的方法、与目标方法相应的运作机构、引导人心齐向目标的工薪奖励制度、公司发展方向和对员工的相应承诺。

（二）最佳途径的实现措施

一人监管自动化封闭管理系统是职工相互监督严密、人力成本最低、内耗最小的生产营运体系。具体为相互环扣的三个回路：一个是由工艺工序决定的从原材料进入生产线到出货之生产回路；第二个是生产报表、财务报表和协调服务回路；第三个是记分考核激励兑现回路。详细如图9-4所示。

第一个回路由岗位标准、工作任务卡等支持；第二个回路由生产统计表、营运报表和外勤单、工作任务下达书、出车登记卡等支持；第三个回路由统计核算表、盈亏平衡账、工薪发放标准和发放通知书等支持。

（三）管理重点

人力资源管理、销售管理、产品质量及成本核算是最简单直接的管理点核心。人力资源管理主要包括选人用人、引导激励和训练培养；销售管理主要包括市场开发、营销策略、跟踪服务、业务员管理合约。产品质量及成本核算的工作范畴为生产工艺及设备管理、产品开发及质量管理和成本控制管理。

此外，运作技巧、实践经验也是一人监管自动转术应用成功的重点。

二、一人监管自运转回路构设

（一）一人监管自运转结构

如图 9-6 所示，作业卡从生产工艺第一道工序流通到最后一道工序，其中运载数据输入计算机处理后，得到生产线上劳动者的工资。这时，

$$产品输出价值=（原材料价值+工资）×（效率）+设备折旧 \qquad （9-1）$$

$$产品输出价值+利润+转移支付=销售额=产品输出量 × 价格 \qquad （9-2）$$

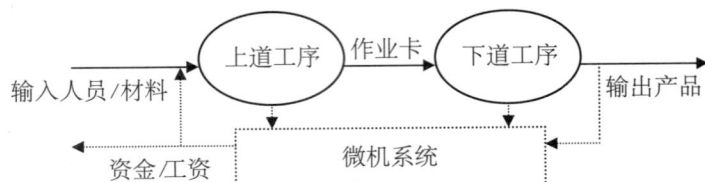

图 9-6　一人监管自运转回路结构

（二）作业卡设置

各道工序由人参与，有意识，会偷懒，会弄虚作假，从而常规生产线的管理分层级、组别设置管理员进行监督，管理人员数占到生产总人数的 30%。实现一人监管甚至无人监管生产线，除了设计基于作业卡的数据计算机处理外，更要建设好消费者、生产者、企业主三方利益一致的人力资源激励机制。

（三）运行机制

在作业卡、人力激励机制、微机系统组成一人监管自运转系统的基础上，设生产监管/电脑操作员一名，立于生产线之外，通过数据采集监管来维护生产线自运转。

（四）计算机处理数据组

（1）生产线上员工打卡录入出勤情况。

（2）生产线上员工登录合理用料量。

（3）建立岗位规范去控制每一个劳动动作/操作。

（4）闭环控制功能：下道工序评价记录上道工序的劳动态度、质量、产量……；上道工序督导下道工序的推进能力。

（5）统计历史数据，控制时效，进行成本核算。

（6）分类统计员工工分。

三、实战操作

和谐文化：平等同一，教培并行，处罚为辅，主管牵头，机制激励。

操作路线：经营目标→指标体系→个人岗规→结合工艺、质量、安全生产要求和效益目标量化岗规→换算成部门与个人业绩分数→按劳计酬。

根据图9-5，考核员工的操作程序分为两个层面：设备操作、生产运行回路；行政、检修、营销服务回路。见图9-7所示。

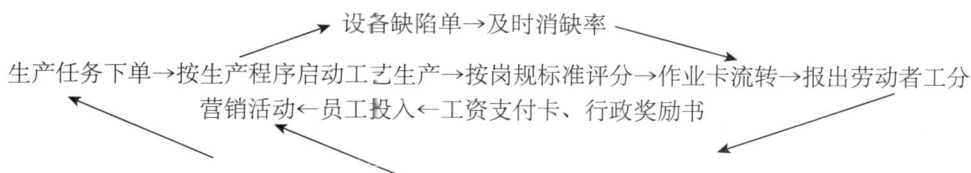

```
                    ┌──→ 设备缺陷单→及时消缺率 ──┐
生产任务下单→按生产程序启动工艺生产→按岗规标准评分→作业卡流转→报出劳动者工分
                    营销活动←员工投入←工资支付卡、行政奖励书
```

图9-7　收益分配二回路

（一）考核体系

如图9-7所示，考核体系主要由表格组成。首先是依据战略目标或总任务制订工作计划，结合订单下达任务书；其次是根据任务内容确定工艺、设备、质量标准、规格品种和生产操作程序；第三是根据行业规范和产品质量标准，企业公司要求调整岗位规范，并予以配置动作工分值。发放包括即将生产的产品规格数量、质量要求和工序间相互监督评价等全部工作环节的作业卡。作业卡每周一张，可由统计员（或监管人）收发管理、输入电脑，监理人核准。对以工作任务和设备、工艺故障定义为缺陷考核的单位，如发电厂，则将生产程序和岗规标准、故障项目纳入缺陷单，缺陷处理联系单代替作业卡，以消缺率评定检修员工的工分。

表9-3所示为有关个人收益结构的划分和评判原则。

表9-3 收益结构及其评判

激励形式	收益结构及评判原则
面包工资	给员工终身全额预期收入，极大地提高工资额度是管理者以不定无形承诺获得最大激励效果的手段。包括货币月薪、年终奖、社会保险（养老、医保）、公司股份
精神回报	面包工资是基本报酬，可刺激员工努力工作。精神报酬如奖牌可使员工超水平发挥，如体育老师为赚生活费而努力工作，体育运动员为拿金牌而超常发挥
收益等级结构	工资总体上包括面包工资、精神回报（肯定承认员工价值，推高个人地位并发出奖杯、奖牌、证书）。仅发放货币工资是基本而低层次的奖励，奖牌、证书和形式奖金并发属中层次奖励，唯认同员工为一家并归属企业一体是高层次鼓励
评判操作	奋斗标杆新颖、标准合理遵循国标、具体直接真实、公开公正公平、承诺充分兑现、评价定期持久

（二）核心表格

[案例9-3]

（1）作业卡、缺陷单、岗位规范（工作规程）评分表、消缺率统计考评表、劳动者工分表。

（2）任务单、计划指标生产报表、营销市场报告表。

（3）指标实现报表。

（4）三大考核支柱：工作卡、岗规量化指标、岗位工薪标准。

表9-4所示为塑胶厂采用的作业卡形式，每个员工一张，不同的岗位责权利不同，因而权值要标明，见表9-5。操作时要注明劳动者工号和表的编号，以免混淆。表9-4是单元版本，可改制成周表或整条工艺流程的看板。

表9-4　作业卡

工号：　　　持卡人：　　　本岗位权值：　　　编号：

时间		生产任务				质量要求			对上道工序评价		当班评分						
月/日	班次	品名/规格	安排产量	完成产量	交货时间	指标Ⅰ	指标Ⅱ	指标Ⅲ	接收数量	QC结果	计时/件分	重要指标分	岗规分	见言分	杂活分	扣分	合计
持卡人建言	（含合理化建议、发现设备缺陷或员工违规现象）								部门鉴定								

放卡人/时间：　　　　　　　　　　　　　　主管复核：

作业卡使用方法说明：

放卡与收卡：接销售部或上级任务后，监理员应及时在作业卡上填写"生产任务"和"质量要求"栏，按时放卡到执行生产、服务任务的部门，通知开工。员工上班时必须先到生产调度室领取作业卡，并及时到工作场地作业。持卡人下班时将本卡交到监理员。

计件分：每小时内完成规定产量，记2分入卡，加班按岗规乘系数计分。

岗位实得分：只要生产任务及时完成且质量符合要求的，每个岗位均可参照"岗位责任与评分标准"得16分，另加出勤分4分，满分20分。岗位实得分数为岗位基本分乘以岗位权值。

建言加分：合理化建议每条加1分，发现设备缺陷、安全问题每条加1分，发现他人违规一项次加1分，同时扣违规者2分。员工间有争执的，由生产总监裁定，如发生争吵按违规扣2分。

杂活加分：因生产需要或上级安排，临时参加岗位外工作的，以计时或计件加分，同时原岗位停止计分。

（障碍）扣分：发生事故或退货时，情节较轻的扣1～16分，严重者另行处理；如因上道工序协作完成不合格或相关工序配合不主动、及时，根据下道工序作业卡的评价按"岗位责任与评分标准"予以扣分。

岗位薪酬结构一般式见表9-5。这是岗位工薪分配结构表（塑胶厂），表中工资额度参照时间是2002年。根据按需分配原则，工薪的基本组成应是底薪加浮动奖。底薪贯彻按需分配由公司招聘员工时决定，应在地方政府规定的最低生活标准之上；浮动奖贯彻按劳取酬原则，应用四两拨千斤的杠杆原理，同业绩挂钩。基本形式有：浮动工资、奖金、年奖、劳保、股份、配股配险等。其中工资、奖金以一年期为考核发放期限；按年计发，兑现期以年计。

表9-5　岗位工薪标准（工薪分配结构）表

工种或岗位	编制	工作职责内容	岗位权值	发放方式	最低工资/元	备注
生产主管	1	全面监管厂内营运	6	每月工资分三块三次发放。当月发80%，年终发12%，离退发8%	1 800	
仓管	1	原料、成本、发货、统计、核算	2.0		1 200	
选料工	17	胶纸选料	1.5		1 150	
组长	1	管理生产小组与QC	1.8		1 300	
破碎工	4	破碎胶纸	1.7		1 300	
造粒工	6	造粒	1.7		1 300	

说明：

①计时岗位分按一天的工作时计，每小时计2分，计件的参照计时岗位分办法将工作量转换工分，按岗位规范计分的，按20分/天记，其中16分为岗规分，4分为出勤分。

②下限工资为一个三档小范围，即最低工资×（1±5%），不得低于地方政府规定的最低工资标准；上限工资为岗位权值乘以厂人平工资，对于盈余企业一般限制在税后利润的80%以内。

表9-6所示为2002年南海益兴经贸公司"拉料岗位规范与评分标准"，其他制造业参照设计。

表9-6　岗规工分配值表（拉料岗位规范与评分标准）

操作程序	操作内容	应得分/实得分	备注
1	拉料人员自加温时起，不得离开机电设备，严防烧坏或造成机电设备故障	1.5/	
2	正常运行时，水温应保持在500℃左右，以保证粒料干得快。水温不得低于400℃；机械故障引起水温过低时，必须及时处理或通知有关人员处理	1.5/	
3	拉料时，应把A级B级、保鲜纸、水洗料分开进料。成品料也必须分开堆放，不得将原料混合放入造粒机造粒	3.0/	
4	工作完毕，每天必须打扫岗位卫生，机台周围、机底的原料应重新交洗料段清洗。原料应分拣干净后再进机造粒。不得将机台、机底原料装入袋包装，龟头料和不可再用的纤维袋应分类捆好，待负责人检查后按指定地方存放	2.0/	

操作程序	操作内容	应得分/实得分	备注
5	更换原种类造粒时,应及时把机台机底周围打扫干净。多余的原料、粒料应除去垃圾入袋包装及并捆好封口,在袋上贴上标签,注明种类	1.0/	
6	开机人员必须注意机械齿轮箱机油情况,如发现机油或机械故障时,应及时拉闸停电维修,自己无法维修的应通知并协助维修人员维修	1.5/	
7	成品粒料每袋不得偏离 0.1 kg,发现每袋超过或少于 0.1 kg 的要重新过磅,不得弄虚作假或偷成品粒料	1.0/	
8	完成任务并交卡	0.5/	
合计		12/	
出勤工资考核			
序号	违规内容	扣款数	
1	上班不得迟到早退;进厂房时,先到办公室领取作业卡	5元/次	
2	工作时间不得擅自脱离岗位,如睡觉、串岗、吃零食、看书报等	20元/次	
3	生产车间严禁烟火,禁止抽烟,杜绝吵架	50元/次	

外勤单、出车登记表等归类于作业卡,如表 9-7～表 9-9 所示。

表 9-7　出车登记表

日期	出车车号	用车单位	安排次数	实际次数	公里载重	油耗	车辆维护费	监抄人
合计								

出车司机:　月份:　登记员:　车辆管理调度长:

说明:

①此表由车辆管理调度长保管,不得涂改,无监抄人无效。出车司机出车前应核实将出车辆的有关数据,每出完一趟车后,当班司机首先应同登记员查抄出车后的数据;其次找车辆管理调度长,车辆管理调度长不在时,可找公司有关人员代监。若同一人连续多次出同一辆车,可在最后一次出车后登记。

②车辆维修费用分别记入当班司机和前一班司机的登记表,其中前班记40%而当班记60%。

表 9-8　车辆使用指标考核薪金发放表

数值项目	目标与任务	实际发生情况	实现率/%	应得分	实得分	薪金总额/元
安排出车次数				20		
安全与保养				40		
出车费用率				40		

制表/车辆管理调度长:　　月份:　　执行经理:

说明：

①出车执行次数全部完成配权 0.2；无事故行车和责任车辆保养优良配权 0.4；车辆公里油耗和一般维护费不高于平均值配权 0.4。

②安全与保养得分在 0～1.0 范围中任意取值，由车辆管理调度长根据岗位规范打分。

③工资计算公式：

工薪总额×[（实际出车次数÷安排出车次数）×0.2＋（0～1）×0.4＋（当月平均费用÷实际总费用）×0.4]≥500

表 9-9　外　勤　单　　　　　　　　　　　编号：

出外人姓名	放行意见	出外时间	交通工具	事由：
		起： 止：		
随行人	出往单位及联系电话	出外证明材料	考勤结论：	
			主管：	办事结果：

说明：

1.凡因公出外者或正常上班期间内外出考均要填写此表申请放行，并在返回公司时交审查主管考勤、备案。

2.无论出外办事还是跑业务均要提供所访问的单位名称及电话或其他工作材料，否则以旷工论处，情节严重者按"厂规"处理。

（三）指标分解操作法

企业利润总目标→展开为若干重要厂部生产指标→分解成部门与班组的工作责任指标→建立指标实现的保证体系→保证体系中的关键点程序化、操作标准数据化→在关键点配置工分→考核→计奖。

个人收入→争工分→谋奖金→学标准→循岗规；人力成本投入→按工分配置报酬→计奖→工资、奖金发放。

[案例 9-4]

1.一、二、三级指标分解

电厂管理的关键是安全生产，制造业管理的特点是市场营销与生产经营并重。对于电厂，厂级指标（能耗、上网电量、安全）→分解出中间指标→分解出班组指标。三级指标体系分解如下：

一级：上网电量、煤耗、安全，主要考核对象为厂长/总经理、人事监理考核组、咨信中心。

二级：考核对象为人事监理考核组成员、咨信中心成员、行政部、营运部、市场部、品质设备部、运行操作部。各部有自己的指标，如电厂检修部指标为消缺率、电气主保护及自动装置正确动作率、热控保护及自动投入率、高加投入率。

三级：考核对象为全厂班组，指标为岗位规范或规程的评分表所列与劳动动作相关的规定与要求。

2.建立目标指标行为规范和量化体系

三级指标分解后，接下来就是建立评分标准，量化指标。

岗位规范量化：作业卡（工序环环相扣记录运行情况并量化）；任务指标月考报；劳动报酬评分制。

3.利润指标考核结果分配的激励体系

工资按月发放，年终期权、离退休期权。工薪分配结构表见表9-5，员工月薪以奖金加岗位工资的形式分三次发放。即当月发80%，年底发12%，离退发8%。离职或退休发放部分可一次性发放，一般应以购买养老、医疗和失业等保险方式发放。

（四）按劳分配的运作

[案例9-5]

1.一人监管功能如何实现

（1）监管文件必须将公司总利润分解为个人动力。

（2）使每个动作同每一工分挂钩。

（3）使每一分薪酬同每项业绩挂钩。

2.表格管理

对人而言，表格一目了然，操作简便；将表格数据生成计算机语言需要编程转换。一人监管自运转术中的主要表格有：作业卡、缺陷单、消缺率报表、岗规评分表、生产报表、营销市场报表、财务报表、工薪岗位表、销售提成报表、工资发放表。配套表格有：工作任务下达书、出车记录表、外勤单、特别任务卡、设备消缺统计表、生产营运表、财务月报表、生产调度岗位规范与评分表（生产线操作岗位、技术岗位、质检岗位）、承包厂总工资提成表、（汽珠膜）岗位规范与评分表、工薪分配结构、生产考核奖金发放表。

作业卡是记录生产过程中任务、人员和工艺、设备、产品等信息的载体，设备、工艺状况是缺陷单的跟踪对象，员工是工资、提成的考核激励对象，报酬与生产状况相结合是目的与手段的互动相生。承包厂/部门生产工作指标考核薪金发放表以考核三个指标来设计，即生产任务完成配权0.4，确保产品质量并无退货配权0.4，投入产出率即成本核算结果配权0.2。（汽珠膜）生产段岗位规范与评分标准、生产调度岗规与评分标准（技术、质检、采购、客户部）是劳动者劳动量化的转换标准。在计算机程序设计中要把握好这几个概念的关联性。

3.营销员管理

营销活动是企业与营销员的捆绑运动，要设计出相生互惠机制，既要给予营销员相对优厚的待遇，又要预防营销员的背叛可能。主要机制有：基本活动的经营承包制；专职营销员的提成制；其他岗位的兼职营销员5折提成制；每开发一个客户交公司管理后可提成三至五年。

4.公司与部门间指标承包

设计和实施了南海益兴公司与属下三个厂的承包、各厂内部无人管理的自运转机制，公司总部行政人员以计分考核。

（1）重要承包指标。

承包以考核三个指标来设计，即生产任务完成，确保产品质量并无退货，投入产出率即成本核算结果。三个重要指标如表9-10所示。

表9-10 三个重要承包指标

承包指标	考核内容
任务与计划	订单或上级任务完成情况,配权值0.4
质量与服务	产品质量、服务标准执行情况,配权值0.4
成本与价格	成本控制、价格策略应用情况,配权值0.2

（2）对部门的考核。

生产营运报表；财务报表；考核与薪酬发放。

（3）对部门主管及文员的考核。

岗规与评分标准；外勤单的使用；对公司文员的考核；对司机与车辆的监管；考核与薪酬。

5.月度评价：召集大检查、工分裁定

执行单元记分办法：考核员统计，主管考核助理，助理考核专工，专工考核文员，文员、专工、助理评议主管。班长考核技术员，技术员考核班员，班员考核班长。考勤员负责表格评议记录。值长考核主操，主操考核巡检员，巡检员考核值长，考勤员负责表格评议记录。

图9-2中的中央单元、咨信中心、综合办等单位参照管理层级封闭循环无记名考核，以办公文员方式管理。

评分计分载体：工作卡与记分表格。

6.奖金激励分配机制

无疑，激励的物质手段是奖金分配。如电力生产企业，第一次分配考核指标为上网电量、供电煤耗，并以补水率、安全生产作修正指标。第二次分配分为检修、运行和服务部门三大块，具体内容与办法由运行、检修竞赛报表囊括。与奖励手段相应的考核办法是求综合得分，凡支持安全生产效率的因素加分，反之减分。记件记量等要换算成计分。

考核参数为四个：条件消缺率、绝对消缺率修正项、相关方面专家评价意见。目标参数是考核生产经营活动中的消缺率。其中对日常发现缺陷如只有待条件具备才能及时消除的，或因客观原因暂无条件需要等待机会消除的称为条件消缺，将所有影响及时消缺的非检修人员原因的所有因素均列为考核对象时的消缺率称为绝对消缺率修正项。显然，条件消缺率考核对象是检修人员工作质量，如消缺的及时性、缺陷不重复发生率和对遗留缺陷的跟踪管理水平；相关方面的评价意见为监管诸方的反馈意见和缺陷造成的负面影响；而绝对消缺率修正项考核对象是设备自身及工艺影响，运行部门、物资供应部门、协调服务部门、设备技术管理等部门的工作缺陷。

7.电站检修工与运行工的关系和考核参数

在电厂，运行工是机组运行操控者，相当于用户地位；检修工则是机组安全运行的维护者，为运行工服务。因此，考核检修质量的管理往往以运行人员的反馈信息为参考，但同时对运行人员发现有效缺陷予以奖励，对机组运行的主要参数：上网电量完成率、煤耗降低率、补水降低率等进行考核奖励。

8.无人计算机网络记录运算落实按劳分配制度

第四节　基于一人监管自运转术的电力企业人事编制设计

一、生产部门的分工协作一般关系

以缺陷单为管理控制线索，并作为联系检修部与运行部的纽带。发电设备的主人拟为运行操作者；运行设备操作者负责设备巡检和缺陷发现，以及设备基本保养。设备检修承包单位拟为检修部，负责发电机组的主要维护工作和外包检修验收工作。运行与检修、营运部的关系为：运行人发现缺陷，传唤检修员修理；营运部以发现缺陷条数和操作水平奖励运行部，以检修及时消缺率和设备投入率奖励检修部；运行部以设备运行、操作性能指标给检修部评分，检修部以运行设备使用水平和对检修工作的配合给运行部评分。以上操作无记名进行，对考核结果不满的当事人规定可在安全生产大检查暨考核会上自由申诉辩论，由考核三人组裁判。

二、企业规划背景

[案例 9-6]

1.背景：南电 2×300MW 发电厂设备状况及自动化控制水平

设备状况尤其是自动化水平决定了一个企业的用人编制。在中国劳动力比较廉价的情况下，宜以发电机组集中控制（集控室全自动控制）全自动化为主，外围设备（循环水系统、燃料系统）采取常规控制，全厂实行生产—营运一体的网络管理。这样职工人数编制规模中下，自动化程度中等，但综合经济水平最佳。

2.基本现状

基于企业国营性质，人事状况为闲职过半，专才紧缺；关系定岗，素质倒挂；层次过十，分配不公；行政老爷，班组应付；一人生产二人吃饭。总体上是人员偏多，干活的少拿钱，不干活的多占多得。

三、目标：为一人监管自运转术实施创造条件

改造目标：精英组阁，网络办公；规范程序，量化指标；一线高薪，后勤服务；激励为主，按劳分配；安全效益，电脑考核；写字楼制，资源共享。

素养目标：通过技术骨干对员工的辅导培训、言传身教，通过操作标准化、规范化等工作将个人技术、经验转变为公司的技术、经验，并在现有基础上突破，使新招员工从学习最好的技术起步。

企业规范化和员工对公司的认同是实施一人监管自运转术的基本条件。

四、架构与改革步骤

监管层次结构见图9-8，主要有监控层、经营决策层、执行层、操作层，以及层次和人员组成的部门。各层配置见表9-11。

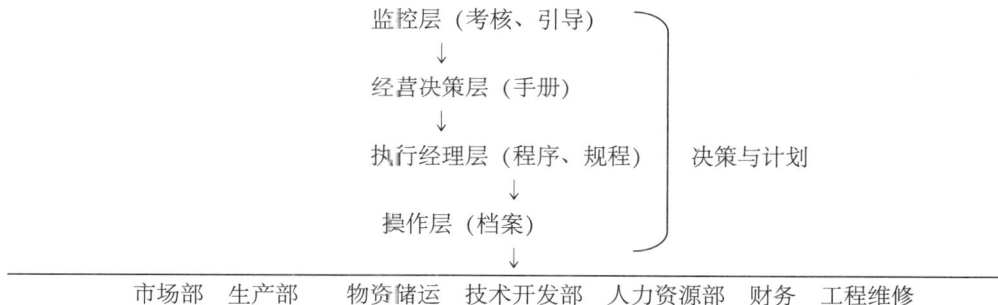

监控层（考核、引导）
↓
经营决策层（手册）
↓
执行经理层（程序、规程）　　决策与计划
↓
操作层（档案）
↓

市场部　生产部　物资储运　技术开发部　人力资源部　财务　工程维修

图9-8　机构岗位布局

表9-11　层级人事责任配置

层级	人事	责任
监控层	老板及董事会	确定总目标,异常情况监控,总考核,计酬,晋级、培训,工作引导
经营决策层	总经理	规划、策略、制度,部门协作,系统管理文件
部门执行层	中层管理员	流程规范,员工、工序配合,业绩考核,分步实施文件
操作层	工人	按规程执行例行工作,表单,接收上级特殊任务

如图9-8～图9-10所示，四个监管层级的规范文件分类如表9-12所示。

表9-12　监管层级的规范文件分类

四个层级	功能	分类
第一层	监控	（1）异常情况监控；（2）总考核,总计酬手册；（3）晋级、培训方案；（4）工作方向引导
第二层	决策	（5）远景目标；（6）项目与大宗商贸文件；（7）目标方向引导手册
第三层	执行	（8）战术手册；（9）程序规范；（10）技术方案
第四层	操作	（11）操作规程；（12）记录档案

四个层级以下的部门可参考如下设置，只能少不能多，可合并职能。

市场部：包括市场开发、销售、客户管理（业务、下单、送货、收款、服务、商务）。

生产部：厂务、动力设备、加工制造。

物资储运：采购、仓管、运输。

财务：会计、出纳、核算。

人力资源部：辞聘任免、培训教育、员工管理、总务。

技术开发：设计、开发、品管、调研。

工程维修：基建、设备维护。

图 9-9 是与图 9-8 对应的管理层级结构，图 9-10 则是对应的监控点布局，岗位功能检查思路为：WHO WHAT HOW→POLICE WHY→WHAT WHERE WHEN WHO POLICE→如何进行、是否合格→印证、结果。

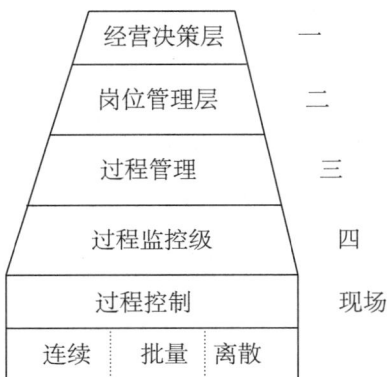

图 9-9 经营管理布局

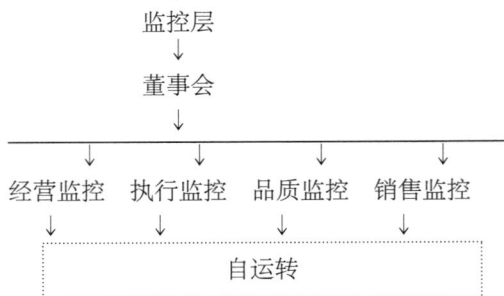

图 9-10 监控布局

五、公司策划程序与监管程序

由图 9-10 可知，董事会是被人监控又监控生产运作过程的重要环节。结合图 9-9 和图 9-10，公司策划程序与监管程序主要从以下几方面展开。

（一）策划程序

（1）确立目标（发展计划、寻找问题）。

（2）基层调查（设备缺陷统计、与基层人员聊天）。

（3）撰写讨论稿并展开研讨。

（4）实施（试点、检查、改进、推广）。

（二）监管程序

（1）上层对下层考核。

（2）下层对上层监督

（3）作业卡的管理

（4）外勤单的管理

（5）公司对部门的考核

（6）监管方案调整

（7）月度考核方案

六、管理系统运作

（一）明确企业高层功能

企业整体结构简单、清晰，分工明确，不得越俎代庖；企业领导凡事要深思熟虑，切不可随便随时随地开会，更不能一天一会；深入一线调研是必需的，但最好不要频繁与各级员工直接接触，困于杂务中；决策自己做，但要简单地、快速地、低调地收集群众知识，吸收劳动人民的智慧。企业高层主要工作如下：

1.抓住战略问题作出战术方案；

2.处理大单交易和大财团高级别事件；

3.剖析企业一级经济指标：分析企业一级经济指标，查找影响企业发展方向的重大问题。

（二）基础管理与员工素质

基础管理系统是例行工作正常运行的机制，必须按照企业功能结构建立、健全。同时，企业中层干部、各部门员工都要有明确的分工，要像人体器官一样，各司其职，不可混乱；各层级组织运行时间必须有适合企业机能的节拍，不得随意。

（三）网络信息化

人的能力有限，做任何工作都要借助工具，特别是现代工具。计算机网络已渗入各个方面，这项工具的引用投入可大可小，作为企业必须引入计算机网络。最简单是库存管理、客户管理，引入计算机网络是适用现代生产管理技术的基础。

（四）调研与方案的制定改进

1.调研目标

（1）产品及生产工艺；

（2）岗位规范及职工情况；

（3）工薪结构与工资额；

（4）影响利润的主要经济问题；

（5）市场情况（布局、价格、规格）。

2.方案的出台

（1）寻找问题焦点建立课题；

（2）同基层人员聊天确立问题中心；

（3）找部门主管及相关人谈话；

（4）下发讨论稿；

（5）开会研讨；

（6）颁发实施。

3.主要方案

（1）产品质量与成本核算方案

（2）市场开发方案

七、岗位职责经济指标配置

用两年时间改革实现计算机网络办公，实现生产过程控制、生产运作、企业规划、工程项目、劳动人事一体化。

方案实施安排：如果是新建厂，则可一步到位，半年内基本完成架构，一年内基本完善。如果是生产老厂，则改革时间最多两年。第一个半年是行政部、营运部、供应部改组限编；第二个半年是检修部改编限员，运行部完成改造方案；第三个半年是运行部改编限员；第四个半年是全球网络自动化办公，即厂内行政网加设备运行网，再加Intel网辅助。

为激发竞争而贯彻按劳分配原则，设置适宜的分配差距，应规定岗位权值。设全厂限编210自然人，分配权值约定如下：厂长=3当量人；主管=2.2当量人；专工=1.8当量人；班长=1.5当量人；普通员工=1.3当量人；徒工、体力工=1当量人。则全厂权值当量人数为305.1人，在300～330人范围内。这组分配权值的差距约定乃基于不同岗位工作量大小同等，分配差距不能过大，但责任和效果差异较大而设置的，详细设置见表9-13。

分配方式：当月发放80%，年终期权12%，离退期权8%。

根据图9-2和图9-3，得出中型电厂岗位职责经济指标配置表9-13。

表9-13　2×300 MW分散控制发电厂岗位职责经济指标配置表

部门与定员	岗位编置与权值当量人数	任职条件下限	职责范围	岗位指标	工资包干额度	三级指标
总经理/厂长2人	厂长：1人 助理：1人 权值当量人数：5.2	大专、中级职称，相关经历2年；管理论著或方案各1份	总裁：公司目标任务，法人责任，安全生产总指挥。厂务、倡议核准。助理：辅助与补缺	利润，职工收益；安全生产；社会效益；其余见"岗规"	高于5.2当量人工资，低于5.2×全厂工资总额÷210	一级

续表

部门与定员		岗位编置与权值当量人数	任职条件下限	职责范围	岗位指标	工资包干额度	三级指标
咨信中心6人		研究员：1人；会计师：1人；会计出纳3人；文员：1人；权值当量人数：10	研究员：大学、高级职称；会计师：大学、中级职称；另备成果材料、论著工作方案；其余大专	人力资源开发教培、网站管理、企业研究、企业管理与理财，为厂长决策提供信息与方案	见岗位规范和任务指标考核表	高于10当量人工资，低于可分配利润的10/330	一、二级
执行单元：后勤	行政部28人	主管：1人；文员：2人；司机：8人；厨师：2人；杂工：25人；权值当量人数：43.2	主管：大专、中级职称，工作方案；杂工：小学；其余：中学	车辆运输、安全保卫、后勤、文秘、管理和职工福利、保险工作	见岗位规范和任务指标考核表	高于43.2当量人工资，低于可分配利润的43.2/330	二、三级
	营运部6人	主管：1人；专工：5人；文员：1人（专工兼）；权值当量人数：11.2	大学、中级职称、成果材料或工作方案	安监、策划、生产计划、技术设备、资料文献，生产技术研发工作。运行、检修协调监管	见岗位规范和任务指标考核表	高于11.2当量人工资，低于可分配利润的11.2/330	二级
	供应部6人	主管：1人；采购员：2人；仓管员：3人；权值当量人数：8.7	主管：大学、中级职称，工作方案；其余：高中	物资、燃料、采购、仓管和职工劳保工具	见岗位规范和任务指标考核表	高于8.7当量人工资，低于可分配利润的8.7/330	一、三级

部门与定员		岗位编置与权值当量人数		任职条件下限	职责范围	岗位指标	工资包干额度	三级指标
执行单元之二：班组	运行110人权值当量人数：52.6	1～5值	值长6人,主操24人,巡检63人。权值当量人数：128.7	主操以上为中专、技术员,巡检员为中学。相关经历3年	见运行规程	见岗位规范	高于152.6当量人工资,低于可分配利润152.6/330	三级
		燃油日值	班长1人,值班员6人。权值当量人数：9.3	中学,相关经历1年		见岗位规范		三级
		化水日值	班长1人,值班员6人。权值当量人数：9.3	中学,相关经历2年		见岗位规范		三级
		主管室3人	主管1人,技术助理(兼安全员)1人,文员1人,权值当量人数：5.3	除文员高中外,其他为大专、中级职称,相关经历3年。工作方案	设备操作与运行维护及其安全生产与巡检管理工作。运行员工后勤服务工作	见岗位规范和任务指标考核表		二、三级
	检修47人权值当量人数：66.1	机10人	班长1人,技术员1人,检修工8人。权值当量人数：13.4	技术员为中专、其他为中学,相关经历1年	见检修规程	见岗位规范	高于66.1当量人工资,低于可分配利润66.1/330	三级
		炉8人	班长1人,技术员1人,检修工6人。权值当量人数：10.8	同上		见岗位规范		三级
		电15人	班长1人,技术员2人,检修工12人。权值当量人数：20.1	同上		见岗位规范		三级
		热10人	班长1人,技术员1人,检修工9人。权值当量人数：14.7	同上		见岗位规范		三级

续表

部门与定员	岗位编置与权值当量人数	任职条件下限	职责范围	岗位指标	工资包干额度	三级指标
	主管室 4 人	主管 1 人,技术助理 1 人,生产助理(兼安全员)1 人,文员 1 人,权值当量人数:7.1	除文员高中外,其他为大专、中级职称。成果材料或工作方案	设备管理、维护、大小修及其安全生产与消缺管理工作。检修员工后勤服务工作。外包检修监理	见岗位规范和任务指标考核表	二、三级
人事考核组 5 人	监察信访室	董事秘书/书记员 1 人,权值当量人数:2.2	中共党员优先,政工师.法学材料与监管方案	核准月度年度工分考评表;职工信访处理;财务审计;董事秘书工作办	见岗位规范	一级
	监管考核窗	审监 1 人,文员 3 人,权值当量人数:5.9	审监:资深人士;法律与文秘中专	党群工团和厂务日常监察工作,劳资人事日常工作,安全生产监察考核,职工权益维护实施	见岗位规范	高于 8.1 当量人工资,低于可分配利润的 8.1/330	二级

说明:

①咨信中心就是信息存储处理单元,以企业研究员为主管,直接为厂长提供策略方案,担当法律顾问和外事对策,同时主揽人力资源开发培训和网站管理,是地道的参军。任职条件为大学文化以上,高级职称以上,相当厂长助理岗位,另纳入一批特约研究员,任职条件为厂内外身经百战的老同志,特殊人才,厂内基层代表。监察员 1 名,负责召集安全生产大检查及考核工作。会计师及会计出纳 4 人,负责资金运作和日常财务。

②执行单元相当传令官或称厂内发言人,是厂长外事助理。任职条件为女性、大学文化以上人士。同时负责监督和收集执行情况。

③中央决策单元就是厂长或总经理,对全厂承担法人责任。

④控制对象就是基层人员和设备运行。

⑤党群工团负责劳动关系的处理和全厂员工日常行为的监察。旁听各级会议而不参政,重握监察处分权,亦有嘉奖建议权。

⑥为保证厂长收入与企业利润、职工人均收入、厂长经营业绩三方面挂钩,计算厂长收入时直接与全厂人平均工资乘以权值当量为上限,并由董事核准人事劳资发放。

运行部门指标:安全指标、二票合格率、补水率、厂用电率、能耗、发电量。

检修部门指标:安全指标、消缺率、自控保护回路投放率。

八、人事编制研究

(一)中型电厂编制架构研究建议

1.基本目标

推出符合人性原理的干练低耗、高效运作、人力成本低的组织架构。

2.基本原理

企业与职工均要沿最佳路途实现各自的经济目标与需求，即企业要实现自身的安全生产最大效率，职工个人更要实现工资、奖金最多化。二者既矛盾又一致，矛盾在于个人工资高则企业成本高；一致在于企业与个人要实现目标离不开生产经营，离不开为社会服务并从社会获取相应的回报。劳动服务状况和产出效率是衡量回报的直接参数，对企业来说就是要考核工作业绩和设备运行效率。而工作结果和设备状况均可用完好率或缺陷率来表示，如电力生产设备运行维护状况常用缺陷状况和消缺率表示。当然，缺陷发生率越低越好，产出收益率越高越好。企业管理就是要软化矛盾统一企业与个人的利益，使个人工资、奖金的提高建立在企业利润目标最大化实现的基础上。

对企业管理细分起来比较复杂，但不外乎两条线索。一条是以人本为核心控制生产诸要素，因为人既是消费者又是生产者，是诸生产要素的操纵者，理好了人力资源就等于抓住了生产与消费这对经济基本问题，就能控制生产局面。二是将生产经营目标逐级分解落实到具体责任人身上，从而实现生产活动中责权利一致。手段是首先建立确保利润指标实现的企业制度保证体系，其次是将利润指标分解成各个级层的生产、管理指标，第三是按照制度保证体系编制确保分指标实现的岗位规程和操作程序，第四是依照各级层指标将管理、生产岗位的规程和操作程序数量化，最后是按指标分配工分。

3.组织结构改造

参照图9-2和图9-3，电力企业宜推行的组织结构简称为三部一室，即综合行政部、运行部、检修部和企业发展研究室。

（1）电力经营的特点是以生产为主体而营销工作量少。因而其重点是安全、低耗、稳发。鉴于此，电厂厂长岗位最好是设置一人，不超过2人。

（2）各部设主管岗位1人，下设工作班组。综合行政部的主要工作组有：生产技术安监组、行政服务组、厂长办公室、物资供应组、工程项目组，最多不超过10个班组，全部编制30人以下。以现代流行的写字楼式开放办公。运行部应将值长与单元长合一，主管1人，生产、技术助理各1人，取消专工编制。检修部应设主管、助理各1人，取消专工编制。按机炉电热专业设班组，不宜超过6个。如果不承担大修，两台机组编制60人即可，四台机组100人即可。企业发展研究室是董事长的智囊与信息通道，主要工作班组有：监理信息组、效率策划组、财务组、人力资源组，编制为6人左右。其中研究员1人，主管该室；高级会计师1人，为该室助理。

4.人事改革的进行

人事改革宜分层按步进行，每个组建调整周期在3个月左右。首先组建上层和企业发展研究室，一个月后组建行政综合部，再两个月后重组检修部，再三个月后调整运行部。半年完成改革，年内建立、完善制度。

5.考核分配制度改革（参见表9-5）

根据图9-10，总监管拥有总考核权，责权如下：

（1）主持会议报告（考核会议、生产销售定期报告制等）。

（2）总考核。

考核部门及其主管；考核直属文员、业务员。

（3）审批薪酬。

对部门总酬的审批；对主管报酬的审批；对直属文员工薪的审批。

6.管理制度改革（参见一人监管自运转术方案）

以上根据人本为核心控制生产诸要素原则，提出了组织架构设想。

（二）监理阵营增设项目（生产与工程）技术监理的研究报告

在媒体上，南电集团公司发布招聘非生产工程类监理阵营的广告，试想如果增加招聘能够配合财务、审计和人力、物资监理的生产与工程技术监控人员，监理效果就会超出一般。因为后者是基础监理、现场监控，犹如分散控制系统的DAS（数据采集）系统，可称为过程级监理。这一级监理收集第一手数据，具有发现深层问题并及时处理的预防功效。如果不设置这个监视、扫描生产营运操作和校正实时数据的过程级监理，则财务总监获取的数据是不可靠的，财务审计、监理只能是被动的、滞后的，找不到抑制损失的生产、工程原因；如果没有生产、工程技术监控专责的监视和纠正，则工程外包和生产、工程上所需物资、人力是否真实，所购物资性能比是否最佳，所安排岗位是否合适，安排学习与出差是否属工作需要……这些都是物资总监、人力资源总监难以弄清楚的。

就南海电站来说，如果设置工程技术监控岗位，可考虑安排一位自动控制专业出身，知识、经验较全面的人士。监理下面是一张由各层次各方面的生产经营骨干志愿兼聘技术监理会员组成的信息网，会员可按自己所提供信息产生的效益提成。

另外南海电站人才结构特点是，属科班出身，思想前卫，有丰富操作经验的人士绝大多数在基层。这些弱势群体正等待董事长栽培、打磨！面向社会招聘人才时，如果先将厂内岗位调整纳入其中考虑自然是讲效益之举。

第五节　发电机组设备消缺监管方案

缺陷管理包括工作缺陷管理、服务缺陷管理、设备缺陷管理、装置缺陷管理、软件缺陷管理等。发电厂TPM的核心是设备缺陷管理。缺陷管理以监管表格系列、按劳取酬与激励机制组成。下面以南海电站设备缺陷管理基本运作过程作示范案例加以说明。

[案例 9-7]

一、缺陷管理制度实施通知范例

关于实施《南海电站设备缺陷管理暂行规定（试行）》的通知

厂属各车间、班组、专工室：

我厂《南海电站设备缺陷管理暂行规定（试行）》经过专题讨论和征得主管领导同意后，现予公布，兹定于 2006 年 7 月 1 日起执行。特提请注意如下事项：

一、现随通知将《检修部设备缺陷管理暂行规定（试行）》印发给你们，请组织学习落实。如在试行过程中发现问题或有看法，应以书面形式交检修部办公室，以期试行结束时修改用。

二、每月 3 日前被考核单位应核对缺陷管理员送出的考核预报材料，并将申辩报告和当月附加分申请反馈到缺陷管理员处。

三、消缺考核组各成员如有考核意见，应于每月 3 日前交缺陷管理员汇总，过期转下月处理。

四、各专工（专业工程师）对本专业遗留缺陷的核实结果应于每月 3 日前返回缺陷管理员。

专此通知

南海电站有限公司

抄报总经理室、生产安监处、检修公司、运行部、物资部

二、设备缺陷管理制度范例

下面是南海电站运行多年的实例文件。重点是第 3 条设备缺陷处理程序，关键是设备缺陷处理责任人的安排技巧，功能是激励自动消缺。

南海电站设备缺陷管理暂行规定

为引入及时发现和消除缺陷的保证体系，激励检修人员自主消缺，推动班组内部管理，进而确保机组和设备安全经济运行，特制定本规定。

1.总则

1.1 检修人员必须认真巡查，及时发现缺陷，努力创造条件消缺，提高设备健康水平。

1.2 凡威胁安全生产、影响经济运行、文明生产等的设备或系统异常情况均属本规定定义的缺陷范畴。

1.3 本规定适用于检修部，以班组为管理考核的基本单位。

1.4 考核采取计分奖罚制，分基本分、附加分，其他奖罚项。最终得分和其他奖罚项由消缺考核组核定。

2.缺陷处理原则与及时消缺

2.1 设备缺陷是指运行中（包括备用中）的发电设备与相关系统处于不健康或不完备状态而对安全运行构成威胁所呈现的异常情况。设备缺陷分类按照厂部颁发的《设备缺陷管理办法》（1998 年 10 月 19 日）执行。

2.2 处理原则

2.2.1 对于一般缺陷，要及时消除，最长时间不超过 24 小时，即使夜间发现也应立即组织消除；对重大（一类）缺陷，由于其危害大，要抓住时机消除。确需停机消缺的，应先向厂部申请，同时制定消缺方案、做好一切准备工作，确保一次停机消除缺陷；在未获批准停机之前，应采取相应措施，确保机组安全运行，同时派专人负责监护，并及时报告情况；当缺陷危及设备及人身安全时，应由运行人员按事故处理。

2.2.2 对于因设备缺陷需限负荷运行或改变运行（操作）方式的，必先报告厂部，获批准后分别送生产技安部、运行部备存，由运行部通知值长执行；特殊情况下，可先书面通知运行值长执行，然后及时办理报批手续。任何情况下，不允许采用"口头交待"方式办理。

2.3 及时消缺含义

2.3.1 对于不受客观条件限制的缺陷，必须当班消除或立即开工连续作业消除。

2.3.2 由于运行方式、技术问题和备品配件、材料等影响而不能立即组织消除的，应在一周内消除或列入下周工作计划解决。

2.3.3 明显威胁安全生产、机组出力和经济运行确需临修的缺陷，必须立即申请安排停机停系统解决；其他不能及时消除的缺陷，应安排在最近的计划检修中消除，但不得超过一个小修间隔。

2.3.4 技术性复杂或工具、器材供应确有困难的缺陷，应列入最近一次大修或小修中解决。

2.3.5 在机组大小修过程中，应优先消除生产运行中发生的设备缺陷。

3.设备缺陷处理程序

巡检→主任、专工阅签缺陷通知单→班长鉴定、诊断，交叉缺陷联系相关班组处理→协商不成汇报专工或主任→办理消缺手续→消缺→必要时作检修交待→验收评价，注销缺陷单→转入运行或备用→工作负责人向班长汇报，专工、班长复查→班组、专工登记、归档→监视设备运行情况→对消缺情况进行统计分析，做出考核报表。

3.1 分工：缺陷管理设四级管理一级考评体制，即主任、专工、班长、设备管辖责任人四级责任管理，消缺考核组监督、考评。

3.1.1 班长全权负责本班消缺工作；副班长或技术员配合部缺陷管理员兼管设备缺陷日常管理工作；班组成员负责巡检、维护、保养自己所管辖设备，发现缺陷及时汇报并处理。

3.1.2 专工是缺陷管理责任人。负责检查、督促"巡检制度"的执行；负责本专业缺陷处理时的上通下达联系，协调专业内外的交叉缺陷处理工作；对本专业缺陷进行日常登记、分类分析和跟踪；根据需要提出整改的技术与措施；复核缺陷管理员拟出的遗留缺陷等报表内容。

3.1.3 检修部缺陷管理员在部主任指导下负责消缺日常管理，做周、月报表并提供考核数据。

3.1.4 部主任是缺陷管理的总协调总监督者。

3.2 巡检：各班组制定应巡检的设备、系统的项目内容、标准要求、时间规定和责任人的方案，对日常巡检情况填表记录。检修人员、缺陷管理员、安全员每天上午 9 时前、下午 1 时 30 分前（大修期间一次）均应到现场巡查设备，到集控室了解缺陷情况、处理缺陷单。检修人员必须结合巡检定期做好设备维护，消除设备隐患，做到预防为主。各班组发现紧急、重要缺陷时，应立即通告运行值长或单元长并同其商讨安全应对措施，同时汇报检修部主任、专工。

3.3 确认：专工、班长每天上、下午至少各一次第一时间到集控室查阅缺陷资料安排消缺。班组工作人员接到缺陷通知后，应 15 分钟内到达现场确认，30 分钟内开始消缺工作。对于确认为专业管辖的交叉缺陷，由班长或相关专工协调；对于班组不能确认的缺陷，由专工负责确认；由于运行方式一时不能安排消缺的，必须同运行值长或单元长在"设备缺陷通知单"内会签说明，然后登记在专工、班组工作记录薄内，并随时捕捉消缺时机；对缺陷分级有不同意见的，由专工负责同运行人员协商，协商不成报主管厂长裁定。

3.4 消缺：所有检修人员都应做到"应修必修，修必修好"，保证"大缺陷不过天，小缺陷不过班"，力争消缺率在 95% 以上。不管哪类缺陷，只要影响到安全经济运行，均应及时消除；不能及时消除的，应写明原因并安排尽早消除，同时向检修部领导汇报并与运行值长制定相应的监视措施和防止事故扩大措施；对无备品配件又需及时处理的缺陷，应当天通知物资采购，然后补办申购手续。

3.5 安全：所有主辅设备、系统、保护装置等需要停役消缺时，都必须按停复役制度办理停役申请手续；消缺开工，按规定开出工作票，注明应采取的安全措施；如在夜间或紧急情况下需抢修的重要、紧急缺陷，可先不办理工作票进行消缺，但必须同运行一起做好安全措施，事后补办手续、做好记录；在带电带压或有爆炸等危险的场合下处理缺陷时，必须遵照《电业安全工作规程》和厂部颁发的规章制度。

3.6 验收：缺陷消除后，由工作负责人同运行值班负责人一起验收并做出检修交待，合格后由运行值班负责人注销。

3.7 异动：对消缺后的设备或系统等需要有所改动的，必须在复役前由专工向部主任汇报，然后补办相应的手续，并在检修交待记录本上做详细说明。

3.8 记录：缺陷通知单一式两栏，一栏用于检修消缺、验收。消缺结束并经验收注销后，该栏由班组保存，专工登记备案，一个月后交专工存档。专工建立的缺陷档案中应包括有关设备、人身安全的缺陷记录、重大缺陷及频发缺陷、事故历史及措施对策、以往大修及小修、临修中未解决的缺陷与问题、需定期更换的备品配件、技改项目等。

4.机组检修与备用设备缺陷管理

4.1 在机组拟进入临修、小修、大修或备用时，专工、班长应根据日常缺陷统计记录整理出机组存在的缺陷清单，并根据停机情况合理编排消缺项目。

4.2 计划消缺项目不能完成的，班长、专工应向部主任汇报、说明原因，并拟出下一步安排。

5.考核管理

5.1 缺陷管理报表

检修部缺陷管理员负责消缺率统计和不合格消缺、遗留缺陷等情况的周报、月度报表。报表中有关内容、数据由各专工复核、主任审定。具体办法见"缺陷月度报表"、"消缺（率）竞赛月报""缺陷周报""遗留缺陷分类统计表""消缺综合考评报表"和"附加分评分参考标准"等。

5.2 对设备进行日常保养、及时消缺，保证机组安全、经济、高效运行是检修人员的基本任务。基于此，检修部决定依照本规定程序对消缺情况考核月度奖金的10% ~ 30%。机组大小修奖罚另行安排。

5.3 记分规定

5.3.1 基本分由缺陷管理员根据（条件）消缺率、遗留缺陷情况等指标确定。重点考核及时消缺、重复消缺，考核目标是极大地限制缺陷遗留数和减少缺陷发生。计分方法为：各班组消缺率达到90%记基本分80分，低于90%记0分且不进行加、扣分。

5.3.2 为激发消缺工作的自主性，全方位引导消缺行为，设附加分。附加分由被考核单位自己申请和消缺考核组评价合计得出。

5.3.3 消缺考核组组长对被考核单位所得建议分进行综合核定，所得结果送部办处理。

5.3.4 奖金分配办法：奖金基数=检修部所提成奖金金额÷各班所得总分数之和；各班组奖金额=奖金基数×各班所得总分数。

5.4 考核操作程序

5.4.1 每月 1 日前由缺陷管理员出"考核预报"。

5.4.2 每月 2 日前将"考核预报"发送到被考核单位和专工、考核组成员。

5.4.3 每月 3 日前被考核单位就预报内容提交异议说明和当月附加分申请，各专工、考核组成员报出复核、评分结果。凡当日不提交书面说明者，均视为无异议。

5.4.4 每月 4 日前缺陷管理员将考核报表和嘉奖申请送考核组长作最终核定。

5.4.5 每月 8 日前将核定的考核报表送部办公室计奖。

6.消缺考核组

6.1 组长：主任

6.2 副组长：副主任

6.3 成员：检修部正副主任、各专业工程师、安全员、缺陷管理员

6.4 计奖员：部办文员兼

7.附注

7.1 消缺率的统计范围是指已具备条件可即时消除的缺陷，其总数中不包含需待条件消除的遗留缺陷；而总数中包括待条件处理的遗留缺陷的消缺率是绝对消缺率。

7.2 不合格消缺项是指无客观条件限制，应及时消缺而未作任何处理的缺陷项目；虽做处理，但未经验收或验收不合格的缺陷项目；违反安全文明、环境卫生要求及有关规定的消缺行为；其他非确认消缺，又不需待条件消缺的情况。

7.3 重复消缺是指缺陷消除后，30 天内该缺陷因消缺工作不合格或设备等客观原因再度发生而需再次进行处理的缺陷。

7.4 对于外委缺陷项目，考核对象为该项设备缺陷的主要管辖单位。

7.5 "附加分评分参考标准"中的"其他"是指未列出的标准项或列出标准项的交叉内容。

7.6 年度累积得分前三的单位自动具备厂年度"评先"候选资格，并由部主任给予精神奖励。

7.7 本规定自 2006 年 8 月 1 日起执行。

7.8 本规定解释权属消缺考核组。

三、操作表格

由"《检修部设备缺陷管理暂行规定》中的 5.1 缺陷管理报表"可知，缺陷管理的操作表格主要有：缺陷发现处理报告单（缺陷通知单）、缺陷月度报表、消缺（率）竞赛月报、缺陷周报、遗留缺陷分类统计表、消缺综合考评报表和附加分评分参考标准等。

表格运作顺序是，缺陷发现处理报告单→缺陷周报→缺陷月度报表→消缺（率）竞赛月报→遗留缺陷分类统计表→考核预报→当月附加分申请→消缺综合考评报表。

1.缺陷发现/消除报告（双联）单

设备缺陷发现/消除报告单为公母两联，如表 9-14 和表 9-15 所示，横排印刷，编号关联，如（发现单编号）/（检修单编号）=（D-000001）/（M-000001）。D-00000n 系列由发现人通过运行单位填写；M-00000n 系列由检修单位填写。

表 9-14　设备缺陷发现通知单

运行单位		No：（发现单编号）/（检修单编号）
缺陷名称及型号		
缺陷内容		

缺陷 分类		要求处理时间	
填报人		填报日期	
运行主管意见			
生产安监意见			
备注			

缺陷发现/消除报告单放在机组集中控制室，发现、确认、处理、验收都在这个单上进行。

表9-15 设备缺陷消除通知单

No:（发现单编号）/（检修单编号）

检修单位：		运行单位：	
缺陷设备及内容			
缺陷处理情况	消缺过程简况：		
	发现或消除的相关缺陷：		
	遗留缺陷及原因说明：		
处理责任人		处理时间	
填报人		填报日期	
检修单位结论/评价			
备注			

2.附加分评分标准与综合考评表

被考核单位和个人在收到缺陷消除考核预报后，参照表一提出加分申请。案例见表9-16。

表9-16 附加分评分参考标准

序号	考核项目		加分	扣分
1	消缺率在90%基础上，每提高1%		2分	
2	遗留缺陷	总数		1分/10项
		新增		1分/5项
3	不及时消缺			3分/项
4	重复消缺	工作原因		2分/项
		设备原因		0分
5	消缺程序不完全			1分/项
6	劳动表现		1~5分	

序号	考核项目	加分	扣分
7	巡检发现缺陷并消除	2分/项	
8	发现重大及威胁主辅机安全经济运行的缺陷并予消除	5～10分/项	
9	因及时采取措施，避免设备事故发生	5～10分/项	
10	劳动强度大或工作环境恶劣的消缺	3～10分/项	
11	抢修成功	5分/次	
12	虚假消缺		3分/项
13	跑冒滴漏		1分/处
14	消缺时推诿扯皮		5分/次
15	外委消缺时监督、配合不当		3分/次
16	消缺成本大幅降低	1～5分/项	
17	技术小改造	2～5分/项	
18	因设备故障影响负荷或导致事故		按厂部考核执行
19	其他		

缺陷管理员将消缺综合考评报表和嘉奖申请送考核组长作最终核定。案例见表9-16和表9-17。

表9-17　消缺综合考评报表（　月　日—　月　日）

班组\成绩	基本分	附加分	建议得分	核定分	其他奖罚额/元
机一					
机二					
炉一					
炉二					
电一					
电二					
通讯					
计控					
仪表					
保护					
综合					

制表：　　　　　　　　核定：　　　　　　　　出报时间：

3.缺陷周报和月报范例

缺陷管理员每周对缺陷发现处理报告单进行一次缺陷分析、统计、分类，对未及时消除缺陷、影响缺陷消除因素等问题发出通报、预警。案例报表见表9-18～表9-20、表9-21等，以下表中缺陷编号不连续，是作者删减内容以节省版面的原故。

表 9-18　设备缺陷周报

（2008 年 1 月 30 日—2008 年 2 月 15 日）

序号	缺陷单号	填报时间	缺陷内容	未消原因及所采取措施	分类	备注
检修部上旬消缺概况：合格消缺 140 项，不合格消缺 0 项，消缺率 =100%，遗留缺陷 17 项						
汽机班（本周消缺 24 项，消缺率 =100%，遗留缺陷 =1 条）						
1	69171	08.2.4	2 号机 30% 给水管道放水总门关不严	停机处理	需停机	
锅炉班（本周消缺 41 项，消缺率 =100%）						
2	68819	08.2.14	1 号炉 2 号引风机辅助油泵运行时发滤网堵报警	停风机时处理	需停设备	
电气班（本周消缺 21 项，消缺率 =100%，遗留缺陷 =10 条）						
7	69003	08.1.30	网控直流监察装置故障	待技改	拟技改	
热控班（本周消缺 0 项，消缺率 =　%，遗留缺陷 =0 条）						
无遗留缺陷						
通讯班（本周消缺 3 项，消缺率 =100%，遗留缺陷 =0 条）						
无遗留缺陷						

编制：　　　　　审核：　　　　　出报时间：2008 年 2 月 19 日

缺陷管理员每月对缺陷发现处理报告单和各周周报进行一次缺陷分析、统计、分类，对未及时消除缺陷、影响缺陷消除因素等问题发出通报、预警，同时做出考评预报。

表 9-19　当月遗留缺陷

序号	单编号	填报时间	缺陷内容	未消除原因	专工复核	考核意见
汽机专业（本月消缺 134 项，消缺率 =99%，遗留缺陷 =9 条）						
1	67815	07.12.19	1 号机 4 号瓦往外渗油，凝汽器底部可见 4 号瓦处往下滴油	停机检查		
锅炉专业（本月消缺 158 项，消缺率 =96%，遗留缺陷 =10 条）						
16	68082	07.12.17	1 号炉 1 号空预器上吹灰枪卡	齿轮坏，备件准备中	2 号炉小修后处理	
电气专业（本月消缺 197 项，消缺率 =97%，遗留缺陷 =4 条）						
18	67814	07.12.19	2 号炉 1 号引风机电机自由端淮质变黑	小修处理（外委）	已返厂大修	
热控专业（本月消缺 98 项，消缺率 =100%，遗留缺陷 =2 条）						
23	68309	07.12.1	1 号炉 D2 浆枪一次风门故障	无备品		

编制：　　　　　审核情况：　　　　　出报时间：2008.1.3

4. 累积遗留缺陷和技改项目范例

缺陷管理员每月对缺陷发现处理报告单、周报、月报等进行全面的缺陷分析、统计、分类，得出历史缺陷报表。对未及时消除的缺陷、影响缺陷消除因素等问题要落实到人，向全厂发出通报、预警，公布考核结果。从中找出需进行技术改造方能解决的缺陷问题，并提交到生产技术安监部门和总工程师，拟确定技改项目、制定出技改方案。

表9-20　上月累积遗留缺陷

序号	单编号	填报时间	缺陷内容	未消除原因	专工复核	备注
汽机专业（本月消缺150项，消缺率=96%，遗留缺陷=11条）						
16	55987	06.7.2	2号机1号给泵主泵耦侧轴承漏油	泵大修处理	泵大修处理	
锅炉专业（本月消缺163项，消缺率=100%，遗留缺陷=12条）						
21	57836	07.10.22	1号炉BC3点火油枪进不到位	套管变形，停炉处理		
电气专业（本月消缺198项，消缺率=99%，遗留缺陷=5条）						
43	68562	07.11.21	升压站启备变A相CT渗油	停电检查处理	大修处理	
50	53641	05.11.15	1号照明变温控箱B相温度显示与A/C相相差大	停电处理	购温控器更换	
热控专业（本月消缺101项，消缺率=100%，遗留缺陷=5条）						
63	58583	07.3.20	2号机第二级隔板套金属表面温度TE36100点坏	元件坏，观察处理中	大修处理	

编制：　　　　　审核情况：　　　　　出报时间：2008.1.3

表9-21　技改项目

序号	单编号	填报时间	技改内容	改造措施或建议	专工复核	备注
电气专业（遗留缺陷=3项）						
3	68515	07.11.8	1号机直流室B充电器故障	待备件	待报改造项目	

编制：　　　　　审核情况：　　　　　出报时间：2008.1.3

5.设备缺陷管理年度总结的范例

缺陷消除管理工作每年都要进行总结，一方面清理过去的生产、设备问题，另一方面形成新年的检修方案和技改项目，三是总结经验提高管理水平。下面是2007年南海电站缺陷管理工作的年度总结提要。

2007年度设备缺陷管理工作总结

在2006年12月26日至2007年11月29日这个年度里，检修人员为厂全年发电任务的完成尽责尽力，保证了设备装置的安全运行、系统性能的正常发挥。其工作可圈可点，消缺水平可以说是建厂以来最好年度之一。一句话，设备维护缺陷消除主动及时、干净利落。在这个过程中，缺陷管理发挥了及时反馈提示缺陷情况、促进批量处理疑难缺陷、传递检修总监指令的作用；为设备抢修、大小修提供了设备健康状况的基础信息；

通过缺陷周结、月结报表督促了遗留缺陷批量清理。以下是过去一年缺陷管理工作的是简要报告。

一、主要数据

（1）本消缺年度，及时消除缺陷数 3 251 条。

（2）本消缺年度发生缺陷总数 3 456 条。其中设备缺陷发生与消除的多发期为 6—10 月，此期间应是夏季用电高峰期。

（3）年终遗留缺陷总数 96 条，技改 4 项。其中大多不影响安全生产，出于安全和经济的考虑，拟安排在大修小修期间处理。

（4）本年度消缺率为：96%。

二、遗留缺陷明细（见附件）

（1）遗留缺陷统计报表。

（2）拟技改项目。

三、明年缺陷管理的三点想法

（1）缺陷管理既是对设备健康状况的总体统计分析，又是对设备健康信息的报告、对检修工作的督促。如何从缺陷管理入手，使检修工作业绩同缺陷消除状况挂钩是我们下一步需要考虑的绩效管理课题。

（2）及时消缺、不重复消缺是保障发电设备或系统安全经济运行、提高设备出力的高效检修行为。新的一年里，如能将每月及时消缺、主动联系物资、运行等相关部门消缺，尽力减少遗留缺陷的专业、班组列入厂部月度嘉奖范围是值得考量的激励手段。

（3）将每期报表经审核后电邮至上级管理部门和检修各专业班组，以提高反馈速度，降低办公成本。

参考文献

［1］张平亮.现代生产现场管理［M］.北京：机械工业出版社，2009.

［2］夏英，池云霞.现代生产管理［M］.北京：机械工业出版社，2005.

［3］王建民.生产运作管理［M］.北京：清华大学出版社，2008.

［4］陈荣秋.生产运作管理［M］.北京：机械工业出版社，2010.

［5］冯开红.企业管理实务［M］.北京：电子工业出版社，2009.

［6］王文潭.现代产业组织与竞争［M］.北京：高等教育出版社，2001.

［7］李玲娥.现代企业制度理论与实践［M］.北京：高等教育出版社，2001.

［8］邱彦彪.现代企业管理理论与应用［M］.北京：中国林业出版社，2008.

［9］许开录.经济学原理［M］.北京：中国科学技术出版社，2008.

［10］金小明.国企改制安置职工的规律理论探源［J］.国有经济论丛（2010）［C］.长春：吉林大学出版社出版，2010.

［11］孙永波.生产与运作管理［M］.北京：科学出版社，2005.

［12］［美］彼德·杜拉克 MBA 必修核心课程学习大纲（上、下）［M］，北京：中国国际广播出版社，2003.

［13］未名.现代生产管理理论与方法［DB/OL］.（http：//wenku.baidu.com/view/88bd812de2bd960590c67757.html）

［14］金小明.经济控制论和管理自动化原理［M］.长春：吉林大学出版社出版，2010.

［15］［日］田中一成著，焦必方译.图解·生产管理［DB/OL］.（http：//www.econ.fudan.edu.cn/teach.do？opr=article_detail&type=121&code）

［16］金小明.新发现自然管理法：531 系统理论［J］.马庆国.2005 中国管理科学与工程发展报告［C］.北京：电子工业出版社，2006：66-79.

［17］未名.生产与运作管理PPT［DB/OL］.（http：//wenku.baidu.com/view/68c32adba58da0116c1749e8.html）

［18］［美］雷钠特·N·凯恩（Renate. Nummela. Caine）.创设联结：教学与人脑［M］.上海：华东师范大学出版社，2004.

［19］魏振华.现代设备管理与日本的全员生产维修（TPM）PPT［DB/OL］.设备管理与TMP（http：//wenku.baidu.com/view/42ee633e5727a5e9856a61a6.html）

［20］金小明.一人监管自运转术——企业管理自动化原理［J］.中小企业科技，2008（8）.